SELBST-ORGANISIERT reisen

INDIVIDUELL, SICHER UND GÜNSTIG

IMPRESSUM

Holger Krauße
Selbstorganisiert reisen –
individuell, sicher und günstig
erschienen im Reise Know-How Verlag
Peter Rump GmbH,
Osnabrücker Str. 79, 33649 Bielefeld

1. Auflage 2020
ISBN 978-3-8317-3275-3

Gestaltung: *Kerstin Wakob*
Lektorat: *Daniela Tannebaum*
Fotonachweis: *s.S. 348*
Druck und Bindung: *mediaprint solutions, Paderborn*

Printed in Germany

selbstorganisiert

Vorwort

Reisen! – Ein Wort, das die Vorstellungskraft beflügelt wie kaum ein anderes. Das an den Morgennebel über der kenianischen Savanne denken lässt, an die sonnendurchfluteten Paläste Rajasthans und die schneebedeckten Gipfel des Karakorums. An den Klang des Windes in der Ténéré, die Schreie der Tiere im Dschungel von Borneo und die Mönchsgesänge tibetischer Klöster. An Gespräche bei Mokka oder Buttertee. An Namen voller Zauber und Geheimnis wie Isfahan, Lhasa, Sansibar, Brahmaputra.

Welche Wunder dieser Erde Ihnen auch in den Sinn kommen: Reisen Sie. In Ihrem Tempo, an Ihre Sehnsuchtsorte, allein oder gemeinsam. Denn das ist mit Reisen gemeint: das individuell in Eigenregie geplante und durchgeführte Reisen ohne „All-Inclusive" und Rundumbetreuung. Alles andere ist Urlaub.

Gewiss, selbstbestimmtes Reisen verlangt uns mehr ab als ein Gang ins Reisebüro. Vieles will durchdacht und arrangiert sein, Risiken müssen eingeschätzt werden, und trotzdem wird selten alles wie geplant laufen. Ja, manche Mühe, Unbequemlichkeit und Herausforderung wartet auf Sie. Irgendwann werden Sie sich mit Taxifahrern und sturen Beamten streiten, an einer Magenverstimmung leiden oder wegen eines stornierten Fluges festsitzen.

Doch lassen Sie sich davon nicht beirren: Zum einen ist all dies Teil einer Erfahrung, an der man wächst und die das Reisen umso schöner und wertvoller macht. Denn wie immer im Leben sind es gerade die Stolpersteine, die die besten Geschichten und die intensivsten Erlebnisse bieten. Und zum anderen haben Sie eine Trumpfkarte: Sie sind im Besitz dieses Buches. Wenn Sie bislang keine oder wenig Erfahrung im individuellen Reisen außerhalb Europas haben, finden Sie hier alles, was Sie für Planung und Durchführung einer auf Ihre Wünsche zugeschnittenen Reise von einer oder mehreren Wochen wissen müssen.

Dieses Buch richtet sich an alle, die mit echtem Interesse an Land und Leuten eigenständig, sicher und günstig reisen wollen, ohne auf einen gewissen Komfort zu verzichten. Aber auch, wer die Organisation lieber anderen überlässt, wird hier vieles finden, das die Reise sicherer und angenehmer macht. Stichwort Komfort: Damit ist gemeint, im Rahmen seines Budgets dort bequem oder gar luxuriös zu reisen, wo es möglich und bezahlbar ist, und auf einfache Unterkünfte, Zelt und Rucksack nur dann zurückzugreifen, wenn es nicht anders geht, ein besonderes Erlebnis verspricht oder Sie einfach Lust darauf haben.

Dieses Buch fußt auf meinen Erfahrungen aus Reisen in bislang 77 Länder auf sechs Kontinenten. Länder unterschiedlichster Gesellschaftsformen, Kulturen, Klimata, Sprachen und Infrastruktur, darunter Klassiker wie die USA, Indien und China, aber auch Exoten wie Ost-Timor, Turkmenistan oder Französisch-Guayana. Es unterstützt Sie bei der strukturierten Vorbereitung und Durchführung Ihrer Reise, zeigt, wie Sie entspannt reisen, Risiken realistisch bewerten und ihnen vorbeugen, souverän mit Unannehmlichkeiten umgehen, gesund bleiben und Ihr Budget einhalten.

Mit guter Vorbereitung, kluger Planung und der richtigen Einstellung sind Sie in der Lage, praktisch jede Herausforderung zu bewältigen und Ihre Reise voll und ganz zu genießen. Ganz gleich, ob Sie allein reisen oder nicht, ob Sie 18 oder 88 und ob Sie Mann oder Frau sind: Sie können das. Versprochen.

Vor allem aber – reisen Sie! Es lohnt sich.

Ihr Holger Krauße

Inhalt

1

Die strukturierte Reiseplanung

DAS REISEZIEL FESTLEGEN | SICH ÜBER DAS REISEZIEL INFORMIEREN | STRUKTURIERT UND FLEXIBEL ZUM INDIVIDUELLEN REISEPLAN | SOLO REISEN |

Das Reiseziel festlegen

Haben Sie schon eine konkrete Vorstellung, wohin Sie reisen möchten? Prima! Dann lassen Sie uns schauen, ob das Reiseziel auch wirklich zu Ihren Wünschen und Anforderungen passt. Ist Ihr Ziel noch offen? Umso besser: Dann bekommen Sie hier die Fragen und Kriterien an die Hand, mit denen Sie sich entscheiden können. Sie werden dabei feststellen, dass Ihre Anforderungen kaum ein Ziel vollständig ausschließen. Oft lassen sich mehrere Interessen miteinander verbinden und Wünsche durch geschickte Planung auch in unwahrscheinlichen Reiseländern erfüllen – und sei es nur, indem man die richtige Reisezeit wählt.

Wie lange kann und will ich reisen?

Die Zeit, die Ihnen für Ihre Reise zur Verfügung steht, ist vermutlich limitiert. Oft muss sie sogar in ein exaktes Fenster passen, weil Sie sich mit Kollegen, Chef und Mitreisenden abstimmen müssen oder andere Termine in die Quere kommen. Die zur Verfügung stehende (Netto-)Reisezeit begrenzt die in Frage kommenden Ziele. Denn sowohl der finanzielle Aufwand als auch die körperliche Belastung durch die Anreise – unterschätzen Sie die Zeitverschiebung nicht! – sollten in einem vernünftigen Verhältnis zur Aufenthaltsdauer vor Ort stehen.

Mein Tipp

Urlaubszeit ist nicht unbedingt gleich Reisezeit. Planen Sie vor und nach der Reise ein bis zwei freie Tage ein. So können Sie in Ruhe ein- und auspacken, entspannter losfliegen und sich nach der Heimkehr vom Jetlag erholen.

Welche Ziele kommen bei einer gegebenen Reisedauer in Frage?

Mit der rechts genannten Faustregel lassen sich Nahziele wie Beirut oder St. Petersburg bereits mit drei bis vier Aufenthaltstagen planen. Für den Oman, den Iran und den Kaukasus sind mindestens sechs bis sieben Tage zu empfehlen, für Indien und die amerikanische Ostküste acht bis neun und für Japan, Südafrika oder Brasilien elf Tage. Sicher wäre meist mehr Zeit sinnvoll

Relevant dafür, ob die Reisedauer zum Ziel passt, sind aber auch die Entfernungen, die Sie vor Ort zurücklegen wollen und die dafür bereitstehenden Verkehrsmittel. Zuverlässige Hochgeschwindigkeitszüge in Ländern wie Japan, Taiwan oder Südkorea erlauben es, auch in wenigen Tagen viel zu sehen. Stehen hingegen Inlandsflüge an, die meist einen halben Reisetag kosten, oder sind die Etappenziele nur auf schlechten oder unbefestigten Straßen zu erreichen, ist mehr Zeit einzuplanen.

Faustregel:

Anzahl Stunden reine Flugzeit = Mindestaufenthalt in Tagen am Zielort

Mein Budget: Wie viel darf die Reise kosten?

Faustregel
Je städtischer und entwickelter die besuchte Region, umso höher ist das Preisniveau vor Ort.

Sich gleich zu Beginn der Reiseplanung ein Budget zu setzen, ist immer eine gute Idee. Wenn Sie nur eine bestimmte Summe erübrigen können oder wollen, sowieso. Aber auch, um sicherzustellen, dass die Kosten nicht ausufern oder als Anreiz, immer Preise zu vergleichen.

Die wichtigsten Positionen, mit denen Sie rechnen müssen, sind Flug, Unterkünfte und Transport vor Ort. Hinzu kommen noch die Ausgaben für Essen und Trinken sowie für die Anreise zum Flughafen, Eintrittspreise und Mitbringsel.

Informieren Sie sich also zunächst über die für Ihr Ziel typischen Flug- und Hotelpreise sowie für Verpflegung und geben Sie eine erste Schätzung ab. Diese könnte zum Beispiel so aussehen:

Reisekosten pro Person (Musterreise)
11 Tage / 10 Übernachtungen / 2 Personen

Position	*Kosten pro Person*
Flug	500 €
10 x Hotel à 80 EUR (50%)	400 €
Mietwagen 1 Woche inkl. Benzin (50%)	250 €
10 x Essen und Trinken à 20 EUR pro Tag	200 €
Eintrittspreise, Mitbringsel etc.	150 €
Gesamt	1.500 €

Bei exotischeren Reisezielen, die einen lokalen Tour Operator erfordern oder empfehlenswert erscheinen lassen (s. Kapitel *Richtig buchen*), wie Madagaskar, Äthiopien, Laos oder Vietnam, fragen Sie einfach den Preis für eine in Frage kommende Tour an, falls dieser nicht schon auf der Website angegeben wird.

Nun wissen Sie in etwa, ob die angedachte Reise mit Ihrem Budget vereinbar ist. Falls nicht, wird zumindest deutlich, wo Sparpotenzial liegt: Meist sind dies Unterkünfte und Verkehrsmittel. Sie müssen dann entscheiden, ob Sie Abstriche machen wollen – praktisch jedes Land kann auch mit kleinem Geldbeutel bereist werden – oder ein anderes Ziel besser geeignet ist.

Sparen geht jedoch auch ohne Komfortverzicht: bei der klugen Buchung von Flügen und Hotels (s. Kapitel *Richtig buchen*), durch Reisen mit anderen und in der Nebensaison. Darüber hinaus spart man Flugkosten, wenn man seltener, dafür aber länger reist, also zum Beispiel 2 x 3 Wochen im Jahr statt 3 x 2 Wochen. Wer mit ganz spitzem Bleistift rechnet, kann bei Reisen im Winter noch die gesparten Heizkosten abziehen und Ersparnisse beim Einkauf etwa von Kleidung oder Dienstleistungen vor Ort: Ein einwandfreier Herrenhaarschnitt zum Beispiel ist auf den Philippinen und in Indien schon für weniger als 0,50 Euro zu haben.

Je städtischer und entwickelter die besuchte Region, umso höher ist oft das Preisniveau vor Ort. Allerdings können unwegsames Gelände (Notwendigkeit eines Allrad-Autos), mangelnder Wettbewerb (neues Reiseziel), einheimische Touristen (Wallfahrtsort) oder eine große Zahl von Expatriates (UN, Hilfsorganisationen, Firmen) auch abgelegene Reiseziele kostspielig machen.

Mein Tipp

Bei mehreren in Frage kommenden und ins Budget passenden Zielen entscheiden Sie einfach nach dem Gegenwert, den Sie für Ihr Geld bekommen. Für den Preis eines Mittelklasse-Hotels in Hongkong oder Miami warten auf Bali eine luxuriöse Strandvilla und in Indien ein Palasthotel auf Sie.

So sparen Sie

Behalten Sie Ihre Ausgaben im Auge, nachdem Sie das Budget festgelegt haben. Verwenden Sie hierfür die Tabelle im Abschnitt Der strukturierte Reiseplan.

Meer, Wandern oder Kultur? Auf Bali findet sich für jeden etwas.

Selten verirren sich Ausländer zum Attabad Lake in Pakistan. Wie schade!

Aktivitäten und Interessen: Was will ich vor Ort tun?

Auf Ihrer Reise können Sie tun und lassen, was Sie möchten. Suchen Sie das quirlige Leben einer Metropole oder die Ruhe der Natur oder gar eines Zen-Klosters? Interessieren Sie sich primär für Architektur und Kultur oder eher für Shopping und Bar-Hopping? Was auch immer Ihre Präferenzen sind: Ihr Reiseziel sollte dazu passen. Wer Tempel und Paläste sucht, kommt in Bhutan und Thailand gewiss eher auf seine Kosten als in Costa Rica oder Mosambik. Und Einkaufen macht in Australien und Japan mehr Freude als in Nordkorea oder Venezuela. Allerdings lassen sich oft auch mehrere Interessen in einem Land miteinander verbinden: Indien, China und die USA beispielsweise bieten neben architektonischen Leckerbissen und tollen Einkaufsmöglichkeiten auch großartige Nationalparks.

Von Bedeutung ist auch, wie und wie viel Sie im Reiseland unterwegs sein möchten. Freunde öffentlicher Verkehrsmittel sind in Südkorea oder Hongkong hervorragend aufgehoben, passionierte Autofahrer in den USA, Südafrika oder im Oman. Und wenn Sie gern bequem mit Mietwagen und eigenem Fahrer unterwegs sein wollen, gibt es auch dafür passende Reiseziele wie etwa Vietnam oder Usbekistan.

Wenn Sie viel Zeit haben und das Gefühl lieben, unterwegs zu sein, werden Sie vermutlich eine längere Reiseroute planen, sei es als Rundreise oder mit einem Gabelflug (Erläuterung s.S. 28 *Die Reiseroute*). Wenn hingegen nur wenig Zeit zur Verfügung steht oder man es schlicht nicht mag, jeden Tag den Koffer ein- und auszupacken, bietet es sich an, sich auf eine oder zwei Haupt-Destinationen zu beschränken und von dort gebenenfalls Ausflüge zu unternehmen. Große Städte wie Singapur, New York oder Tokio, aber auch kleine Inseln wie Bali bieten genug zu tun für eine Woche. Oder verbinden Sie einfach zwei, drei Städte, zum Beispiel Peking mit Taipeh.

Klima und Reisezeit: Welches Klima tut mir gut und welche Reisezeit passt?

Die meisten Menschen haben eine klare Klimapräferenz: Entweder bevorzugen sie es, dem trüben Herbst- und Winterwetter in die Sonne zu entfliehen – wobei sich 30 Grad in Singapur aufgrund der hohen Luftfeuchtigkeit völlig anders anfühlen als 30 Grad in Kairo – oder alles über Zimmertemperatur ist ihnen ein Graus. Folglich sollten Sie sich Reiseziel und Reisezeit so auswählen, dass Sie sich wohlfühlen.

Dorthin, wo es ausgeprägte Temperaturunterschiede übers Jahr gibt (im Iran beispielsweise kann es im Sommer leicht über 40 Grad werden, während im Winter mit Minusgraden zu rechnen ist), reisen Sie einfach zu der Zeit, in denen die Ihnen angenehmsten Temperaturen herrschen. In Regionen mit gleichmäßigem Klima, etwa der ganzjährig warmen Zone rund um den Äquator, sollten Sie zumindest die Wirbelsturmsaison meiden. In der Regenzeit zu reisen, kann hingegen durchaus sinnvoll sein: In vielen tropischen Ländern bedeutet dies lediglich, dass es am späten Nachmittag für ein, zwei Stunden regnet (und die Temperaturen dadurch erträglicher werden), während sonst die Sonne scheint und die Natur aufblüht. Prüfen Sie aber, ob starke Regenfälle die Straßenver-

Mein Tipp

Fahren Sie in der Nebensaison, wenn die Sehenswürdigkeiten nicht überlaufen und die Preise niedriger sind. Zum authentischen Charakter eines Landes gehören auch jene Jahreszeiten, deren Charme sich erst auf den zweiten Blick offenbart. Auch in der Nebensaison finden aufregende Events statt, das Losarfest in Tibet im frostigen Winter etwa oder das in der Taifunsaison gelegene Meeresfestival im koreanischen Busan, authentisch und ohne Touristenscharen.

hältnisse beeinträchtigen könnten – das könnte Ihren Zeitplan in Frage stellen und den Fahrspaß trüben.

Achten Sie darauf, ob und welche Feiertage in Ihre Reisezeit fallen. Diese können großartige Erlebnisse bieten, sind aber oft auch mit viel Reiseverkehr der Einheimischen verbunden, etwa wenn zu den Feiertagen üblicherweise Verwandte besucht werden. Auch Schulferien können ungünstig sein, wenn die Einheimischen selbst verreisen und dadurch Geschäfte und Attraktionen schließen, während Urlaubsregionen überfüllt und teuer sind. Theater sind oft während der Sommerzeit geschlossen. Vermeiden Sie muslimisch geprägte Länder möglichst während des Ramadan, wenn das öffentliche Leben darniederliegt und der Nahrungsentzug manche Menschen unleidlich macht. Wer tiefer in das Thema einsteigen will, findet in dem Ratgeber „Wann wohin reisen?" von Hans Hörauf nützliche Informationen.

Interessante Links

Auskunft zu Temperaturen und Niederschlagsmengen am Reiseziel geben Klimatabellen (climate charts), die auch für entlegenere Orte im Internet zu finden sind, beispielsweise auf www.climate-charts.com oder www.dwd.de

Meine „Abenteueraffinität": Wie spannend darf die Reise werden?

Eine Reise führt oft aus der individuellen Komfortzone hinaus. Das beginnt bei der Interaktion mit Menschen anderer Kulturen und Sprachen und hört bei Unannehmlichkeiten wie Verspätungen, Magenproblemen und körperlich herausfordernden Unternehmungen nicht auf.

Wie viele „Widrigkeiten" Sie vertragen und ob Sie dergleichen als Stress oder als spannende Herausforderung – eben als Abenteuer – empfinden, wissen Sie selbst am besten. Eine Trekking-Tour zum Kailash

Weniger ist mehr

Sich nach allen Regeln der Kunst verwöhnen zu lassen, ist schön. Aber die Komfortzone einmal zu verlassen, um zu verstehen, dass man auch mit viel weniger auskommen könnte, ist unbezahlbar. Und sei es nur, um das wertzuschätzen, was man zu Hause hat.

oder das Übernachten bei einer Iban-Familie auf Borneo verlangt einem eben mehr ab als eine Städtetour nach Peking oder die Rundreise im klimatisierten Wagen von Luxushotel zu Luxushotel.

Ob Sie Ihr Abenteuer im Großstadtdschungel von Tokio finden oder in der Einsamkeit der Wüste, ob der Anblick einer handtellergroßen Spinne Ihr Forscherinteresse weckt oder für Albträume sorgt – all das wird die Wahl Ihres Ziels beeinflussen. Und auch nur Sie können sagen, ob Sie – bei all dem

FOLGENDE FRAGEN SOLLTEN SIE SICH ALSO BEANTWORTEN:

1. *Komme ich mit Menschenmassen wie in indischen Großstädten zurecht, die mir eventuell recht nahe kommen, oder brauche ich etwas Abstand?*

2. *Kann ich gut mit Menschen anderer Kulturen trotz Sprachbarriere kommunizieren?*

3. *Möchte ich auch abends noch in Kontakt mit Einheimischen stehen (zum Beispiel bei einem Homestay) oder brauche ich ein sauberes, ruhiges Hotelzimmer als Zuflucht?*

4. *Bis zu welchem Maß sind Schmutz, schlechte Luft, Hygienemängel und Getier für mich erträglich?*

5. *Bleibe ich gelassen, wenn Unvorhergesehenes geschieht und der Reiseplan geändert werden muss, oder brauche ich eine perfekte, fehlerlose Durchführung?*

Stress zu Hause – lieber eine perfekt ablaufende Reise brauchen oder Ihnen gerade die Bewältigung der kleinen und großen Herausforderungen die Erholung und Kraft gibt, von der Sie den Rest des Jahres zehren werden.

Auch hier gilt, dass durch die passende Gestaltung Ihrer Reise Ihre Wünsche und Anforderungen in den meisten Ländern erfüllt werden können. In Malaysia etwa können Sie sich sowohl durch den Dschungel schlagen wie durch die Clubs von Kuala Lumpur.

Sicherheit: Wie viel Risiko geht in Ordnung?

Bei aller Aufgeschlossenheit für Abenteuer möchten Sie vermutlich bei den Punkten Sicherheit und Gesundheit keine allzu großen Kompromisse machen. Es soll ja nicht Ihre letzte Reise sein. Da es aber durchaus je nach Reiseziel und -weise sehr unterschiedliche Risiken gibt, sollten Sie diese verstehen und sich überlegen, ob das Reiseziel zu Ihrer persönlichen Risikotoleranz passt. Oft lassen sich Risiken etwa durch zusätzliche Gesundheitsvorsorge, eine Anpassung der Reiseroute oder Mitnahme eines Begleiters minimieren, aber selten ganz ausschließen.

Leider sind Gefahren und Risiken häufig schwer einzuschätzen. Dabei werden nämlich sehr unterschiedliche Punkte berührt, von der Sicherheit im Straßenverkehr über Kriminalität bis zu Gesundheitsrisiken. Auch ist es nicht verwunderlich, wenn das Bauchgefühl daneben liegt: Schließlich schaf-

Für Statistiker

Über aktuelle Statistiken zu Terrorgefahr, Mordraten und Verkehrssicherheit können Sie sich online informieren. Empfehlenswert ist der Global Terrorism Index des Institute for Economics & Peace (http://visionofhumanity.org/reports/). Informationen zur Tötungsrate nach Ländern finden Sie auf www.wikipedia.org und Hinweise zur Verkehrssicherheit (Tote insgesamt und pro 100.000 Einwohner) im Global status report on road safety 2018 der WHO: www.who.int

Mein Tipp

Die Reise- und Sicherheitshinweise des Auswärtigen Amts (www.auswaertiges-amt.de) sind zwar etwas vorsichtig, geben aber einen guten Überblick über die aktuelle Sicherheitslage und wesentliche Gesundheitsrisiken aller Länder. Dort erfahren Sie auch, ob Sie ein Visum oder Reisegenehmigungen für bestimmte Regionen (Permits) benötigen.

fen es meist nur schlechte Nachrichten in unsere Medien. Diese gilt es ins Verhältnis zu setzen: Zur Bevölkerungszahl (natürlich gibt es in Indien mehr Gewaltkriminalität als in Sri Lanka), zu anderen Risiken (das Risiko, einer Gewalttat zum Opfer zu fallen, ist fast immer weit niedriger als das eines Verkehrsunfalls[1]) und zu den Lebensrisiken im Heimatland – schließlich gibt es auch daheim Kriminalität jeder Art.

Tatsächlich liegt Deutschland in der Sicherheit keineswegs an der Spitze. Das US Department of State (**https://travel.state.gov**) vergibt in seiner Sicherheitsbewertung für Deutschland auf einer Skala von 1 („normale Sicherheitsvorkehrungen empfohlen") bis 4 („nicht hinreisen") nur eine 2. Grund ist die Möglichkeit von Terroranschlägen. Und im Sicherheitsranking des World Economic Forum[2] liegt Deutschland gar nur auf Platz 51 von immerhin 136 Ländern.

Sie sehen, im Ausland kann es sicherer sein als daheim. Häufig sind es auch nur bestimmte Regionen oder Stadtteile, die gemieden oder mit zusätzlichen Sicherheitsmaßnahmen besucht werden sollten, während andere Teile des Landes problemlos bereist werden können. Und nebenbei: Auch wenn bestimmte Delikte in einem Land häufiger vorkommen als in Europa, heißt das nicht zwingend, dass Ausländer davon überhaupt betroffen sind. Informieren Sie sich also gründlich, aber setzen Sie alle Risiken zueinander in Relation und entscheiden dann, ob Ihr Reiseziel passt oder gegebenenfalls zusätzliche Maßnahmen erforderlich sind.

Noch ein Rat zum Schluss: Trauen Sie sich ruhig etwas zu und lassen Sie sich nicht ins Bockshorn jagen. Von außen erscheinen manche Ziele schwierig, unzugänglich und gefährlich, vor Ort wundert man sich dann, wie problemlos man zurechtkommt (vgl. Kapitel *Sicher reisen*). Informieren Sie sich bei jemandem, der bereits vor Ort war oder dort lebt. Reiseforen und Facebook-Gruppen sind dafür ideal. Tatsächliche und vermeintliche Gefahren können Sie dann realistischer beurteilen.

---

[1] Beispielsweise ist in Pakistan das Risiko eines tödlichen Verkehrsunfalls rund 50 Mal so hoch wie das, einem Terroranschlag zum Opfer zu fallen. Da es hingegen in Thailand deutlich mehr Verkehrstote pro 100.000 Einwohner gibt, ist eine Reise dorthin überraschenderweise riskanter.

[2] Quelle: Travel & Tourism Competitiveness Report 2017, S. 35 (reports.weforum.org)

Das Weltkulturerbe Palmyra in Syrien 2007 – damals noch intakt.

Sich über das Reiseziel informieren

Da Sie nun wissen, wohin es gehen soll (oder zumindest einige Ziele in der engeren Auswahl sind), gilt es, mehr über das Reiseziel zu erfahren. Denn zum einen wollen wir ja sicherstellen, dass Sie wirklich das richtige Ziel gewählt haben. Und zum anderen brauchen wir Informationen für Schritt 3: den Entwurf eines konkreten Reiseplans. Um die Reiseroute festzulegen, müssen Sie ja wissen, welche Highlights das Land zu bieten hat, wie man sich am besten fortbewegt und, und, und. Dazu brauchen Sie zunächst einen Reiseführer.

Wie finde ich einen guten Reiseführer?

Internet hin oder her, ein Reiseführer ist unverzichtbar, insbesondere wegen der darin beschriebenen Sehenswürdigkeiten (an denen sich Ihr Reiseplan orientiert) und wertvollen Praxistipps, etwa wenn es um die Benutzung öffentlicher Verkehrsmittel geht. Ein guter Reiseführer zeichnet sich durch ein üppiges Volumen, wenig Fotos, viele Karten und gute Rezensionen aus.

Die Reiseführer von Reise Know-How – dieser Hinweis sei an dieser Stelle erlaubt – decken fast jedes Land der Erde, viele Regionen und Metropolen und auch besondere Reisetypen wie Reisen mit dem Wohnmobil ab. Neben Sprachführern werden auch Kulturführer angeboten, die unter Titeln wie „Kulturschock Philippinen" auf die kulturellen, sozialen und religiösen Besonderheiten eines Landes eingehen. Mit diesen kann man den Kontakt mit Einheimischen deutlich erleichtern und Missverständnisse minimieren.

Wichtig: Die meisten Reiseführer werden alle zwei bis drei Jahre aktualisiert. Achten Sie beim Kauf auf das Erscheinungsdatum, insbesondere bei gebrauchten Büchern, da Informationen aufgrund von Inflation oder politischen Entwicklungen veralten können. Dennoch kann ein gut recherchiertes Buch auch nach vier oder fünf Jahren noch sehr hilfreich sein, insbesondere in Bezug auf Sehenswürdigkeiten.

Mein Tipp

Überlegen Sie, welche Buchform optimal zu Ihnen passt. Ein gedrucktes Buch bietet oft eine bessere Übersicht und kann nach der Reise wieder verkauft werden. E-Books hingegen können gleichzeitig und ohne Mehrkosten auf mehreren Geräten genutzt werden und sparen locker 300 bis 500 g Gewicht.

„Individualreiseführer" zeichnen sich durch detaillierte praktische Informationen und Hintergrundwissen aus, so dass man vor Ort wirklich auf eigene Faust zurechtkommt.

Wie kann ich mich sonst noch informieren?

Reise-Blogs
Gerade bei exotischeren Reisezielen können auch Reise-Blogs von Nutzen sein. Suchen Sie einfach „[Reiseziel] + Blog".

Im Internet finden sich unzählige Informationen zu Ihrem Reiseziel. Da Sie durch Ihren Reiseführer bereits einen guten Überblick haben, können Sie die Internetrecherche auf das beschränken, was im Reiseführer fehlt oder nicht detailliert genug beschrieben ist. Hilfreich bei der Reiseplanung sind zum Beispiel Bahnfahrpläne, Einreisebestimmungen, aber auch Bewertungen von Sehenswürdigkeiten, etwa auf **www.tripadvisor.de** oder **Google Maps**.

Für viele Ziele finden sich auch Foren, in denen Reisende, Einheimische und oft auch deutsche Auswanderer viel Wissenswertes zusammentragen und Fragen beantworten.

Auch vor Ort immer up-to-date: Zeitungskiosk in Antananarivo, Madagaskar

Strukturiert und flexibel zum individuellen Reiseplan

Detaillierte Planung oder alles dem Zufall überlassen? Kann man machen. Mit einem gut strukturierten Reiseplan, der genug Spielraum für Unvorhergesehenes lässt, haben Sie jedoch mehr von Ihrer Reise.

Planung ist die halbe Miete

> **Mein Tipp**
>
> *Planen Sie bei Rundreisen ab und zu mehr als eine Nacht in derselben Unterkunft ein. So haben Sie Gelegenheit, Kleidung zu waschen, die Reise zu „entschleunigen", Sie müssen nicht jeden Tag ein- und auspacken und haben bei Krankheit einen Ruhetag.*

Natürlich können Sie einfach einen Flug buchen und sich ins Abenteuer stürzen. Oder eine komplexe Datenbank konstruieren, die für jeden Tag minutiös Reiseroute und Aktivitäten dokumentiert. Aber eigentlich wollen Sie weder Ihre Zeit vor Ort – womöglich mit fragwürdigem Ergebnis – damit verplempern, nach einem guten Hotel oder dem besten Weg von A nach B zu suchen, noch jede Chance auf Unerwartetes und Abenteuer von vorneherein ausschließen.

Die Wahrheit liegt wie so oft in der Mitte. Ihre Reise wird mit ein wenig Planung und einer klaren Grundstruktur angenehmer und erfüllter und die Vorfreude gibt es als Bonus. Aber ein Stück weit flexibel sollte sie bleiben. Denn nicht selten wird Ihnen ein Ort so gut (oder so wenig) gefallen, dass Sie länger bleiben (oder so schnell wie möglich weiterreisen) wollen. Gründe dafür gibt es vielerlei: Mal ist der als Geheimtipp beschriebene, einsame Traumstrand voll mit Strandverkäufern und Pauschaltouristen oder das Wetter macht Ihnen einen Strich durch die Rechnung, mal findet gerade ein farbenfrohes Fest statt, das der Reiseführer nicht kannte, oder Sie lernen einen interessanten Menschen kennen.

Solche Flexibilität gibt es leider nicht immer und überall und selten kostenlos. Aber Sie können sie dennoch in der Planung berücksichtigen. Wissen Sie beispielsweise, dass Sie mittags am Zielort ankommen und am nächsten Tag weiterfahren, haben Sie die Möglichkeit, entweder morgens zeitig abzureisen oder erst am Nachmittag, weil Sie noch etwas ansehen wollen, das vorher geschlossen war. Noch besser ist natürlich, wenn Sie Hotels buchen, die kurzfristig storniert werden können.

Der strukturierte Reiseplan

Ihr Reiseplan sollte übersichtlich sein, damit Sie auf einen Blick erkennen, ob Sie genug Zeit für die geplanten Aktivitäten und hinreichend Ruhepausen haben und ob die Kosten im Budget bleiben. Dafür empfiehlt sich eine einfache Tabelle, etwa als Excel-Sheet, die jederzeit angepasst werden kann.

So könnte sie zum Beispiel für eine Reise nach Japan mit Stopover in Hongkong aussehen:

#	Tag	Datum	Flug/Bahn	Flugzeit	Ort	Aktivitäten	Gebuchtes Hotel
1	Fr	03.06.	FRA - HKG (Air France)	19:50			
2	Sa	04.06.		-16:10	Hongkong	Hongkong Island	Madera
3	So	05.06.			Hongkong	Kowloon	Madera
4	Mo	06.06.			Hongkong	Lantau	Madera
5	Di	07.06.	HKG - KIX (HK Express)	12:05 - 16:40	Kyoto		Daiwa Roynet Kyoto Hachijoguchi
6	Mi	08.06.			Kyoto	Yamazaki Destillerie, Nijo Castle, Nishiki Markt	Daiwa Roynet Kyoto Hachijoguchi
7	Do	09.06.			Kyoto	Kinkakuji-Tempel, Inari Schrein	Daiwa Roynet Kyoto Hachijoguchi
8	Fr	10.06.	Kyoto - Nara - Osaka		Osaka	Morgens Nara, Nachmittag Sumo	Cordia Osaka
9	Sa	11.06.			Osaka	Ausflug Himeji Castle	Cordia Osaka
10	So	12.06.			Osaka	Shopping	Cordia Osaka
11	Mo	13.06.	Shinkansen Osaka - Tokio		Tokio		Unizo Ginza
12	Di	14.06.			Tokio	Kaiserpalast	Unizo Ginza
13	Mi	15.06.			Tokio	Shibuya	Unizo Ginza
14	Do	16.06.	NRT - FRA (KLM)	10:30 - 18:40			

#	Tag	Stornierbar bis	Hotel (€)	Flüge (€)	Bahn/Taxi (€)	Essen (€)	Sonst. (€)
1	Fr			479	45		
2	Sa	-	79		10	15	10
3	So	-	79		5	15	10
4	Mo	-	79		10	15	10
5	Di	14.03.	69	116	50	20	10
6	Mi	14.03.	69		10	20	10
7	Do	14.03.	69		10	20	20
8	Fr	18.03.	62		20	20	10
9	Sa	18.03.	62		20	20	
10	So	18.03.	62		10	30	20
11	Mo	-	117		100	30	20
12	Di	-	117		10	30	50
13	Mi	-	117		10	30	20
14	Do				35		
			981	595	345	265	190
						Gesamt	2.376

Reiseplan und Reisekosten Alleinreisende(r) für 14-tägige Musterreise

Die Reiseroute

Reisen heißt reisen!

Bleiben Sie nicht nur an einem Ort, genießen Sie auch das Unterwegs-Sein mit unterschiedlichen Landschaften, Klimazonen, Kulturen.

Was Sie vor Ort sehen und tun wollen, wissen Sie selbst am besten. Wie viele Tempel, Museen und Bars Sie pro Tag schaffen auch. Hier kann und sollte Ihnen niemand hereinreden. Aber ein paar Anregungen für den perfekten Reiseplan gibt es doch:

Stopover und Gabelflüge erwägen

Direktflüge sind die komfortabelste, aber auch teuerste Option, zum Reiseziel zu gelangen. Eine Umsteigeverbindung mit längerer Wartezeit bis zum Anschlussflug muss aber kein Nachteil sein: Nutzen Sie die Zeit für einen Ausflug in die nächstgelegene Stadt oder planen Sie gleich einen Stopover von zwei oder drei Tagen ein. Dafür eignen sich die großen Drehkreuze wie Singapur, Kuala Lumpur, Bangkok, Dubai, Abu Dhabi, Istanbul, Peking oder Hongkong perfekt. Jede dieser Städte ist schon für sich eine Reise wert. Zudem macht ein Stopover extrem lange Flugstrecken wie nach Australien oder Hawaii erträglicher und schafft nach einer anstrengenden Reise mit einfachen Unterkünften einen tollen Abschluss mit Luxushotel und Shoppingtour.

In der Regel benötigt man für einen Stopover in den typischen Drehkreuzen, auch „Hub" genannt, kein Visum. Ausnahmen gibt es nur bei eher ungewöhnlichen Drehkreuzen wie Moskau und Jeddah. In den für einen Stopover relevanten Städten Chinas benötigen Sie zwar ein Visum, bekommen dieses jedoch – auf die Stadt oder Region begrenzt – kostenlos bei der Ankunft am Flughafen.

Gabelflüge sind solche, bei denen man von einem anderen Flughafen zurückfliegt als dem, an dem man angekommen ist. Sie sind eine hervorragende Möglichkeit, mehrere große Städte miteinander zu verbinden, die auch in unterschiedlichen Ländern liegen können (zum Beispiel Singapur und Kuala Lumpur). Besonders geeignet sind Gabelflüge, wenn in einem Land ohnehin größere Strecken bewältigt werden müssen und eine Rückkehr zum Ankunftsort zu aufwendig wäre. Bei einer Rundreise durch den Südwesten der USA beispielsweise bietet sich die Kombination San Francisco – Los Angeles oder San Francisco – Las Vegas an.

Kaum teurer

Gabelflüge kosten meist nicht viel mehr als andere – sie können sogar günstiger sein. Das Kennenlernen neuer Flughäfen und -strecken gibt es umsonst dazu.

Passende Reisemethode vor Ort wählen

Die Verwendung verschiedener Verkehrsmittel vor Ort macht Ihre Reise vielseitiger. In großen Metropolen sind Bus und Bahn, Taxis, Tuk-Tuks und vielleicht Uber – neben der Fortbewegung per pedes – alles, was man braucht. Werden größere Entfernungen überbrückt, stellt sich hingegen die Frage nach dem optimalen Transportmittel. Was optimal ist, hängt von den landestypischen Preisen, Routen und Ihren persönlichen Präferenzen ab.

Mietwagen sind prinzipiell das flexibelste Verkehrsmittel: Sofort losfahren zu können, wann immer man möchte, und bei jedem interessanten Fotomotiv anzuhalten, ist höchst angenehm. Weder Fahrpläne noch ein Streckennetz limitieren Ihre Freiheit, Ihr Gepäck haben Sie immer dabei, müssen nicht ständig darauf aufpassen und tragen es maximal ins Hotel. Nachteilig ist lediglich, dass Einwegmieten – also die Abgabe an einem anderen Standort als dem der Abholung – nicht immer mög-

Herrschaftlich unterwegs

Nicht in jedem Land ist es ein Vergnügen, hinter dem Steuer zu sitzen. Heuern Sie einfach einen Fahrer an, der morgens auf Sie wartet und Ihnen die Tür aufhält. Peinlich sein muss Ihnen das nicht: Fahrer ist in weniger wohlhabenden Ländern ein angesehener, weil gut bezahlter Job.

lich sind (vor allem grenzüberschreitend) und sonst meist sehr teuer. Wenn Sie sich für einen Mietwagen entscheiden, sollte Ihnen Selbstfahren trotz der damit verbundenen Anstrengung, etwa bei der Navigation, auch ein wenig Spaß machen. Dieser ist zum Beispiel in Ländern mit Linksverkehr, verstopften Straßen, fehlender Beschilderung, aggressiven Fahrern oder häufigen Polizeikontrollen nicht immer ungetrübt. In solchen Fällen lässt sich durch Buchung eines Mietwagens mit Fahrer Flexibilität mit entspanntem Komfort verbinden. In vielen Ländern, etwa Indien, Philippinen oder Madagaskar, ist diese Variante kaum teurer oder sogar günstiger, teils sogar die einzig angebotene, wenn die lokale Fahrweise für Ausländer als zu riskant angesehen wird. Der einheimische Fahrer weiß, wie er mit Polizisten umzugehen hat, was bei Unfällen zu tun ist und kann zum Teil sogar einen Guide ersetzen. Die Grenze zwischen Taxi und Mietwagen mit Fahrer ist fließend.

Die Option, im Zielland ein Auto zu kaufen und bei der Abreise zu verkaufen, lohnt sich finanziell allenfalls bei einem längeren Aufenthalt und ist oft ein bürokratischer Albtraum. Denkbar ist aber die Anreise mit dem **eigenen Pkw**, insofern man über ausreichend Zeit verfügt. Da bei Fernzielen meist eine ganze Reihe von Ländern mit fragwürdiger Infrastruktur durchquert werden muss, sind neben Reparaturkenntnissen ein zuverlässiges Auto und intensive Vorbereitung erforderlich. Zweifellos können solche Reisen großartig sein, sind jedoch nur etwas für sehr erfahrene Reisende mit viel Zeit und technischem Geschick. Für die erste Fernreise ist dies vielleicht keine gute Idee. Bei Reisen innerhalb Europas ist der eigene Wagen in der Regel kein Problem.

Züge überzeugen durch ihren Komfort auf langen Strecken. Im Schlafabteil lässt sich leicht eine Hotelübernachtung einsparen. Ob diese Option aber überhaupt zur Verfügung steht – nicht in jedem Land gibt es ein dichtes Streckennetz oder überhaupt eine Eisenbahn – und ob sie zur Reiseroute passt, ist abhängig vom Reiseziel. In Japan, Taiwan oder Südkorea ist der Bahnreisende im Himmel: Schnell, sauber, sicher und pünktlich sind dort die Züge und dennoch bezahlbar. Anderswo muss man mit geringer Reisegeschwindigkeit, exzessiven Verspätungen und begrenztem Komfort leben, dafür können solche Reisen aber extrem günstig und ein Erlebnis für sich sein. Nachteil der Zugreise: Man ist an Bahnhöfe und Fahrpläne gebunden.

In vielen Ländern sind **Busse** und Kleinbusse das günstigste Beförderungsmittel, allerdings auch meist langsamer und weniger komfortabel als die Alternativen. Zudem sind Busbahnhöfe oft weniger zentral gelegen als Bahnhöfe. Zuweilen lässt auch die Sicherheit zu wünschen übrig. Die Buchung aus dem Ausland ist tendenziell schwieriger als bei Zügen.

Eine Teilstrecke per **Schiff** oder **Boot** einzubauen, ist eine gute Idee, wenn es zur Reiseroute passt. Schiffs- und Fährpassagen sind meistens nicht zu teuer, allerdings nicht immer online buchbar und vergleichsweise langsam. Insel-Hopping, die Verbindung verschiedener Länder und die Vermeidung von langen Strecken mit begrenzter landschaftlicher oder kultureller Schönheit sind gute Gründe für **Kurz- und**

Günstig unterwegs

Busse und Züge sind oft die preiswertesten Verkehrsmittel und bieten eine gute Gelegenheit, mit Einheimischen in Kontakt zu kommen. Sie müssen ja nicht auf dem Dach mitfahren.

Im wasserreichen Bangladesch sind Schiffe und Boote wichtige Verkehrsmittel.

Der ganze Stolz pakistanischer Lkw-Fahrer ist die individuelle Bemalung, die natürlich per Hand vorgenommen wird.

Mittelstreckenflüge in der Zielregion. Lokale und regionale Fluggesellschaften sind oft erstaunlich günstig und meist ohne sichtbare Zugeständnisse bei der Sicherheit. Weniger schön ist allerdings der zeitliche Aufwand: Mit An- und Abreise zum und vom Flughafen, Check-in und Gepäckabholen kostet ein Inlandsflug mindestens einen halben Reisetag. Wenn noch nicht klar ist, welches Fortbewegungsmittel vor Ort überhaupt zur Verfügung steht oder optimal ist, helfen der Reiseführer, der Rat eines lokalen Tour Operators oder Websites wie **www.rome2rio.com**.

> **Mein Tipp**
>
> *Kombinieren Sie verschiedene Verkehrsmittel, Unterkunftsarten und Aktivitäten. So wird die Reise vielseitiger und Sie sammeln noch mehr Eindrücke.*

Vielseitigkeit planen

Myanmarreisende wissen: Irgendwann hat man genug goldene Pagoden gesehen. Damit Sie mehr erleben und zu erzählen haben und sich an jedem Tag der Reise auf etwas Neues freuen können, lohnt es sich, verschiedene Aktivitäten, Fortbewegungsmittel oder Übernachtungsmöglichkeiten zu kombinieren. Legen Sie einen Bade- und einen Shopping-Tag ein. Trekken Sie morgens zum Krater eines Vulkans und gehen Sie abends ins Konzert. Übernachten Sie heute bei einer Familie, morgen in einem traditionellen japanischen Ryokan oder in einem Kloster und übermorgen im Palasthotel. Fahren Sie mit einem Speedboat oder einer Seilbahn, besuchen Sie einen Hamam oder eine Messe und besichtigen Sie eine Fabrik oder machen Sie eine Weinprobe.

Sich abseits vom Rummel bewegen

Top-Sehenswürdigkeiten à la Taj Mahal auszulassen, nur weil sie überlaufen und teuer sind, wäre sicher nicht klug. Aber man muss auch nicht jede Kirche und

Finderglück

Der Tipp eines Einheimischen oder die zufällige Entdeckung in einer Nebenstraße entpuppen sich nicht selten als beeindruckender als manches Highlight, das ohnehin schon jeder kennt. Bleiben Sie offen für die Gelegenheiten, die sich bieten.

Burg im Reiseführer abhaken. Oft finden sich die schönsten Sehenswürdigkeiten und Erlebnisse gar nicht allzu weit abseits der Touristenströme. Selbst wenn sie ein kleines bisschen weniger beeindruckend sein mögen, hat man sie doch für sich allein – und damit ein intensiveres und weit persönlicheres Erlebnis.

Antizyklisch reisen und besichtigen

In der Nebensaison zu fahren, hat viele Vorteile. Das gilt auch für die Nebensaison am Tag: Die Top-Sights werden meist gegen Morgen von den Bussen angefahren oder von Schulklassen besucht. Seien Sie entweder früher da oder kommen Sie kurz vor der Schließung. Vielleicht ist dann sogar das Licht für ein Foto besser?

Auch mal treiben lassen

Lassen Sie den Reiseführer auch mal stecken und die Kamera im Hotel. Nehmen Sie das Land mit allen Sinnen auf, statt es zu dokumentieren. Biegen Sie ab in die Straße, an der andere vorbeilaufen – dort, wo das wahre Leben spielt. Setzen Sie sich auf eine Bank oder in ein Café und beobachten Sie, wie die Menschen miteinander umgehen, was sie einkaufen oder sich auf ihren Gesichtern widerspiegelt. Lassen Sie sich treiben. Sie werden erstaunt sein, was Sie alles entdecken.

Nicht zu viel vorbereiten

Wenn Sie ein Bauwerk vorher schon aus x Perspektiven gesehen haben und jedes Detail kennen, haken Sie vor Ort nur noch ab, was Sie gesehen und gelesen haben. Lesen Sie also nur das Wichtigste und staunen Sie, wenn Sie da sind.

Solo reisen

Wer alleine reist, muss sich oft erklären oder erntet gar mitleidige Blicke. Dabei ist das Solo-Reisen kein Notbehelf, sondern eine eigene Reiseform. Nicht wenige Vielreisende bevorzugen sie sogar – aus guten Gründen.

Allein, nicht einsam

Unabhängigkeit

Gut, ein bisschen anspruchsvoller ist es schon, wenn man sich nicht auf einen Reisepartner oder eine Gruppe verlassen kann. Aber das ist es wert. Auch wenn Sie eigentlich nicht müssten – reisen Sie auch mal allein.

Die Entscheidung, allein zu reisen, beginnt oft damit, dass ein Reisepartner kurzfristig abspringt. Vielleicht findet sich aber auch schlicht niemand, der im selben Zeitraum mitreisen kann oder Ihr Reiseziel ist einfach zu exotisch oder klimatisch ungeeignet für Ihren Partner. Ein Grund, zu Hause zu bleiben, ist das nicht. Denn zum einen wäre es schade, auf die Reise zu verzichten, und zum anderen hat das Solo-Reisen handfeste Vorteile. Gewiss, die Nachteile des Allein-Reisens liegen auf der Hand: Die Reise wird teurer, weil die Kosten für Hotelzimmer und Mietwagen nicht auf mehrere Köpfe verteilt werden können. Und falls Sie einen Gesprächspartner brauchen, jemanden, der mit Ihnen zu Abend isst oder Sie in schwierigen Situationen unterstützt, müssen sie denjenigen erst einmal finden.

Doch die Vorteile sind ebenso klar. Da ist zum einen die Flexibilität. Sie allein bestimmen, wohin Sie fahren, wann Sie morgens aufstehen, ob Sie im Hotel frühstücken, was tagsüber gemacht, wo und wann gegessen wird und wann Sie ins Bett fallen. Niemand schnarcht im Zimmer. Alles geht nach Ihrer Nase und Sie müssen auf niemanden Rücksicht nehmen – herrlich. Das hat durchaus einen Aspekt von Persönlichkeitsentwicklung: Wer alle Herausforderungen und Probleme einer Reise selbst bewältigt, gewinnt an Erfahrung und Selbstvertrauen und wird unabhängiger. Wenn Sie sich erfolgreich mit einem tadschikischen Zollbeamten auseinandergesetzt haben, schaffen Sie das auch mit dem neuen Chef oder dem doofen Nachbarn.

Zum anderen erleben Sie das Reiseland intensiver. Da Sie gezwungen sind, sich mit Einheimischen zu unterhalten, alles selbst machen müssen und nicht permanent ins Deutsche fallen oder dieses und jenes kommentiert bekommen, tauchen Sie viel tiefer ein. Sie sind offener für Begegnungen mit Einheimischen und diese auch Ihnen gegenüber: Ein Einzelreisender wird eher in ein Privathaus eingeladen als eine Gruppe. Vielleicht treffen Sie auch andere Solo-Reisende, die Sie ein Stück weit begleiten – da viele Reiserouten meistens in der gleichen Richtung abgefahren werden, ist die Chance dafür groß. Es soll auch schon passiert sein, dass man allein losgefahren und zu zweit zurückgekommen ist.

Von wegen einsam

Wer alleine losfährt, muss es ja nicht bleiben. Wer den Einheimischen eine Chance gibt oder auf sie zugeht, hat schnell neue Freunde.

Allein sein müssen Sie nicht, wenn Sie es nicht wollen. Die Möglichkeiten, Menschen kennenzulernen, sind vielfältig (s. Kapitel *Menschen begegnen und verstehen*). Vielleicht werden Sie das Alleinsein – ob in der Savanne oder in der Großstadt – aber auch als willkommene Ruhe und Entspannung oder Gelegenheit zur Selbstfindung empfinden?

Probieren Sie es einfach aus. Sie werden sehen: Wer allein reist, ist noch lange nicht einsam. Nicht wenige Reisende bevorzugen es sogar, allein unterwegs zu sein. Vielleicht auch Sie? Für die Reiseplanung und alle anderen Themen dieses Buches ändert sich dafür übrigens nichts.

Die folgenden Punkte können Sie grundsätzlich parallel zu den im Kapitel *Richtig buchen* beschriebenen Reisebuchungen abarbeiten. Ausnahmen wären lediglich Länder, die für die Ausstellung eines Visums den Nachweis der Buchung von Hin- und Rückflug oder die Bestätigung eines Reiseveranstalters verlangen. Dies ist zum Beispiel bei Algerien, Bangladesch oder Tadschikistan der Fall.

2

Erste Reise-vorbereitungen

REISEPASS UND VISUM | VERSICHERUNGEN UND SCHADEN-ERSATZANSPRÜCHE | SCHUTZIMPFUNGEN UND PROPHYLAXE | SIM-KARTE UND APPS |

Reisepass und Visum

Für Reisen außerhalb Europas benötigen Sie einen Reisepass. Nur bei sogenannten Überseegebieten wie dem zu Frankreich gehörenden Martinique reicht meist der Personalausweis. Ein Reisepass ist zehn Jahre lang gültig.[3] Für einen Standardpass mit 32 Seiten werden 60 Euro[4] berechnet. Vielreisende können sich gegen einen Aufpreis von 22 Euro einen Pass mit 48 Seiten ausstellen lassen. Zur Beantragung benötigen Sie Ihren Personalausweis oder den bisherigen Reisepass und ein biometrisches Lichtbild.

Die Ausstellung des Passes dauert circa vier bis sechs Wochen. Da ein Visum erst danach beantragt werden kann, sollte ein entsprechender Vorlauf eingeplant werden. Falls es zeitlich knapp werden könnte, kann gegen ein Zusatzentgelt von 32 Euro ein Express-Reisepass bestellt werden, der bereits nach vier Werktagen bereitliegt. Soll die Reise schon in drei Tagen oder weniger angetreten werden, kann in begründeten Einzelfällen ein vorläufiger Reisepass mit einer Gültigkeit von nur einem Jahr für 26 Euro ausgestellt werden. Bitte prüfen Sie in diesem Fall, ob das Zielland einen solchen auch anerkennt.

Der bisherige deutsche Reisepass mit textilem Äußeren hält physischer Beanspruchung leider nicht gut stand. In der Hosentasche getragen, wird er schnell unansehnlich, verbeult und franst an den Ecken aus. Deswegen wird die Einreise kaum abgelehnt werden, böse Blicke der Grenzbeamten sind aber nicht ungewöhnlich. Insofern empfiehlt sich ein pfleglicher Umgang mit dem Pass. Am besten verwenden Sie eine Hülle und ersetzen das Dokument, wenn nötig. Seit März 2017 ausgestellte Pässe haben einen Kunststoffumschlag, der hoffentlich länger hält.

Ob Sie für Ihr Zielland ein Visum benötigen, erfahren Sie unverbindlich, aber zuverlässig auf **www.auswaertiges-amt.de** und natürlich auf der Website der zuständigen Botschaft beziehungsweise des Konsulats in Deutschland.

[3] Bei Ausstellung ab dem vollendeten 24. Lebensjahr
[4] Alle Entgelte gemäß §15 PassV, Stand 01.08.2018

Mein Tipp

Als Inhaber eines Reisepasses benötigen Sie keinen Personalausweis mehr.

Ein super Pass

Als Inhaber eines deutschen Reisepasses haben Sie gute Chancen, auf ein Visum verzichten zu können: Deutsche dürfen laut dem Henley & Partners Passportindex 2018 in 179 Länder visumfrei einreisen. Nur die Pässe von Singapur und Japan bieten mehr.

Welche Arten von Visa gibt es?

Üblicherweise brauchen Sie ein Touristenvisum. Einige Staaten bieten verschiedene Touristenvisa an, die sich nach der maximalen Aufenthaltsdauer oder der Zahl erlaubter Einreisen unterscheiden. Welche und wie viele Visa Sie brauchen, ergibt sich aus Ihren Reiseplänen und -wünschen – etwa danach, ob Sie in ein- und demselben Land bleiben oder einen Abstecher ins Nachbarland machen möchten. Kalkulieren Sie am besten ein paar Tage Puffer ein für den Fall, dass Sie unvorhergesehenerweise länger bleiben wollen oder müssen, zum Beispiel wegen einer plötzlichen Krankheit.

Auf folgende Weisen können Visa erteilt werden:

Achtung
Prüfen Sie im Internet sorgfältig, ob Visa on Arrival tatsächlich möglich und üblich sind.

Visa on Arrival: Sie erhalten das Visum bei Einreise vom Grenzbeamten. Dafür müssen Sie vor der Abreise in der Regel nichts tun, Sie legen lediglich Ihren Reisepass bei der Ankunft vor. Manchmal muss ein Formular ausgefüllt werden, das häufig schon im Flugzeug verteilt wird. In seltenen Fällen sind Passbilder mitzubringen. Eventuelle Gebühren werden vor Ort gezahlt.

Prüfen Sie im Internet sorgfältig, ob Visa on Arrival tatsächlich möglich und üblich sind. Zum einen sind diese oft nur bei Einreise über bestimmte Flughäfen möglich (nicht aber bei der über Land), zum anderen ändern sich die Bestimmungen manchmal kurzfristig. Sind Sie unsicher, fragen Sie bei der Botschaft nach oder beantragen Sie ein reguläres Visum (siehe Antragsvisum). So vermeiden Sie

Schwierigkeiten vor Ort oder gar nicht erst an Bord gelassen zu werden.

E-Visa: Sie beantragen das Visum online durch das Ausfüllen eines Formulars und Hochladen von Passbildern sowie eines Scans Ihres Reisepasses. Eventuelle Visa-Gebühren zahlen Sie per Kreditkarte. Die Genehmigung kommt meist innerhalb weniger Tage per E-Mail. Diese nehmen Sie ausgedruckt mit, um sie bei der Immigration oder einem Sonderschalter vorzulegen. Auch bei E-Visa ist üblicherweise eine Anreise über bestimmte Flughäfen erforderlich.

Antragsvisum: Die Beantragung bei der Botschaft oder einem Konsulat ist die aufwendigste und teuerste Variante, ein Visum zu erlangen. Zum Teil kann persönlich vorgesprochen werden und der Pass auch persönlich (manchmal noch am selben Tag) abgeholt werden. In wenigen Fällen muss ein Dienstleister genutzt werden. Standard ist aber die Beantragung per Briefpost. Neben Ihrem Pass und einem frankierten Rückumschlag (Einschreiben!) sind meist zwei ausgefüllte Exemplare des Antrags sowie Passfotos beizulegen. Ob diese biometrisch sein müssen oder nicht und weitere Anforderungen anfallen, erklärt die Website der Botschaft oder das Formular selbst. Die Gebühren zahlen Sie üblicherweise per Überweisung, bei persönlicher Vorsprache eventuell auch vor Ort. Bei Nichterteilung des Visums werden diese nicht erstattet.

Im Antragsformular werden neben persönlichen Daten häufig die geplante Reiseroute oder eine Adresse im Zielland abgefragt. Als Letztere geben Sie

Zuständigkeit

Wenn es neben einer Botschaft auch Konsulate gibt, hängt es in der Regel vom jeweiligen Bundesland Ihrer Heimadresse ab, wohin Sie Ihren Antrag schicken müssen – informieren Sie sich diesbezüglich auf der Botschaftswebsite.

Achtung
Visa-Regelungen können sich jederzeit ändern. Informieren Sie sich auch bei wiederholten Reisen in ein Land direkt bei der Botschaft. Was im letzten Jahr galt, stimmt vielleicht bereits nicht mehr.

einfach die Adresse des ersten Hotels an. Auch nach früheren Reisezielen, Ihrer Religion, den Namen Ihrer Eltern und einem Ansprechpartner Ihres Arbeitgebers, ja sogar nach der Blutgruppe kann gefragt werden. Die Sinnhaftigkeit ist nicht immer offensichtlich. In seltenen Fällen benötigen Sie auch eine Einladung, beispielsweise von einer lokalen Reiseagentur, sowie einen Nachweis Ihres (Rück-)Flugs oder eine Bestätigung Ihrer Krankenversicherung. Wenden Sie sich für Letzteres bitte an Ihre Versicherung, die weiß, welches Dokument dafür vorgesehen ist.

Wie lange die Ausstellung des Visums dauert, variiert beträchtlich. Die Gründe dafür sind intransparent. In der Regel wird eine voraussichtliche oder Mindestbearbeitungsdauer angegeben. Wird diese deutlich überschritten, empfiehlt es sich, bei der Visa-Stelle hartnäckig telefonisch nachzufragen – E-Mails werden erfahrungsgemäß selten beantwortet –, denn es kommt durchaus vor, dass ein Antrag verlegt wird. Nicht immer machen Konsulatsabteilungen einen vollständig professionellen Eindruck.

Wichtig: Visa-Regelungen können sich jederzeit ändern. Und das tun Sie auch häufig. Verlassen Sie sich also nicht darauf, dass Sie Ihr Visum in diesem Jahr auf die gleiche Weise bekommen werden wie im vergangenen. Darüber hinaus begründet ein Visum keinen Anspruch auf Einreise, theoretisch können auch Inhaber eines gültigen Visums abgewiesen werden. Als unbescholtenem Bürger, der den Antrag wahrheitsgemäß und nach bestem Wissen ausgefüllt hat, wird Ihnen das aber nicht passieren. Sollten Sie – warum auch immer – tatsächlich einmal bei der Einreise abgewiesen werden, fliegen Sie in der Regel mit derselben Maschine zurück, mit der Sie gekommen sind. Dafür tragen im Zweifel Sie die Kosten.

Wichtig: Das Visum sollte rechtzeitig beantragt werden, aber auch nicht zu früh. Da viele Visa für einen bestimmten Zeitraum ab dem Ausstellungsdatum gelten, nutzt es nichts, es bereits ein halbes Jahr vor dem Abflug zu beantragen. Bitte beachten Sie auch, dass der Reisepass meist noch mindestens sechs Monate über den Ablauf des Visums hinaus gültig sein muss.

Etwas komplexer wird es, wenn Sie entweder mehrere Visa innerhalb eines bestimmten Zeitraums beantragen müssen (weil eine Rundreise durch mehrere Länder geplant ist) oder ein Konsulat Ihren Pass ablehnen würde, weil sie zuvor in einem Land waren, das auf einer „schwarzen Liste" steht (zum Beispiel verweigern einige Länder die Einreise, wenn der Pass einen israelischen Einreisestempel aufweist). Dafür gibt es eine Lösung: den Zweitpass. Wenn Sie ein berechtigtes Interesse darlegen, kann ein kostenpflichtiger zweiter Reisepass ausgestellt werden (der allerdings nur sechs Jahre gültig ist), sodass Sie parallel zwei Visa einholen können. Zudem sind frühere Reisen mit dem zusätzlichen Pass nicht ersichtlich.

Bei Zeitdruck besteht außerdem bei vielen Ländern die Option eines Expressvisums, das gegen einen saftigen Aufschlag innerhalb weniger Tage ausgestellt wird.

Achtung: Auch wenn grundsätzlich eine visumfreie Einreise möglich ist, können besondere Umstände doch ein Visum erfordern. Dies kann beispielsweise

Für Eilige

*Falls man doch zu spät mit der Planung begonnen hat, kann man sich häufig auch ein **Expressvisum** innerhalb weniger Tage ausstellen lassen – das kostet aber.*

Genau hinschauen

Je nach persönlichen Umständen kann ein Visum auch dort erforderlich sein, wo eigentlich eine visumfreie Einreise möglich ist.

Mit Easy Pass geht es schneller durch die Kontrollen an europäischen Flughäfen. Wenn die Easy-Pass-Anlage denn geöffnet ist.

Garantiert visumfreie Einreise in viele Länder, verschleißt aber schnell: Der deutsche Reisepass

bei Einreise zu anderen als touristischen Zwecken der Fall sein. Auch ist die Einreise in die USA im visumfreien esta-Verfahren nicht möglich, wenn man sich seit dem 01.03.2011 in Iran, Irak, Syrien oder Sudan aufgehalten hat. Dies durch Ausstellung eines neuen oder Zweitpasses zu verschleiern, ist angesichts der Datenbestände der US-Behörden keine gute Idee.

Falls bei der Beantragung eines Visums ein Rückflugticket nachgewiesen werden muss (weil man sichergehen will, dass Sie das Land auch wieder verlassen), Ihr Abreisedatum aber flexibel bleiben soll, gibt es folgende Möglichkeiten: Sie können ein Billigticket in ein Nachbarland buchen (das Sie verfallen lassen) oder ein Ticket, das eine kostenlose Stornierung erlaubt (schwierig). Auch Bustickets ins Ausland werden in manchen Ländern akzeptiert. Bitte beachten Sie, dass neben der Visa-Behörde und dem Einreisebeamten auch Fluggesellschaften beim Check-in den Nachweis des Rückflugs verlangen können.

Den Visa-Prozess können Sie sich übrigens erleichtern, indem Sie diesen an einen Dienstleister delegieren. Einen solchen finden Sie mit dem Suchbegriff „Visa Service" problemlos im Internet. Der Service kostet meist um die 25 Euro, dafür prüft dann jemand vom Fach, ob Sie den Antrag korrekt ausgefüllt haben.

Mein Tipp

Wenn Sie Zweifel haben, ob Sie den Visumantrag korrekt ausfüllen können, schalten Sie einfach einen Visa-Dienst ein.

Versicherungen und Schadenersatzansprüche

Viele Buchungsseiten drängen auf den Abschluss verschiedener Versicherungen, am liebsten im Rahmen eines Rundum-Sorglos-Pakets. Klar, dass das teuer ist. Aber braucht man das wirklich?

Die einzige wirklich unentbehrliche Versicherung ist die **Auslandsreisekrankenversicherung**. Im Fall des Falles müssen Sie zwar die Aufwendungen für die Behandlung vor Ort zunächst selbst zahlen, bekommen diese jedoch später erstattet, meist abzüglich eines Selbstbehalts. Da Behandlungskosten – zum Beispiel in den USA oder bei einem Unfall – schnell ein paar tausend Euro betragen können, eine Auslandskrankenversicherungen aber sehr günstig und schon für um die 10 Euro im Jahr erhältlich ist, sollte man hierauf nicht verzichten. Die Tarife variieren hinsichtlich der maximal erlaubten Aufenthaltsdauer im Ausland. Auch werden für Senioren oft höhere Beiträge verlangt. Achten Sie darauf, dass die Police auch den Krankenrücktransport beinhaltet. Idealerweise sollte dieser schon erfolgen können, wenn er „medizinisch sinnvoll" ist und nicht erst „medizinisch notwendig".

Natürlich zahlt die Auslandsreisekrankenversicherung nicht für schon bestehende Krankheiten, sondern nur für akute beziehungsweise unvorhergesehene. Der Umfang des Schutzes variiert je nach Anbieter.

Die zweitwichtigste Versicherung ist die **Reiserücktrittsversicherung**. Einen vierstelligen Betrag für Flug und Hotel wegen einer plötzlichen Krankheit zu verlieren oder weil andere schwerwiegende Umstände einen Reiseantritt verhindern, wäre schließlich doppelt unschön. Zum Teil wird auch ein Reiseabbruch mitversichert. Die Prämien gehen weit auseinander, haben aber gemein, dass sie deutlich höher sind als die für eine Auslandsreisekrankenversicherung. Entscheiden Sie, ob sich diese Absicherung für Sie lohnt: Wenn nur noch eine Woche zwischen

Mein Tipp

Beschaffen Sie sich eine Gold- oder Platin-Kreditkarte mit inkludierter Auslandsreisekranken- und Reiserücktrittskostenversicherung. Der Aufpreis, verglichen mit einer Standard-Kreditkarte, ist meist günstiger als der separate Abschluss der Versicherungen.

Ersatz bei Gepäckverlust

Internationale Abkommen regeln den Anspruch auf Schadenersatz für abhandengekommene Koffer. Dieser ist allerdings begrenzt. Allzu Teures sollte daher nicht im Koffer aufgegeben werden.

Abschluss und Abflug liegt, dürfte das eher nicht der Fall sein. Wenn Sie schon etwas älter sind und es noch zwei Monate bis zum Reisebeginn sind, vielleicht schon. Und wenn jüngere Kinder mitreisen, immer.

Eine **private Unfallversicherung** ist unabhängig von einer Reise empfehlenswert. Wenn Sie bereits eine haben: Sie leistet in der Regel auch bei Unfällen im Ausland. Eine spezielle Reise-Unfallversicherung benötigen Sie nicht.

Auch Ihre **private Haftpflichtversicherung** leistet üblicherweise bei Schäden im Ausland. Alle übrigen Versicherungen, wie Gepäck- oder Flugverspätungsversicherungen, können Sie sich ganz sparen. Diese sind meist teuer und unnütz oder stellen hohe Anforderungen für den Leistungsfall. Zudem bestehen für einige Schadensarten Ansprüche aufgrund internationaler Übereinkommen oder Verordnungen:

Bei Flugreisen haben Sie bei **Personen-, Verspätungs- und Gepäckschäden** (einschließlich Verlust) Ansprüche an die Fluggesellschaft nach dem **Montrealer Abkommen**. Von der Haftung für Verspätungsschäden kann sich die Airline allerdings befreien, wenn sie nachweist, dass sie alles getan hat, um die Verspätung zu vermeiden – was sie in der Regel tun wird. Für zerstörtes, verlorenes oder beschädigtes Reisegepäck gilt hingegen eine verschuldensunabhängige Haftung des Luftfrachtführers. Diese ist auf 1.131 Sonderziehungsrechte je Reisenden beschränkt, was im August 2019 rd. 1.400 Euro entsprach. Der Schaden muss schriftlich innerhalb von sieben Tagen angezeigt werden. Einige Staaten haben das Montrealer Abkommen allerdings (noch) nicht ratifiziert. In diesen Fällen kommt das ältere und weniger günstige **Warschauer Abkommen** zur Anwendung.

Bei Flügen, deren Ankunft sich um mehr als drei Stunden verspätet (relevant ist dabei die Ankunfts- und nicht die Abflugszeit), haben Sie eventuell Ansprüche nach der **EU-Verordnung 261/2004**. Voraussetzung für sämtliche daraus ableitbaren Leistungen ist, dass der Abflug von einem Flughafen in der EU erfolgt. Bei europäischen Fluggesellschaften kann der verspätete Flug auch außerhalb der EU gestartet sein, muss aber auf einem europäischen Flughafen enden. Der Entschädigungsanspruch ist abhängig von der Flugentfernung und beträgt 250 Euro (bis 1.500 km), 400 Euro (bis 3.500 km) oder 600 Euro (mehr als 3.500 km). Ab einer Verspätung von zwei Stunden stehen Ihnen zudem Getränke und Snacks zu. Eine Flugverspätung sollte man sich im Flughafen von der Fluggesellschaft oder vom Flughafenbetreiber bestätigen lassen.

Analoge Ansprüche bestehen auch, wenn sich Ihr Flug so verspätet hat, dass ein gemeinsam mit diesem gebuchter Anschlussflug verpasst wurde und der Ersatzflug mehr als drei Stunden später als der Originalflug sein Ziel erreicht.

Sollte Ihr Flug annulliert werden, können Sie sich den Ticketpreis erstatten lassen. Alternativ ist auch eine zeitnahe alternative Beförderung möglich, diese müssen sie jedoch nicht annehmen, sondern können auf die Preiserstattung bestehen – zum Beispiel, wenn es einen günstigeren Alternativflug gibt. Eine Vorverlegung des Fluges um mehrere Stunden kommt einer Annullierung gleich. Informiert Sie die Fluggesellschaft weniger als 14 Tage vor Abflug über die Stornierung,

Verspätet? Entschädigt!

Unter bestimmten Voraussetzungen steht Ihnen bei Verspätungen eine Entschädigung zu, die spezialisierte Dienstleister für Sie einklagen können.

Online-Prüfung

Ob Sie Anspruch auf eine Entschädigung haben, können Sie im Internet auf den Seiten der Flugrechtsunternehmen kostenlos prüfen.

steht Ihnen eventuell eine Entschädigung von bis zu 600 Euro zu. Wenn Sie erst am Flughafen von der Annullierung erfahren und Sie noch einige Zeit am Flughafen bleiben, haben Sie ein Recht auf kostenlose Verpflegung und bei einem Ersatzflug am nächsten Tag auf eine Hotelunterbringung.

Keine Ansprüche bestehen generell, wenn außergewöhnliche Umstände vorliegen, etwa die Schließung eines Flughafens, Streiks, politische Instabilität, Naturkatastrophen oder problematische Wetterbedingungen wie Sturm oder Nebel. Sofern Verspätung oder Ausfall aber durch zumutbare Maßnahmen hätten vermieden werden können, beispielsweise durch eine rechtzeitige Enteisung der Maschine, ist dies nicht der Fall.

Eine kostenlose Prüfung möglicher Ansprüche gegen Airlines wegen Verspätungen oder Fluganullierungen bieten Unternehmen wie Flightright (**www.flightright.de**) oder FP Passenger Service (**www.fairplane.de**) an. Diese setzen Ansprüche gegen eine Erfolgsprovision durch; dies kann natürlich auch mittels eines Anwalts oder ohne rechtlichen Beistand versucht werden.

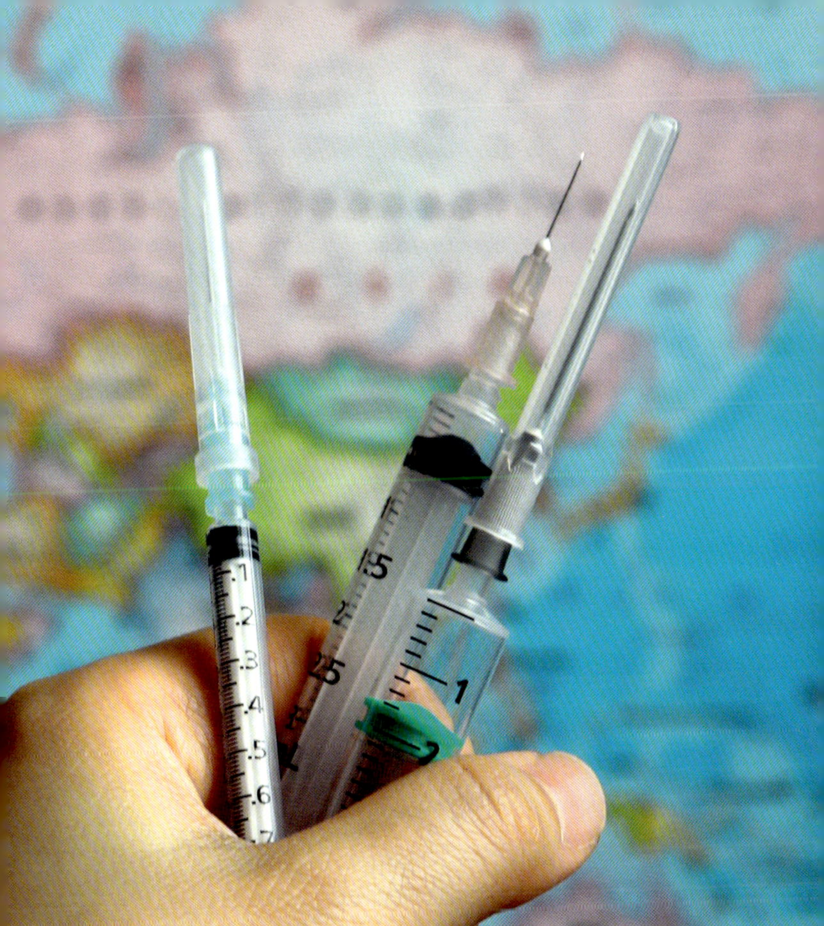

Schutzimpfungen und Prophylaxe

Ob Sie Impfungen benötigen, hängt von Ihrem bisherigen Impfstatus, dem Reiseziel, der Dauer und der Art der Reise ab. Bei längerem Aufenthalt in Gebieten mit schwierigeren hygienischen Bedingungen, etwa auf dem Land, und intensivem Kontakt zu Menschen und Tieren wird man eher zu einer Prophylaxe raten als bei einem durchgehenden Aufenthalt in Großstädten oder generell weniger gefährdeten Destinationen.

Nur in wenigen Fällen sind Impfungen vorgeschrieben. In den meisten handelt es sich dabei um eine Impfung gegen Gelbfieber, die aber häufig nur bei Einreise in oder aus einem in dieser Hinsicht gefährdeten Land obligatorisch ist. Einige Länder verlangen den Impfnachweis allerdings auch dann, wenn man lediglich in einem Risikogebiet umgestiegen ist, ohne den Flughafen verlassen zu haben. Dies sollte vor der Flugbuchung recherchiert werden, damit gegebenenfalls eine andere Flugroute gewählt werden kann. Dass der Standardimpfschutz gegen Tetanus, Diphterie und Polio in jedem Fall vorhanden sein sollte, versteht sich.

Lassen Sie sich rechtzeitig – mindestens sechs Wochen vor der Abreise – von Ihrem Hausarzt, einer auf Reisemedizin spezialisierten Arztpraxis

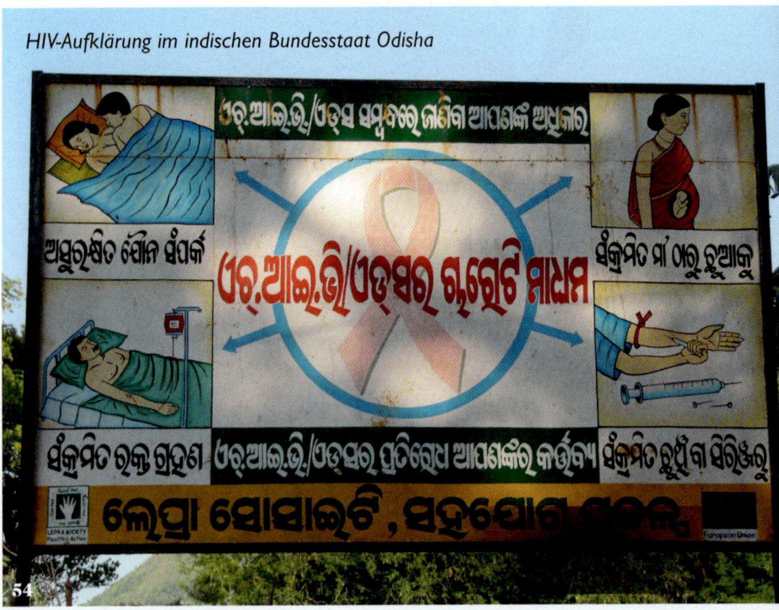

HIV-Aufklärung im indischen Bundesstaat Odisha

oder einem Tropenmedizinischen Institut über die für Ihr Reiseland empfohlenen Impfungen und die Möglichkeiten beziehungsweise Sinnhaftigkeit einer Malaria-Prophylaxe individuell beraten. Einer Impfung sollte – wie bei jedem Medikament – eine individuelle Risiko-Nutzen-Abwägung vorhergehen, schon weil mit jeder Behandlung unerwünschte Nebenwirkungen einhergehen können. Sind mehrere Impfungen erforderlich, empfiehlt es sich, diese zur Minimierung der Belastung für den Körper zeitlich zu verteilen.

Am ehesten kommen Impfungen gegen Hepatitis A und B, Typhus, Tollwut, Meningokokken-Erkrankung, FSME, Saisonale Influenza (Grippe), Japanische Enzephalitis, Cholera und Gelbfieber in Frage. Das Impfprogramm sollte zehn bis vierzehn Tage vor Abreise abgeschlossen sein, damit sich die Wirkung aufbauen kann und Nebenwirkungen nicht während der Reise auftreten. Alle Impfungen können von jedem niedergelassenen Arzt durchgeführt werden, mit Ausnahme derer gegen Gelbfieber (dafür benötigt der Arzt eine staatliche Zulassung). Lassen Sie vorgenommene Impfungen in den Impfpass eintragen (so vermeiden Sie unnötige Impfungen – beispielsweise hält die Gelbfieberimpfung lebenslang) und nehmen diesen mit auf die Reise, damit ein Sie untersuchender Arzt Bescheid weiß.

Die Kosten für Beratung, Reiseimpfungen und medikamentöse Prophylaxe werden üblicherweise nicht von Krankenkassen und -versicherungen übernommen.

Weiterlesen

Falls Sie auf gleicher Augenhöhe mit Ihrem Arzt reden oder es einfach nur ganz genau wissen wollen: Die Deutsche Gesellschaft für Tropenmedizin und Internationale Gesundheit (DTG) bietet auf www.dtg.de die sehr detaillierten, mit reichlich Fachbegriffen gespickten „Hinweise und Empfehlungen zu Reiseimpfungen“ und „Empfehlungen zur Malariavorbeugung“ als Download an.

SIM-Karte und Apps

Ein Smartphone ist inzwischen auf jeder Reise unentbehrlich. Weniger, damit Sie Ihre Freunde und Kollegen daheim per Whatsapp und Instagram mit Bildern Ihrer Reise erfreuen können, während diese durch den Regen zur Arbeit stapfen, sondern aufgrund der praktischen Vorteile.

Über nützliche Apps und das mobile Internet können Sie sich nicht nur optimal über Fahrpläne und Sehenswürdigkeiten informieren oder die Landessprache übersetzen, sondern finden auch im Notfall schnell die erforderliche Hilfe, etwa Standort und Rufnummer des nächsten Arztes oder Krankenhauses.

Dafür benötigen Sie eine **lokale SIM-Karte**. Ihre deutsche SIM-Karte per Roaming zu nutzen, ist wegen der horrenden Kosten keine gute Idee. Sie hat also allenfalls bei einem Dual-SIM-Handy Sinn, wenn Sie jederzeit unter dieser Nummer telefonisch erreichbar sein müssen oder wollen. Whatsapp und andere Messenger funktionieren auch mit der neuen SIM-Karte.

In den allermeisten Ländern ist der Erwerb einer SIM-Karte kein Problem und oft überraschend günstig. Gelegentlich muss zur Identifikation oder Registrierung der Ausweis vorgelegt werden. Nicht selten gibt es gleich mehrere Anbieter am Flughafen. Beim Kauf sollte man sich die Karte gleich einrichten lassen und prüfen, ob sie funktioniert.

In einigen Ländern dürfen Ausländer offiziell keine lokale SIM-Karte erwerben oder nur bei bestimmten Anbietern. Meist findet sich im Internet dennoch eine Lösung oder ein Tour Operator weiß Rat. Vielleicht kann ein Einheimischer – zum Beispiel Ihr Fahrer – die Karte für Sie kaufen.

Informieren Sie sich am besten bereits vor der Abreise, welche Anbieter vor Ort die beste Abdeckung und das günstigste Angebot für das von Ihnen gewünschte Datenvolumen haben. So vermeiden Sie unnötigen Stress am Reiseziel. Seien Sie nicht zu knausrig mit dem Datenvolumen, damit es verfügbar

So sparen Sie

Wenn Sie mit mehreren Personen reisen, kann ein mobiler WLAN-Hotspot interessant sein. Sie benötigen dann nur eine SIM-Karte für alle.

ist, wenn Sie es brauchen. In den meisten Fällen reicht übrigens eine Daten-SIM ohne Telefonie. Schließlich können Sie auch über Whatsapp telefonieren (am besten über das Hotel-WLAN, um das Datenvolumen zu schonen) oder skypen.

Hilfreiche Apps für Telefon und Tablet

Digital Detox

Mal eine Zeit lang aufs Handy zu verzichten, kann eine gute Idee sein. Während einer Reise ist das Mobiltelefon aber eigentlich zu nützlich, um es zu Hause zu lassen.

Schon bei der Vorbereitung und Buchung einer Reise können Apps nützlich sein. Apps von **Fluggesellschaften** ermöglichen nicht nur Direktbuchungen, sondern speichern auch die Bordkarte beim mobilen Check-in (besonders praktisch, wenn man während der Reise für den Rückflug eincheckt) und geben Auskunft zum Flugstatus, sodass Flugplanänderungen rechtzeitig erkannt werden. Die Lufthansa-App speichert sogar den Gepäckbeleg. Die Apps der großen **Mietwagenunternehmen** (Europcar, Avis, Sixt) bieten zwar nicht mehr Service, dafür aber manchmal günstigere Preise als im Internet. Dies kann auch bei den Apps der **Buchungsportale für Flüge und Hotels** der Fall sein. Ihr wesentlicher Vorteil besteht aber darin, alle Buchungen sofort parat zu haben und nicht erst nach den E-Mail-Bestätigungen in der Mailbox suchen zu müssen. Buchungen im Internet können Sie natürlich auch immer in der App aufrufen.

Einen praktischen Überblick über den kompletten Reiseverlauf mit allen Flugelementen und Unterkünften bietet die App **checkmytrip**. Während Hotelbuchungen noch manuell erfasst werden müssen, reicht es bei Flügen, die Mail mit der Flugbestätigung an checkmytrip weiterzuleiten, wo sie automatisch mit allen Details bis zur Sitzplatznummer erfasst wird.

Während der Reise unterstützen Apps bei der Verständigung vor Ort. Neben **Google Übersetzer**, die von Afrikaans bis Zulu eine riesige Zahl regionaler und Landessprachen übersetzt, gibt es unzählige andere kostenlose Übersetzungs- und Wörterbuch-Apps und solche, die die wichtigsten Sätze für Reisende bieten oder gar einen ganzen Basis-Sprachkurs. Ideal sind Apps, die auch offline funktionieren – so ist man unabhängig von der Empfangsqualität. Für Sprachen mit anderen als lateinischen Schriftzeichen sind Apps vorzuziehen, die es erlauben, Schriftzeichen abzufotografieren oder zu „malen", beispielsweise Google und Microsoft Übersetzer oder iTranslate (Pro-Variante).

Zu den wichtigsten Verkehrs-Apps gehören Streckenpläne von Bahn- und Busunternehmen, Fahrplan- und **ÖPNV-Ticket-Apps** sowie **Taxi-Apps**. Dazu gehören auch solche wie Uber, Grab oder Careem, die vor Ort eine sichere und oft günstigere Alternative zu Taxis darstellen. Größere Flughäfen bieten ebenfalls Apps an, die zum Beispiel einen Lageplan beinhalten (interessant, wenn man das Terminal wechseln muss oder einen Kiosk sucht, an dem es SIM-Karten gibt) und über die Verkehrsanbindung informieren.

Wer sich das Kopfrechnen ersparen möchte, greift am besten zu einem **Währungsrechner** wie Oanda. So erkennen Sie beim Geldwechseln sofort, ob man Sie in dem Laden mit dem „No commission"-Schild über den Tisch ziehen will.

Reiseführer

Kostenlose Reiseführer-Apps sind von recht unterschiedlicher Qualität, können aber niemals einen echten Reiseführer ersetzen. Insofern taugen sie nur als Notbehelf, zum Beispiel wenn es für einen kurzen Stopover übertrieben scheint, Geld für einen richtigen Reiseführer auszugeben.

Geldautomaten

Je nach Reiseziel können auch Geldautomaten (ATM)-Finder sinnvoll sein, vor allem wenn – wie in Japan – nur bestimmte Automaten ausländische Karten akzeptieren.

3

Richtig buchen: Flüge, Hotels und mehr

AUF DER JAGD NACH DEM PERFEKTEN FLUG | AUF DER SUCHE NACH DEN BESTEN HOTELS | MIETWAGEN UND ANDERE VERKEHRSMITTEL | LOKALE TOUR OPERATOR ALS ALLZWECKWAFFE |

Auf der Jagd nach dem perfekten Flug

Den perfekten Flug zu finden, ist auf den ersten Blick ganz leicht. Sie gehen auf eine Buchungsseite im Internet, geben Hin- und Rückreisedatum sowie Abflug- und Zielflughafen ein, und schon werden Ihnen die in Frage kommenden Flüge angezeigt, aufsteigend nach Preisen geordnet. Nun müssen Sie nur noch den billigsten buchen. Fertig. Nun ja, fast. Denn so haben Sie mit größter Sicherheit weder den günstigsten Flug gebucht noch den besten oder angenehmsten. Die Flugsuche ist leider eine komplexe Aufgabe, die Zeit und Nerven kostet. Das liegt zum einen an den Charakteristika der Suchmaschinen und Buchungsportalen, zum anderen an den vielfältigen – und daher zeitaufwendigen – Möglichkeiten, bessere oder preisgünstigere Verbindungen zu finden.

Schwächen der Flugsuchmaschinen

Ihren Flug suchen Sie zunächst am besten über Vergleichsseiten wie **kayak.de, flug.idealo.de, skyscanner.com** oder **momondo.de**. Diese greifen sowohl auf Angebote von Airlines als auch von Reiseportalen wie **Expedia.de** oder **Travel-overland.de** zu.
Dabei sind folgende Punkte zu beachten:

Verschiedene Portale zeigen nicht immer die gleichen Flüge für eine bestimmte Verbindung an und die gleichen Preise für denselben Flug. Es empfiehlt sich daher, Suchergebnisse auf mehreren Seiten zu vergleichen.

Manchmal ist der ausgewählte Flug beim Weiterklicken auf die eigentliche Buchungsseite nicht mehr vorhanden oder nur zu einem höheren Preis. Geschieht dies häufiger, wechseln Sie die Website.

Portale zeigen häufig nicht die Angebote kleiner, lokaler Carrier oder sogenannter Billigflieger. Diese müssen daher separat auf deren Seiten gesucht werden. Dafür muss man sie kennen – dabei helfen der Reiseführer oder die Websites der Flughäfen.

Es werden nicht immer die Endpreise angezeigt. Oft sind den Portalen von den eigentlichen Buchungsseiten erhobene Zusatzgebühren nicht bekannt. Und nicht selten beinhalten die angezeigten Tarife kein aufzugebendes Gepäck, was die Vergleichbarkeit erschwert. Da hilft nur durchklicken.

Qual der Wahl

Das Angebot an Flugsuchmaschinen ist groß und entwickelt sich ständig. Wer stark in der Suche ist, ist deswegen nicht notwendigerweise gut bei Buchung und Preisen. Da hilft nur vergleichen. Mein Tipp: Google Flights.

Achtung bei Zusatzkosten bei der Flugbuchung

> **Mein Tipp**
>
> *Statt Speisen an Bord zu kaufen, können Sie diese in der Regel auch mitbringen oder notfalls am Flughafen erwerben. Achten Sie aber darauf, Ihre Mitreisenden nicht mit Gerüchen zu belästigen. Getränke, die Sie nach der Sicherheitskontrolle kaufen, sind meist günstiger als an Bord. Wenn Sie eine leere Flasche mitnehmen, können Sie diese an manchen Flughäfen nach der Sicherheitskontrolle an Trinkwasserspendern kostenlos auffüllen.*

Zur eigentlichen Buchung werden Sie auf eine Buchungsseite entweder eines Reisespezialisten oder der Fluggesellschaft selbst weitergeleitet. Dort können weitere Kosten anfallen:

Reiseversicherungen: Die auf Buchungs- oder Airline-Seiten oft aggressiv und in Form von Paketen angebotenen Versicherungen müssen teils aktiv abgewählt werden. In aller Regel sind sie anderswo günstiger, wenn sie überhaupt im angebotenen Umfang sinnvoll sind (vgl. Kapitel *Erste Reisevorbereitungen* den Abschnitt *Versicherungen und Schadenersatzansprüche*).

Bearbeitungs- oder Zahlungsgebühren: Manche Seiten verlangen einen kräftigen Aufschlag für die Zahlung mit Kreditkarten oder PayPal oder auch Buchungsgebühren, die bei niedrigen Flugpreisen diese sogar übersteigen können.

Gepäckgebühren: Je nach Tarif verlangt die Fluggesellschaft einen Aufschlag für Gepäck, das aufgegeben wird. Zum Teil gibt es verschiedene, gewichtsabhängige Aufschläge: 20 kg sind dann teurer als 15 kg. Kein Problem für Sie: Im Kapitel *Perfekt packen* lernen Sie, worauf es ankommt.

Sitzplatzwahl: Die Reservierung eines konkreten Sitzplatzes ist meist kostenpflichtig. Wer sie sich spart, bekommt beim Check-in einen Sitzplatz zugeteilt oder kann beim Online-Check-in einen aus den nicht kostenpflichtigen Plätzen wählen.

Mahlzeiten: Bei Langstreckenflügen sind Mahlzeiten und Getränke üblicherweise enthalten, bei Kurz- und Mittelstrecken immer häufiger nur gegen Entgelt. Gute Airlines wie Air Asia bieten im Buchungsprozess gleich mehrere bezahlbare Gerichte mit Bild zur Auswahl.

Sonderwünsche

Im Buchungsprozess haben Sie meist die Möglichkeit, Sonderwünsche für die Mahlzeiten zu benennen, zum Beispiel wenn Sie Vegetarier, Veganer oder Allergiker sind oder einer Religionsgemeinschaft mit speziellen Speisevorschriften angehören. Ist dies nicht der Fall, sollten Sie die Fluggesellschaft rechtzeitig anschreiben, da Ihre Wünsche ad hoc wahrscheinlich nicht mehr erfüllt werden können.

Sparen bei der Flugbuchung

Der Schlüssel zu günstigen Flügen ist letztlich immer Flexibilität. So können Sie deutlich günstiger fliegen:

Antizyklisch reisen

Flüge zu den beliebtesten Reisezeiten und in typische Urlaubsregionen zur Ferienzeit sind nachfragebedingt teurer. Im Februar sind Flüge nach Japan teils unter 400 Euro zu haben – zur Kirschblüte im März steigen die Preise. Auch ein Flug rund um Feiertage, an denen viele Einheimische unterwegs sind (zum Beispiel Silvester und Thanksgiving in den USA, Neujahr in China oder Ostern auf den Philippinen), ist suboptimal. Dass es zu diesen Zeiten auch um Verfügbarkeit und Preise der Hotels nicht zum Besten steht, versteht sich.

Meiden Sie diese Zeiten nach Möglichkeit. Meist reicht es, den Reisezeitraum um wenige Tage zu verlegen. Oder Sie wählen gleich ein Reiseziel, das im geplanten Zeitraum nicht von Preissteigerungen betroffen ist. China beispielsweise ist kein typisches Sommerurlaubsziel und wird von derart vielen Airlines bedient, dass sich eine höhere Nachfrage kaum auswirkt.

Zuschlagen

Preise beobachten ist gut. Verplempern Sie aber keine Zeit mehr, wenn Sie einen vernünftigen Preis gefunden haben.

Preisentwicklung beobachten

Flugpreise können sich auch im Tagesverlauf ändern. Günstige Angebote sind vielleicht noch tagelang buchbar oder bereits eine Viertelstunde später verschwunden. Den wirklich besten Preis zu bekommen, ist damit so realistisch wie eine Aktie zum absoluten Höchstpreis zu verkaufen. Ihr Ziel sollte also ein vernünftiger Preis sein. Um sicher zu sein, einen vernünftigen Tarif zu erhalten, empfiehlt es sich, die Preise der voraussichtlichen Flugstrecke eine Zeit lang zu beobachten. Wenn Sie den Eindruck haben, der Preis passt, buchen Sie. Ein Langstreckenflug mit einer Flugzeit von über zehn Stunden, etwa nach Tokio, Bali, Los Angeles oder Buenos Aires ist bei Preisen um 500 Euro hin und zurück nicht zu teuer (sofern Aufgabegepäck inklusive ist). Der Zeitaufwand und das Preisänderungsrisiko lohnen eine weitere Beobachtung nicht. Schauen Sie nach der Buchung auch nicht mehr nach, wie sich der Preis entwickelt.

Auf die Frage nach der optimalen Vorausbuchungsfrist gibt es eine klare Antwort: Es kommt darauf an. Flugportale wie Scyscanner veröffentlichen regelmäßig Auswertungen, von denen es dann Sätze wie „Internationale Flüge sind 171 Tage vor dem Flug am günstigsten“ oder „Passagiere sparen am meisten, wenn sie dienstags auf Langstrecken fliegen“ in die Presse schaffen. Ein genauerer Blick zeigt: Es kommt auf das Reiseziel an, die Länge des Aufenthalts und den Abflugtag – und im nächsten Jahr ist vielleicht alles wieder anders. Erfahrungsgemäß sollte man jedoch nicht damit rechnen, dass die Preise in den letzten sechs Wochen vor Abflug noch fallen.

Bei Schnäppchen sofort zuschlagen

Echte Schnäppchenpreise werden mal einige Monate vor dem Flugzeitraum und mal recht kurzfristig beworben. Diese sind natürlich schnell vergriffen und sollten daher – wenn passend – schnellstmöglich gebucht werden.

Wie erfahren Sie von solchen Angeboten? Durch die Newsletter der Fluggesellschaften – vorausgesetzt, Sie haben sich dort angemeldet – und durch Schnäppchenseiten wie **urlaubspiraten.de**, **flynder.com** oder **travel-dealz.de**. Dort finden sich auch sogenannte Error Fares, das heißt durch Fehler der Fluggesellschaft viel zu niedrig eingestellte Flugpreise, die natürlich nur so lange erhältlich sind, bis der Fehler aufgefallen ist. Manchmal werden solche Buchungen storniert – warten Sie also mit den Hotelbuchungen bis zur Bestätigung.

> **Mein Tipp**
>
> Flexibilität ist Trumpf. Einen Tag früher oder später zu fliegen oder die Reiseroute umzudrehen kann richtig Geld sparen, ohne dass Sie auf etwas verzichten müssen.

Unterschiedliche Endgeräte checken und Browserhistorie löschen

Welcher Preis Ihnen angezeigt wird, kann vom Endgerät abhängen. Zum einen können sich Preise hardwareabhängig unterscheiden, also zum Beispiel zwischen PC und Smartphone. Womöglich wird auch nach der Preisklasse des Endgerätes entschieden: Wer mit dem neusten iPhone surft, ist aus Sicht mancher Anbieter weniger preissensitiv als der Nutzer eines fünf Jahre alten Mittelklasse-Samsung. Hier hilft nur ausprobieren und gegebenenfalls die Suche auf dem „günstigeren" Endgerät fortsetzen.

Zum anderen prüfen manche Seiten, was auf einem Endgerät zuvor angeschaut wurde. Kommt man über eine Google-Suche auf eine Buchungsseite, ist der Preis vielleicht geringer, als wenn man sie direkt besucht. Wer hingegen den Preis eines bestimmten Fluges mehrfach checkt, lässt ein konkretes Kaufinteresse vermuten und damit eine höhere Preisbereitschaft, die sich auf die beim nächsten Besuch angezeigten Preise auswirken könnte. Daher sollte vor der Suche die Browserhistorie und der Cache gelöscht werden.

Denkbar ist auch, dass Preise abhängig vom Land angezeigt werden, in dem gesucht wird. Durch Nutzung eines VPN-Dienstes, der der Website einen anderen Standort vorgaukelt, könnten so eventuell niedrigere Preise gefunden werden. Der Suchaufwand wird dadurch allerdings nochmals höher, sodass man eine solche Prüfung, wenn überhaupt, erst dann durchführen sollte, wenn feststeht, welcher Flug es sein soll.

Beim Reisetag flexibel sein

Auch wenn der Reisezeitraum grundsätzlich feststeht, besteht meist die Möglichkeit, Hin- und Rückflug ein, zwei Tage früher oder später zu legen. Dies kann beträchtliche Auswirkungen auf den Flugpreis haben. Je nach Reiseziel und -zeit können Flüge am Wochenende teurer sein als unter der Woche und manchmal ist es genau umgekehrt. Häufig kann schon die Verlängerung der Reise um einen Tag den Flugpreis so drücken, dass dadurch die Hotelkosten für den zusätzlichen Tag kompensiert werden – Sie bekommen also quasi einen Reisetag geschenkt. Einige Vergleichsseiten und viele Buchungsseiten ermöglichen die Eingabe eines flexiblen Datums, markieren im Kalender günstige Flugtage oder zeigen gleich die Preise für jeden Tag des Monats an. Idealerweise finden Sie also zunächst den günstigsten Flug und reichen erst dann Ihren Urlaub ein.

Flughäfen

Ob Sie in Tokio auf dem Flughafen Narita oder in Haneda landen, ist für Ihre Reise unerheblich. Vielleicht ist Ihr Plan aber auch flexibel und eine Ankunft in Nagoya noch günstiger!

Mehrere Abflug- und Ankunftsflughäfen checken

Sind mehrere Abflughäfen mit vernünftigem Aufwand erreichbar, lohnt sich der Vergleich der dort startenden Flüge. Unterscheiden sich diese lediglich im Zubringerflug zum Hub, sind die Preisunterschiede meist gering. Fliegen Sie beispielsweise mit Turkish Airlines über Istanbul zu Zielen in Asien, ist es preislich unerheblich, ob Sie von Köln, Düsseldorf oder Frankfurt am Main aus starten. Interessant wird es, wenn die Flüge von verschiedenen Airlines angeboten werden. Womöglich kann es auch günstiger sein, unterschiedliche An- und Abflughäfen zu wählen.

Zug & Flug

Bei der Lufthansa besteht die Besonderheit, dass teils Züge zum eigentlichen Flughafen als Zubringerflüge aufgeführt werden. So werden Fernflüge ab Köln oft auch ab dem Kölner Hauptbahnhof mit dem eigentlichen Flug ab Frankfurt angeboten. Damit spart man zwar keine Reisezeit gegenüber anderen Flugangeboten ab Frankfurt, hat aber die teure ICE-Verbindung schon inklusive und kann bequem am AIRail-Terminal (Lufthansa Express Rail) einchecken.

Eine Alternative sind Flüge, bei denen der Flug – bzw. bei Flügen mit Stopps zumindest die Langstrecke – in einem anderen EU-Land beginnt. Grund: In Deutschland wird eine staatliche Flugverkehrsabgabe erhoben, die bei Langstreckenflügen satte 50 Euro pro Strecke beträgt. Wer also in Brüssel statt in Düsseldorf nach Kapstadt startet, spart 100 Euro Gebühren. Ob der Endpreis tatsächlich günstiger ist und sich der Anreiseaufwand wirklich lohnt, muss natürlich im Einzelfall geprüft werden.

Auch bei den Ankunftsflughäfen lohnt sich die Suche im Umkreis. Ob man in Florida in Miami, Orlando oder Tampa landet, macht für die typische Rundreise keinen Unterschied.

Große Städte wie Tokio oder Bangkok haben zudem mehrere Flughäfen, die natürlich unterschiedliche Verbindungen bieten. Bei Gabelflügen prüfen Sie unbedingt auch die umgekehrte Reihenfolge, falls Ihre Reiseroute das zulässt.

Mit dem Sparen nicht übertreiben

Unzählige Stunden in die Flugsuche zu investieren, um schließlich 50 Euro zu sparen, ist wohl nicht die sinnvollste Weise, Ihre Lebenszeit zu verbringen. Wenn ein Flug einen vernünftigen Preis hat, buchen Sie ihn und stellen die Suche ein. Berücksichtigen Sie auch, wie komfortabel der Flug ist. Besonders günstige Flüge beinhalten fast immer eine – teilweise auch zwei oder gar drei – Zwischenlandungen. Können diese nicht für einen Stopover genutzt werden, kosten sie wertvolle Urlaubszeit, und Sie kommen weniger entspannt an. Vielleicht ist ein Direktflug den etwas höheren Preis doch wert? Viele Flüge starten zudem zu unwirtlichen Zeiten. Ein Abflug um 06:50 in Frankfurt am Main bedeutet für Menschen, die nicht in der Nähe wohnen, sehr früh aufzustehen. In Ländern ohne Einschränkungen bei Nachtflügen gibt es oft noch scheußlichere Abflugzeiten. Auch Ankunftszeiten in der späten Nacht (wenn sich eine Hotelbuchung nicht mehr lohnt) oder am frühen Morgen (wenn man das Hotel noch nicht beziehen kann), können die Reisefreude dämpfen. Für angenehmere Flugzeiten etwas mehr auszugeben, ist oft gut angelegtes Geld.

Achtung bei Umsteigeverbindungen: Sieht der Flug den Wechsel des Fliegers vor, sollte hinreichend Zeit dafür vorhanden sein. Kommt der erste Flug verspätet an, kann man schlimmstenfalls erst am nächsten Tag weiterreisen oder der Weiterflug verfällt, wenn er mit einer anderen Airline erfolgen sollte. Bei großen Flughäfen sollten mindestens 1,5 Stunden eingeplant werden. Mehr Zeit benötigen Sie, wenn Sie entweder durch die Einreisekontrolle müssen (dies kann zum Beispiel beim Flugzeugwechsel in den USA oder der Schweiz – auch erforderlich sein, wenn Sie das Land gar nicht betreten wollen) oder mit einer anderen Fluggesellschaft weiterfliegen, da Sie möglicherweise erst Ihr Gepäck abholen und wieder einchecken müssen.[5]

Achtung

Planen Sie bei Umsteigeverbindungen genug Zeit ein, um Verspätungen und weite Wege im Flughafen zu kompensieren.

[5] Dies kann zum Beispiel bei Air India in Delhi auch nötig sein, obwohl Sie mit derselben Gesellschaft weiterfliegen.

Die besten Airlines

Sicherheit

Ob eine Airline „sicher" ist, ist schwierig zu beurteilen. Airlines mit schwachen Standards können Jahrzehnte lang unfallfrei fliegen, Top-Airlines können unverschuldet in einen Unfall geraten. Lassen Sie sich von Sicherheitsrankings nicht irritieren.

Was die Sicherheit anbelangt, können Sie alle Flieger, die in Europa landen dürfen, mit gutem Gefühl betreten. Spaßiger wird es natürlich mit Exoten wie Air Kyrgyzstan oder der philippinischen Air Juan, aber Spaß ist ja eine sehr individuelle Sache. Wer es ganz genau wissen will, recherchiere im Internet das aktuelle Sicherheitsranking des Hamburger Flugunfallbüros „Jet Airliner Crash Data Evaluation Centre". Demnach ist 2019 Finnair die sicherste Airline. Das bedeutet natürlich weder, dass dies auch in den Folgejahren so bleiben wird, noch dass andere Gesellschaften unsicher sind.

Interessanter ist die Frage nach der „besten Airline". Wie immer man diese definiert, ist doch offensichtlich, dass es in Bezug auf Alter und Aus-

DIE DREI BESTEN AIRLINES WELTWEIT

im Jahr 2019

Platz 2
Singapore Airlines (Singapur)

Platz 1
Qatar Airways, Katar

Platz 3
ANA All Nippon Airways (Japan)

Quelle: Skytrax-Ranking 2019

stattung der Flugzeuge, Bequemlichkeit und Abstand der Sitze bis hin zu Freundlichkeit und Attraktivität des Flugpersonals spürbare Unterschiede gibt.

Das vielleicht bekannteste und zuverlässigste Ranking-System ist das des Londoner Beratungsunternehmens Skytrax (**www.skytraxratings.com**), das neben Airlines auch Flughäfen und Flughafen-Lounges evaluiert. Bewertet werden verschiedene Punkte zu den übergeordneten Kriterien Flughafen-Services und Qualität des Fluges sowie des Personals (die Letzteren unterteilt nach Kurz- und Langstrecke). Diese Werte gibt es separat für die verschiedenen Klassen (Economy, Premium Economy, Business, First). Der Bewertungsmaßstab für alle Einzelkategorien sind null bis fünf Sterne, und auch die Gesamtwertung ergibt eine Unterteilung der Airlines in 5-, 4-, 3-, 2- und 1-Sterne-Airlines.

Mitte 2019 waren zehn Carrier mit fünf Sternen ausgezeichnet, 44 mit vier Sternen, 42 mit drei und keine mehr mit ein oder zwei Sternen. Die glorreichen zehn waren All Nippon Airways, Asiana Airline, Cathay Pacific Airways, Japan Airlines, EVA Air, Garuda Indonesia, Hainan Airlines, Lufthansa, Qatar Airways und Singapore Airlines.

Das Ranking ist ein guter Anhaltspunkt dafür, ob ein höherer Flugpreis einer Airline berechtigt sein könnte. Eine Garantie für einen angenehmen Flug ist es aber nicht: Mit freiem Nebenplatz in einer Durchschnittsairline ist der Flug meist angenehmer als im vollbesetzten 5-Sterne-Flieger.

Gutscheine, Cashback und Meilen

Ist ein passender Flug gefunden, sind weitere Rabatte möglich, wenngleich nur in begrenztem Umfang. Das sollte nicht erstaunen: Der Wettbewerb am Himmel ist hart und der Großteil des Flugpreises besteht aus Steuern und Gebühren, auf die die Airline keinen Einfluss hat. Aber ein paar Möglichkeiten bestehen doch:

Gutscheine

Gelegentlich finden sich für einzelne Fluggesellschaften Gutscheine im Netz. Suchen Sie einfach „Gutschein + [Fluggesellschaft]". Vielleicht haben Sie Glück; Lufthansa vergibt häufig 10-Euro- oder 20-Euro-Gutscheine. Auch als Teilnehmer an einem Meilenprogramm bekommen Sie manchmal, etwa zum Geburtstag, einen Gutschein zugemailt.

Cashback-Portale

> **Mein Tipp**
>
> Niemals das Cashback-Portal vergessen! Der Aufwand ist minimal, die Ersparnisse summieren sich aber auf ansprechende Beträge.

Websites erhalten für die Weiterleitung von Kunden auf Händler- oder Buchungsseiten eine Provision. Cashback-Portale leiten den größten Teil dieser Gebühr weiter an den Kunden. Sie müssen sich also lediglich einmalig bei einer solchen Seite registrieren, von dort aus auf die Seite des Anbieters gehen und dort buchen. Bei Flügen liegt das Cashback meist zwischen einem und zwei Prozent des Netto-Flugpreises, bei Hotelbuchungen ist es deutlich höher. Durch den Umweg über das Cashback-Portal haben Sie keinerlei Nachteile. Das Cashback wird Ihnen einige Zeit nach Antritt des Fluges beziehungsweise nach dem Hotelaufenthalt gutgeschrieben und kann dann auf Ihr Girokonto überwiesen werden. Das in Deutschland wohl beliebteste Portal ist Shoop (**www.shoop.de**).

Meilen und Punkte sammeln

Fast alle Fluggesellschaften bieten kostenlose Meilenprogramme an. Abhängig von der Buchungsklasse und der geflogenen Entfernung werden dem Mitgliedskonto Meilen gutgeschrieben, die – wenn sie bis dahin nicht verfallen sind – für Freiflüge und andere Nettigkeiten eingelöst werden können. Gesammelt wird entweder bei der Buchung, durch Vorlage der Mitgliedskarte beim Check-in oder indem die Belege (Boarding Pass) nachgereicht beziehungsweise hochgeladen werden. Der Verfall von Meilen kann teils durch eine kostenpflichtige Kreditkarte (mit der beim Bezahlen zusätzliche Meilen gesammelt werden) verhindert werden.

Wirklich interessant sind Meilenprogramme nur, wenn Sie viel und/oder in teuren Buchungsklassen fliegen. Ohne häufige Dienstreisen per Flugzeug fällt es schwer, genug Meilen zu sammeln. Praktischerweise arbeiten die wichtigsten Fluggesellschaften aber in Verbünden zusammen, innerhalb derer Meilen gesammelt und eingelöst werden können. Die wichtigsten sind Star Alliance, Flying Blue und Oneworld Alliance. Zudem gibt es Kreditkarten, wie die Lufthansa Miles & More Credit Card, mit denen Sie bei jedem Einkauf Meilen sammeln, und Bonusprogramme, wie Payback, bei denen gesammelte Punkte in Meilen umgewandelt werden können. Nützliche Informationen für Meilenjäger bietet das Portal **www.meilenoptimieren.com**.

Airport Lounges

Vielflieger dürfen die Lounge der jeweiligen Airline am Flughafen kostenlos nutzen. Wer keinen entsprechenden Status hat, muss auf diesen Komfort aber nicht verzichten: Mit dem Priority Pass bekommen Sie Zugang zu über 1.200 Flughafen-Lounges weltweit. Ganz billig ist das allerdings nicht.

Die Zahl der Plätze für Prämienflüge ist leider beschränkt. Sie sollten einen Freiflug also frühzeitig buchen. Empfehlenswert ist die Buchung eines Platzes in der Business Class, der zwar mehr Meilen kostet, aber häufiger verfügbar und letztlich viel wertvoller ist. Gönnen Sie sich das Vergnügen.

Ganz kostenlos sind Prämienflüge leider nicht, da Steuern und Gebühren noch hinzukommen. Aber: Diese sind nicht proportional zum Ticketpreis – ein weiterer Grund für ein Business-Class-Ticket. Zum Teil können übrigens auch Steuern und Gebühren oder auch nur Teilbeträge des Flugpreises mit Meilen gezahlt werden.

Einige Buchungsseiten, wie Lufthansa.de, Condor.de oder Expedia.de, vergeben zusätzlich auch Payback-Punkte.

Die Kunst der Sitzplatzwahl

Gute Sitze, schlechte Sitze

Entscheidend für einen entspannten Flug ist der Sitzplatz. Mit einer frühen Sitzplatzreservierung kann man viele Nachteile vermeiden – nicht aber nervige Mitreisende. Sicher vor Unannehmlichkeiten ist man leider nur in Business und First Class.

Ein guter Sitzplatz kann für eine angenehme Reise von großer Bedeutung sein. Natürlich können Sie nicht beeinflussen, ob neben Ihnen ein Schnarcher sitzt oder jemand, dessen Leibesfülle über die Armlehne quillt. Gleichwohl gibt es gute und weniger gute Sitze.

Die Zeiten, in denen man beim Check-in frech nach einem Sitz am Notausgang fragen konnte (bei Langstreckenfliegern ist dort keine Sitzreihe, was maximalen Raum für die Beine zur Folge hat), sind leider vorbei. Die besten Plätze – jene, die weiter vorne sind, die an den Notausgängen und erst recht solche mit mehr Beinfreiheit, lassen sich die meisten

Carrier mittlerweile üppig bezahlen. Lufthansa etwa verlangt für Sitze mit mehr Beinfreiheit auf Strecken in die USA satte 75 Euro – pro Strecke. Diesen Aufpreis zu zahlen, ist aber durchaus eine Überlegung wert, speziell für Menschen ab einer Körpergröße von etwa 1,80 Meter. Alternativ gibt es immer häufiger die Buchungsklasse Premium Economy, die für einen saftigen Aufpreis (aber immer noch viel günstiger als die Business Class) mehr Abstand, breitere Sitze und weitere Annehmlichkeiten verspricht.

Selbst die Sitzplatzwahl an sich wird während der Buchung bepreist. Lufthansa lässt sich dies auf der Langstrecke mit 15 Euro pro Strecke bezahlen. Wer nicht in der Mitte sitzen will – speziell als Alleinreisender keine schöne Vorstellung – kann jedoch fast immer auch beim Online-Check-in noch einen Platz am Gang oder Fenster ergattern.

Ob ein Platz empfehlenswert ist oder nicht, sagt Ihnen **www.seatguru.com**. Dort geben Sie lediglich Fluggesellschaft, Flugnummer und Flugdatum ein und ein Sitzplan Ihres Flugzeugs wird angezeigt, in dem gute und problematische Sitze markiert sind.

In der Nähe einer Toilette wollen Sie wahrscheinlich nicht sitzen. Denn das bedeutet neben Lärm und Geruchsbelästigung, dass häufig wartende Menschen neben ihrem Sitz stehen, Ihnen ins Buch gucken, ins Gesicht atmen oder Sie aus dem Schlaf reißen, indem sie sich auf ihrer Kopflehne abstützen.

Richtig schlecht sind Sitze vor einer Toilette oder Bordküche, wenn diese sich nicht im selben Maße neigen lassen wie andere. Denn dies bedeutet nicht nur, dass Sie sich nicht zurücklehnen können,

Teure Platzwahl

Immer mehr Airlines bepreisen die Sitzplatzwahl. Bei langen Flugstrecken und langen Beinen kann es sinnvoll sein, ein paar Euro in einen guten Platz zu investieren – schließlich wollen Sie ja entspannt ankommen.

Fenster oder Gang?

Beim Einchecken am Airport fragt man Sie oft „Window or Aisle“ (Fenster oder Gang)? Falls Sie keine Präferenz haben, nehmen Sie den Gang – so sitzen Sie meist weiter vorne und sind schneller aus dem Flieger.

sondern auch, dass der vor Ihnen sitzende Passagier das sehr wohl kann und tun wird. Damit haben Sie die Kopfstütze des Vordersitzes quasi direkt vor der Nase, keine Bewegungsfreiheit mehr und der Bildschirm ist auch nur noch schwer einsehbar. Unbedingt vermeiden!

Ob man einen Platz am Fenster oder am Gang bevorzugt, ist Geschmackssache. Fensterplätze haben den Vorteil der Aussicht (über den Tragflächen oder bei Nachtflügen weniger relevant), bieten etwas mehr Ellenbogenfreiheit auf der Fensterseite und die Verfügungsgewalt über die Sonnenblende. Für den Platz am Gang hingegen spricht die Möglichkeit, jederzeit ohne Belästigung anderer Passagiere aufstehen zu können und bei einem Crash schneller zu einem Notausgang zu gelangen. Der Vorteil, Arme und Beine auch in den Gang ausstrecken zu können, wird zum Nachteil, wenn ruppige Flugbegleiter ihren Servicewagen mit Ihrem Ellenbogen kollidieren lassen oder Mitreisende vom Mittel- und Fensterplatz Sie während eines Nickerchens bitten, sie durchzulassen.

Für einen Platz in der Mitte einer Reihe spricht eigentlich nichts außer dem ungeschriebenen Bord-Knigge. Dieser besagt nämlich, dass bei einer Reihe von drei Sitzen dem Passagier in der Mitte beide Armlehnen zustehen. Auch bei vier nebeneinander platzierten Sitzen, wie dies in großen Flugzeugen als Mittelreihe gern praktiziert wird, haben die jeweils außen Sitzenden keinen Anspruch auf andere als die äußeren Armlehnen. Das ist auch richtig so, können sie doch Arme und Beine etwas weiter ausstrecken. Falls Ihr Sitznachbar diese Regel nicht kennt, weisen Sie ihn nachdrücklich darauf hin – ein Flug in verkrampfter Haltung macht keine Freude.

Sofern das Flugzeug auch 2er-Reihen bietet (zum Beispiel bei einigen 747-Typen im Heck), sind diese zu bevorzugen. Zum einen gibt es keinen Mittelplatz, zum anderen sind sie – speziell hinter 3er-Reihen – etwas eingerückt, weil sich das Heck nach hinten verjüngt, und bieten deswegen mehr Raum.

Am besten sind natürlich Plätze, deren Nebenplätze nicht besetzt sind. Das ist leider nicht beeinflussbar. Da aber am Abfertigungsschalter die Sitze für alle, die nicht online eingecheckt haben, von vorne nach hinten vergeben werden, bestehen die besten Chancen auf einen freien Nebensitz in den hintersten Sitzreihen. Zudem sind Sitze im Heck deswegen von Vorteil, weil Familien mit kleinen Kindern meistens weiter vorne platziert werden.

Die Sitzreihen im Flugzeug sind durchnummeriert, die Sitze der jeweiligen Reihe durchbuchstabiert.[6] Es kommt aber häufig vor, dass es keine Reihe 13 gibt – die 13. Reihe wird dann als Reihe 14 deklariert, um abergläubische Menschen zu besänftigen. Auch Flugzeuge ohne Reihe 17 wurden schon gesichtet. Aber keine Sorge, wenn Sie einen Platz in Reihe 13 erhalten: Bei einem Absturz sind alle Sitzreihen gleichermaßen betroffen.

Sicherheitsexperten empfehlen Sitze über den Tragflächen oder im Heck, da in der Frontpartie bei einem Crash oft größere Beschädigungen auftreten. Business

Vorne oder hinten?

Im Heck des Flugzeugs ist die Chance auf einen freien Nebenplatz und genug Stauraum im Overhead Compartment am größten. Falls Sie noch einen Anschlussflug haben, ist jedoch ein Platz weiter vorne vorzuziehen, damit Sie schneller aus der Maschine kommen.

[6] Die Buchstabierung ist nicht immer durchgängig. Sind in einer Reihe weniger Sitze als in anderen Reihen, wird ein Buchstabe ausgelassen. Sitz 22A kann dann neben Sitz 22C liegen. Der Buchstabe I kommt grundsätzlich nicht vor.

Business und First

Jenseits der Economy Class vervielfachen sich die Ticketpreise. Wer sich das leisten kann, wird jedoch auch mit dem Vielfachen an Komfort belohnt.

oder First haben also nicht nur Vorteile. Während ein Absturz natürlich ein sehr unwahrscheinlicher Fall ist, sind die praktischen Nachteile dieser Sitzpositionen aber spürbar. Über den Tragflächen haben Sie nichts von Ihrem Fensterplatz, hinten kann es etliche Minuten länger dauern, bis sie aus dem Flieger kommen. Darauf kommt es zwar meist nicht an – falls Sie aber am Flughafen umsteigen und ihre Transfer-Zeit knapp bemessen ist, kann das den Stressfaktor erhöhen.

Sie sehen, die Sitzplatzwahl ist nicht ganz unwichtig. Diese Herausforderungen bestehen allerdings nicht beim Flug in der Business oder First Class. Ja, schon die Business Class ist sehr teuer, die Preise für die First sind erschreckend. Das ist aber auch verständlich: Wenn der wunderbar bequeme, vielfach verstellbare Business-Class-Sitz den Raum von vier oder fünf Economy Seats einnimmt, muss auch der Preis entsprechend sein. Nun könnte man meinen, auch in der Business Class käme man nicht schneller an als auf den hinteren Plätzen. Das ist, wenn man von einigen Minuten Vorsprung beim Boarden und Aussteigen absieht, auch richtig. Aber man kommt deutlich entspannter an. Ein Nachtflug in der vollbesetzten Economy, mit quäkenden Kindern und anderen Störungen, kann stressig sein. Business ist im Vergleich dazu wie ein Nickerchen auf der heimischen Couch. Der Unterschied ist erstaunlich. Falls Sie sich den Luxus gönnen wollen: Informationen über die Leistungen in der Business Class für alle wichtigen Airlines und günstige Angebote finden sich auf **www.vornesitzen.de**.

Auf der Suche nach den besten Hotels

Im Hotel schläft man doch nur, sagen viele. Von wegen! Die Vielfalt der Möglichkeiten, sein Haupt zu betten, ist schier unendlich: Machen Sie Ihre Unterkünfte zu einem Teil Ihres Reiseabenteuers.

Maharadscha für eine Nacht

Luxus muss nicht teuer sein! Wer internationale Ketten meidet, findet z.B. in Indien aufregende Hotels zu erstaunlich günstigen Tarifen.

Unterkünfte gibt es in den verschiedensten Formen und Preislagen. Üblicherweise unterscheidet man Luxushotels, Mittelklassehotels und einfache Hotels sowie Bed & Breakfasts. Hinzu kommen Hostels – sehr günstige Unterkünfte mit Schlafsälen, ähnlich den deutschen Jugendherbergen – sowie (oft privat vermietete) Ferienwohnungen und Serviced Apartments, also Wohnungen mit Küche, bei denen meist ein Concierge und bestimmte Dienstleistungen verfügbar sind. In vielen Regionen gibt es auch sogenannte Homestays, bei denen man, ähnlich wie in B&Bs, in Privathäusern übernachtet, jedoch meist in deutlich einfacherer Form und mit Familienanschluss. Vor allem in Städten ist für den, der es mag, auch das in der Regel kostenlose Couchsurfing eine Option. Besondere Beachtung verdienen landestypische Kategorien wie die zum Beispiel in Indien weit verbreiteten Heritage-Hotels – historische Bauwerke, oft alte Kaufmannsvillen oder Maharadscha-Paläste – oder die um einen Garten gebauten marokkanischen Riads.

Sie sehen, je nach Reiseziel gibt es eine Vielzahl unterschiedlichster Unterkünfte zu erleben. Der Einfachheit halber wird im Folgenden generell von „Hotels" gesprochen.

Relevant für die Wahl eines Hotels sind in erster Linie drei Dinge: Lage, Qualität und Preis. Worauf Sie mehr Wert legen, hängt von den Rahmenbedingungen der Reise und Ihren persönlichen Vorlieben ab.

Je größer die Auswahl an Unterkünften in Ihrem Zielgebiet, desto wichtiger ist ein strukturiertes Vorgehen. Andernfalls laufen Sie Gefahr, sehr viel Zeit mit der Jagd nach der perfekten Unterkunft zum besten

Preis zu verbringen. Denn gerade in Mega-Städten wie Tokio oder Rio de Janeiro konkurrieren unterschiedlichste Angebote in großer Zahl miteinander: Ob das günstige B&B am Stadtrand, das etwas abgewohnte, aber zentral am Bahnhof gelegene Business Hotel oder das privat vermietete Apartment am Park die beste Wahl darstellt, ist nicht immer offensichtlich.

Sie stehen also vor einer anspruchsvollen Aufgabe, deren Lösung spürbaren Einfluss auf Ihr Wohlbefinden während der Reise haben wird. Sie können nun entweder einem lokalen Tour Operator (vgl. *Richtig buchen / Lokale Tour Operator*) vertrauen und die Wahl der Hotels in dessen Hände legen – was Ihnen viel Zeit spart, aber keine optimalen Ergebnisse garantiert – oder Sie gehen die Sache selbst an. Wenn Sie dies strukturiert und fokussiert tun, ist der Aufwand überschaubar und Spaß macht es auch.

Strukturiertes Vorgehen

Eingrenzung der Lage

Um das Gebiet einzugrenzen und die Mikrolage des Hotels zu beurteilen, nutzen Sie die Kartendarstellung eines Buchungsportals oder Google Maps. Relevante Kriterien sind:

- **die Entfernung** zu den wichtigsten Sehenswürdigkeiten, Veranstaltungsorten oder Märkten. Sie wollen ja keine Reisezeit fürs Pendeln verschwenden. Für eine besonders schöne Lage am Strand, an einem Fluss oder am Berg mit schöner Aussicht kann man allerdings auch eine gewisse Entfernung zur Innenstadt in Kauf nehmen.

Ruhig oder mittendrin?

Nicht nur die Art der Unterkunft, auch die Lage können Sie im Reiseplan variieren. Schließlich hat man nicht jeden Tag Lust auf das Gleiche.

• **die Verkehrsanbindung**: Wie weit ist es zur nächsten Metro- oder Busstation, zum Bahnhof, Flughafen oder Hafen? Gibt es genug und sichere Parkmöglichkeiten?
• **das Immissionsniveau**: Ist mit schlechter Luft und Verkehrslärm bis in die Nacht zu rechnen oder liegt das Hotel im ruhigen Diplomatenviertel? Vertrauen Sie nicht auf eine angebliche Schalldämmung der Fenster.
• **die Sicherheit:** Hotels in laut Reiseführer kriminalitätsbelasteten Stadtteilen, etwa im Bahnhofsviertel, sollten gemieden werden, wenn es keine anderen Argumente dafür gibt.
• **die An- und Abreisezeiten**: Bei einer späten Anreise oder einem Weiterflug früh am nächsten Morgen möchten Sie nicht zwei Stunden durch die Stadt zum Flughafen gurken. Eventuell empfiehlt sich für eine Nacht ein Flughafenhotel.

Achtung

Vom Vergleichsportal angezeigte Preise sind nicht zwingend die besten! Teils wird im Buchungsportal ein niedrigerer Preis angezeigt, wenn man dieses separat aufruft und nicht dem Link der Vergleichsseite folgt.

Preisliche Selektion

Die Anzahl der Buchungsportale ist auf den ersten Blick schier unüberschaubar. Ähnlich wie bei Flugbuchungsportalen sind drei Typen zu unterscheiden:
• **Vergleichsportale**, die die Angebote vieler Buchungsportale gegenüberstellen (zum Beispiel **trivago.de** oder **tripadvisor.de**),
• **Buchungsportale** (wie **booking.com**, **airbnb.de**, oder **agoda.com**),
• **Buchungsseiten der Hotels.**

Vergleichsportale sind die erste Anlaufstelle, um grundsätzlich in Frage kommende Hotels zu identifizieren. Dazu grenzen Sie durch Festlegung eines Maximalpreises pro Nacht und von Wunschleistungen wie inkludiertem Frühstück, WLAN, Sauna oder kostenloser Stornierung die Auswahl in Ihrem Suchgebiet ein. Je nach Portal können Sie auch eine Sterne-Kategorie und die Art der Unterkunft (zum Beispiel Ferienwohnung) wählen. Außerdem nehmen Sie eine qualitative Vorselektion vor, indem sie ein Mindestranking vorgeben, beispielsweise 8,5 von 10 Punkten. Das Portal zeigt Ihnen nun die zum gewünschten Termin verfügbaren und Ihre Kriterien erfüllenden Hotels sowie die Seiten an, auf denen es gebucht werden kann, und den jeweiligen Preis.

Auf der Buchungsseite eines Hotels selbst werden Sie nur selten einen günstigeren Preis finden. Falls doch, prüfen Sie bitte, ob es sich wirklich um dieselbe Zimmerkategorie mit denselben Leistungen handelt und ob die Preise auf der Hotelseite die Mehrwertsteuer (VAT) enthalten.[7]

Hinweis

Falls Sie gerne im Hotel speisen oder den Wäscheservice in Anspruch nehmen möchten, berücksichtigen Sie, dass solche Leistungen in höherpreisigen Hotels teurer sind.

Qualitätskontrolle

Um die Qualität von Unterkünften abschätzen zu können, sind Hotelbewertungen wichtig. Sie wollen schließlich sicher sein, dass die Bilder auf der Hotelwebsite aus dem aktuellen Jahrhundert stammen. Auch über unfreundliches Personal, dünne Wände, schmutzige Bettwäsche und Ungeziefer wird die Website gewiss nicht aufklären.

Achten Sie aber dennoch – je nach Klima im Reisezeitraum – darauf, ob eine Klimaanlage oder Heizung vorhanden ist und ob eine Diskothek oder ein Veranstaltungssaal im Haus für Lärm sorgen könnten.

[7] Dies ist beispielsweise in Singapur regelmäßig nicht der Fall.

4

SPARTIPPS

1

Bei Aufruf teilnehmender Buchungsportale über www.shoop.de wird Cashback gezahlt. Die Höhe hängt vom Buchungsportal ab und ändert sich häufig. Unter Umständen stellt die Buchung über ein Portal mit einem weniger attraktiven Hotelpreis aufgrund höheren Cashbacks insgesamt das beste Angebot dar. Einige Buchungsseiten (zum Beispiel ebookers.com oder agoda.com) gewähren selbst einen Bonus, der bei der nächsten Buchung angerechnet wird.

2

Kleinere Hotels bieten auf Anfrage manchmal einen günstigeren Preis an, wenn man direkt bei ihnen bucht. Da das Hotel so die Kosten für die Vermittlung durch die Portale spart, kann sich das für beide Seiten rechnen. Erwähnen Sie bei der Anfrage unbedingt, welchen Preis Sie bei welchem Anbieter gesehen haben.

3

Vergleichsportale und Buchungsseiten unterscheiden teilweise nach Hotels, Wohnungen und sonstigen Unterkünften. Wohnungen zeichnen sich oft durch ein besseres Preis-Leistungs-Verhältnis aus. Gleich ob privat vermietet oder als sogenannte Serviced Apartments, sind sie meist deutlich größer als ein Hotelzimmer. Sind mehrere Schlafzimmer vorhanden, können gegebenenfalls mehrere Hotelzimmer ersetzt werden. Andererseits darf man nicht mit einer 24-h-Rezeption oder Annehmlichkeiten wie Sauna oder Gepäckaufbewahrung rechnen. Wichtig: Wohnungen/Apartments sind stets mit einer Küche ausgestattet. Wenn Sie sich selbst versorgen wollen oder aufgrund einer bestimmten Diät müssen, sind Sie damit am besten aufgehoben.

4

Frühstück im Hotel ist oft teuer. Wer ohnehin morgens wenig zu sich nimmt, kann beim Bäcker oder im Café um die Ecke den Tag günstiger und mit den Einheimischen beginnen. Doch auch falls Sie so reichlich frühstücken, dass das Mittagessen ausfallen kann, sollten Sie dennoch das Frühstück zunächst nur für die erste Übernachtung buchen – nicht immer fällt dieses so aus, wie man es sich wünscht.

Das Mindestranking aus der Vorselektion ist ein guter Anhaltspunkt, ergibt jedoch kein differenziertes Bild. Weder wird dadurch klar, wie viele Bewertungen hinter einem Wert stehen, noch bekommen Sie einen Eindruck über Vorteile und Nachteile eines Etablissements.

Den Einwand, Bewertungen seien Fakes oder gekauft und damit wertlos, können Sie getrost ignorieren. Bei Bewertungen auf Buchungswebsites ist das schon deshalb Unsinn, weil dort nur bewerten kann, wer auch dort gebucht hat. Bei portalunabhängigen Seiten kann man dergleichen zwar nicht vollständig ausschließen, so lange sich aber keine überschwänglich positiven, kurz gehaltenen oder sich auffallend ähnelnden Berichte in einem kurzen Zeitraum häufen, darf man den Rezensionen vertrauen. Tatsächlich erweisen sich Bewertungen in der Praxis regelmäßig als sehr zuverlässig.

Der Wert der Bewertungen steigt natürlich mit ihrer Anzahl und Ausführlichkeit. Nationalität und – falls angegeben – Alter der Rezensenten können eventuell eine Rolle spielen. Gewiss ist die indische oder chinesische Mittelklasse nicht weniger anspruchsvoll als der europäische Reisende. Möglicherweise sind ältere und erfahrene Reisende kritischer als andere oder amerikanische Touristen schneller vom kulinarischen Angebot begeistert als Franzosen oder Italiener. Verallgemeinern kann man dies aber kaum. Relevant ist jedoch die Aktualität der Rezensionen, weil zum Beispiel zwischenzeitlich durchgeführte Renovierungsmaßnahmen der Kritik älterer Beiträge den Boden entziehen können oder sich ein Wechsel im

Hinweis

Falls Sie Ihre Unterkunft erst vor Ort auswählen, lassen Sie sich unbedingt das Zimmer zeigen, am besten verschiedene. Eine hochglanzpolierte Rezeption sagt nichts über den Zustand der einzelnen Zimmer aus.

Wenn fünf Sterne nicht genug sind:
Am Himmel der libyschen Wüste warten
Tausende auf Sie.

Management ausgewirkt hat. Wurde hingegen vor fünf Jahren wie vor fünf Wochen der abgewohnte Zustand der Räume beklagt, wird sich dies bis zu Ihrer Ankunft kaum ändern.

Jede Suchmaschine oder Buchungsseite hat ein eigenes Bewertungssystem. Hervorzuheben sind die Bewertungen auf **www.tripadvisor.de**. Diese sind nicht nur besonders ausführlich, es wird auch graphisch angezeigt, wie sich die Kritik verteilt. Zudem kann man sich gezielt die negativen ansehen, um zu prüfen, ob es sich dabei um einzelne Querulanten handelt oder tatsächlich strukturelle Probleme, insbesondere bei Sauberkeit, Service oder in Bezug auf Lärm vorliegen. Euphorische Bewertungen von Menschen in Urlaubsstimmung sind weniger wertvoll. Sehr aussagekräftig ist der Anteil schlechter Bewertungen (ein oder zwei Sterne): Liegt er über 5 %, gibt es wahrscheinlich ernste Probleme. Um mit der Unterkunft glücklich zu werden, sollte die Gesamtbewertung mindestens vier von fünf Sternen bekommen haben.

Mein Tipp

Im Verlauf der Reise sollten sich die Unterkünfte idealerweise qualitativ steigern. Wählen Sie insbesondere zum Abschluss der Reise ein richtig gutes Hotel, auf das Sie sich unterwegs freuen können und das schöne Erinnerungen hinterlässt.

Entscheiden und buchen

Wenn Sie die ersten drei Schritte ausgeführt haben, bleibt immer noch eine gewisse Zahl von Unterkünften übrig. Erstellen Sie nun eine Shortlist von drei bis fünf Unterkünften, indem Sie alle wegstreichen, die offensichtlich schlechter sind als die anderen oder bei denen Sie irgendetwas stört.

Nun sind nur noch sehr gute (oder zumindest die besten verfügbaren) Optionen übrig. Schlafen Sie noch einmal eine Nacht darüber und streichen nacheinander alle bis auf eines weg. Wenn Sie mehr Zeit benötigen und es möglich ist, kostenfrei zu stornieren: Buchen Sie einfach zwei oder drei und stornieren Sie, sobald Sie sich entschieden haben. Oder Sie werfen eine Münze.

Sparfüchse

Natürlich nehmen Sie das Cashback über Shoop oder den Rabatt Ihres Mitarbeitervorteils-programms (zum Beispiel corporate benefits) mit und sammeln wenn möglich Payback-Punkte.

Vertrauen Sie Ihrem Bauchgefühl – vielleicht war es ein Nebensatz in einer Rezension, der Sie wahrscheinlich völlig zu Recht misstrauisch gemacht hat. Wenn Ihr Bauch das teuerste Hotel auf der Shortlist will, buchen Sie es – dass es preislich passt, haben Sie bei der Vorauswahl ja schon sichergestellt. Hängt ihr romantisches Herz hingegen an dem Heritage-Hotel mit den nicht ganz so großen Zimmern, nehmen Sie das.

Beim eigentlichen Buchungsvorgang verwenden Sie am besten Ihre Kreditkarte – die mit der Reiserücktrittskostenversicherung.

Beim Buchen besteht die Möglichkeit, Wünsche an das Hotel zu formulieren, die nicht immer, aber oft berücksichtigt werden, vor allem wenn sie in der Landessprache oder Englisch formuliert werden. Welche Sprachen im Hotel verstanden werden, steht oft auf der Website des Hotels oder auch im Buchungsportal.

Gute Ideen sind beispielsweise:

- Upper Floor (obere Etage – wegen des Blicks und des Abstands zu möglichen Lärmquellen in und außerhalb des Hotels),
- Nice View (schöne Aussicht – vielleicht gibt es so ein Upgrade auf ein Zimmer mit Meerblick),
- Non-Smoking Room (Nichtraucher-Zimmer),
- Quiet room – not close to elevator (Ruhiges Zimmer mit Abstand zum rumpelnden Fahrstuhl),
- Late check-out (Späte Abreise – bietet Flexibilität bei der Tagesplanung und die Möglichkeit, vor der Abreise noch einmal das Bad aufzusuchen).

Hinweis

Wenn Sie mit Ihrer Liebsten reisen, könnten Sie auch noch um ein Blumen- oder Obstarrangement bitten. Oft bieten Hotels auch die Abholung vom Flughafen an.

Mietwagen und andere Verkehrsmittel

Die Wahl des Verkehrsmittels hängt stark vom Ziel und den eigenen Vorlieben ab. Wer sich für einen Mietwagen entscheidet, sollte einige Dinge berücksichtigen, um Probleme zu vermeiden.

Kleines Mietwagen-1x1

Preise vergleichen

Auch bei der Buchung des Mietwagens lässt sich viel Geld sparen. Achten Sie beim Preisvergleich darauf, dass auch die Versicherungsleistungen vergleichbar sind.

Mietwagen (Rental Cars) können bei den Anbietern direkt gebucht werden. Große Firmen wie Hertz, Avis oder Europcar sind hier die ersten Adressen. Lokale Anbieter können eine Alternative sein, sind aber nur selten wirklich günstiger und ob sie sich bei der Abholung, bei Stornierung oder im Schadensfall so professionell und entgegenkommend verhalten wie die internationalen, ist schwer vorhersagbar. Vor der Direktbuchung suchen Sie am besten im Internet nach einem passenden Rabattcoupon. Eventuell ist die Buchung über die App des Anbieters günstiger als über seine Website.

Alternativ gibt es Vermittler (zum Beispiel Sunny Cars, Car del Mar, ADAC), die internationale und nationale Anbieter bündeln und oft bessere Konditionen bieten als die Direktbuchung. So wird zum Beispiel häufig die Selbstbeteiligung im Schadensfall übernommen oder Sie bekommen einen Tarif mit unbegrenzten Kilometern, der beim eigentlichen Vermieter gar nicht angeboten wird.

Für die Suche nach dem günstigsten Tarif gibt es natürlich auch wieder Vergleichsportale (beispielsweise **www.billiger-mietwagen.de**). Diese haben zwar – wie die Vermittler – nicht alle Länder im Angebot, bieten aber hohe Transparenz, da neben dem Preis auch die übrigen Konditionen und der Versicherungsschutz gegenübergestellt werden.

Bei der Auswahl der Wagenkategorie sollten Sie bedenken, wie lange die typischen Fahrstrecken sein werden und welche Straßenqualität zu erwarten ist. Auf den endlosen Highways im Westen der USA sollte der Wagen schon etwas größer und komfortabler sein. Besteht hingegen die Aussicht, häufiger durch kleine Städte mit engen Straßen und schwieriger Parkplatzsituation zu kurven, empfiehlt sich ein kleineres Modell. Sind Schnee oder unbefestigte Straßen zu erwarten, brauchen Sie einen Wagen mit 4x4-Antrieb.

Leider kann in der Regel nicht der konkrete Wagentyp, sondern nur eine Fahrzeugkategorie gebucht werden. Es wird also nicht unbedingt der abgebildete Traumwagen werden. Selbst wenn dieses Modell verfügbar ist, wird man sich nicht unbedingt die Mühe machen, es bereitzustellen. Fragen Sie daher vor Ort einfach, was zur Auswahl steht. Die Vermieter sind meist sehr entgegenkommend. Nicht selten bekommen Sie ein kostenloses Upgrade angeboten, was durch eine unglückliche Miene beim zuerst angebotenen Modell gefördert werden kann.

Beim Abholen versuchen viele Vermieter, Upgrades und Zusatzleistungen zu verkaufen. Ob Ihnen ein Upgrade den Aufpreis wert ist, wissen Sie selbst. Die Zusatzleistungen benötigen Sie aber allenfalls dann, wenn Sie bei der Buchung nicht daran gedacht haben. Sehen Sie dem Personal vor Ort die Verkaufsansprache nach; zum einen ist das sein Job, zum anderen kann es ja nicht wissen, dass zum Beispiel der deutsche Vermittler die Selbstbeteiligung bereits übernimmt.

Eine Vollkaskoversicherung (CDW oder LDW) brauchen Sie in jedem Fall. Die Verringerung oder der Ausschluss des Selbstbehalts ist in Relation zum Risiko oft sehr teuer. Eine Selbstbeteiligung von beispielsweise 750 Euro mag hoch scheinen. Aber

Mein Tipp

Lieber eine Nummer größer! Der Aufpreis für eine höhere Kategorie ist oft moderat und der Komfort auf langen Strecken und schlechten Straßen ist es wert. Zudem gibt´s mehr Platz für das Gepäck.

Teure Extras

Der Ausschluss der Selbstbeteiligung ist teuer. Das gilt erst recht für andere Extras. Doch auf diese können Sie meist verzichten, gibt es doch fast immer gute Alternativen.

schauen Sie mal nach, auf welchen Betrag sich diese in der Kaskoversicherung Ihres Privat-Pkws beläuft. Und beim Mietwagen werden Sie im Schadensfall nicht herabgestuft – wahrscheinlich sind Sie damit günstiger unterwegs als mit dem eigenen Wagen.

Andere Leistungen sind meist teuer oder unnötig. Auf ein Navigationssystem (SatNav oder GPS) können Sie verzichten: Bei Mieten ab circa einer Woche ist es günstiger, ein Navi im Elektromarkt um die Ecke zu kaufen. Und da Ihr Telefon diese Aufgabe mit einer Navigations-App oder Google Maps genauso gut erledigen kann, braucht man nicht unbedingt ein eigenes Gerät (nicht vergessen: Offline-Karte herunterladen!). Zudem gibt es oft auch so ein Auto mit Navi, weil dieses eben gerade verfügbar ist.

Achten Sie darauf, dass alle existierenden Schäden des Wagens bei der Abholung dokumentiert werden und der Tank wirklich voll ist. In seltenen Fällen schreibt der Vermieter vor, dass der Wagen vor Abgabe gewaschen werden muss. Spätere Reklamationen sind schwierig. Glücklicherweise sind Mietwagenunternehmen in aller Regel nicht pingelig, was kleinere Kratzer angeht.

Internationaler Führerschein

In vielen Ländern lässt man Sie nur mit einem internationalen Führerschein hinters Steuer eines Mietwagens. In Japan müssen Deutsche diesen auch noch übersetzen lassen (dies macht in Japan der Japanische Automobilclub JAF in seinen Filialen;

Dienstleister bieten die Übersetzung aber auch von Deutschland aus an, allerdings mit einem Vorlauf von vier bis sechs Wochen).

Der internationale Führerschein ist ein recht billig wirkendes Papierdokument mit Passfoto und Stempel, das drei Jahre gültig und zusätzlich zum eigentlichen Führerschein mitzuführen ist. Er kostet circa 15 Euro. Falls Sie noch einen grauen oder orangen „Lappen" haben, ist dieser zuvor in einen Plastikkarten-Führerschein umzutauschen.

Auch wenn der internationale Führerschein in einem Land nicht vorgeschrieben ist, kann er hilfreich sein, da er den Polizisten bei ihrer Arbeit hilft und Ihnen damit eine Kontrolle verkürzt.

Andere Verkehrsmittel

Für Buslinien, Züge und Schiffe gibt es mit rome2rio.com und ferrylines.com zwei recht gute Such- und Vergleichswebsites, wenngleich diese natürlich auch nicht jede Route jedes Anbieters vor Ort abdecken können. Notfalls muss dann auf die Websites der Betreiber zurückgegriffen werden, die es teilweise nur in der Landessprache gibt und welche manchmal auch keine Möglichkeit zur Online-Buchung bieten. Ist Letzteres der Fall, bleibt nur die Buchung vor Ort oder, mit entsprechendem Aufschlag, über einen lokalen Tour Operator.

Lokale Tour Operator als Allzweckwaffe

Egal wie gut sie vorbereitet sind, die Locals kennen ihr Land natürlich am besten. Deswegen ist ein Reiseunternehmen im Zielland nicht nur eine gute Idee, wenn Sie wenig Zeit für die Planung haben, sondern auch als Quelle guter Ideen und Hilfe in Sondersituationen.

Ein Tour Operator im Zielland kann eine Reise durchaus angenehmer machen oder sogar vorgeschrieben sein. In Turkmenistan und Nordkorea ist das beispielsweise der Fall. Hilfreich ist er insbesondere in weniger entwickelten Destinationen, dort, wo Sie nicht selbst fahren wollen oder dürfen, wie etwa in China, und wenn Sie für Ihr Visum eine offizielle Einladung benötigen.

Warum Sie einen lokalen Reiseveranstalter nehmen sollten und keinen in Ihrem Heimatland, ist leicht beantwortet: Weil Sie so deutlich mehr Auswahl haben und auch der heimische Veranstalter auf lokale Profis zurückgreift. Sie bezahlen also nur eine weitere Stelle mehr. Außerdem würde das Ganze dann doch zu sehr eine Pauschalreise und das wollen wir ja nicht.

Der Vorteil des lokalen Anbieters ist seine Ortskenntnis. Bahntickets besorgen, Insel-Hopping organisieren, einen erfahrenen Fahrer auswählen – das kann er besser oder schneller und damit stressfreier als Sie. Vor allem kann er es früher und damit sicherstellen, dass es überhaupt geschieht. Schließlich wäre es unschön, wenn die geplante Weiterreise ausfällt, weil Sie vor Ort feststellen, dass der Zug ausgebucht ist. Auch lokale Permits, also Zugangsgenehmigungen für bestimmte Gebiete, besorgt Ihnen der Tour Operator und hat womöglich gute Ideen, welche lokalen Feste und im Reiseführer fehlenden Sehenswürdigkeiten Sie nicht verpassen sollten.

So gehen Sie bei der Auswahl vor

Size matters?

Andersherum wird ein Schuh draus: Gerade kleine und junge Unternehmen sind erfahrungsgemäß sehr bemüht, Ihnen besten Service zu bieten. Keine Angst vor der „Garagenfirma"!

In Frage kommende Tour Operator identifizieren

Lokale Tour Operator gibt es im Internet meist in großer Zahl. Suchen Sie am besten „Tour Operator + [Stadt]", um tatsächlich lokale Anbieter angezeigt zu bekommen.

Natürlich binden sie sich nicht an die erstbeste Firma, die die Suchmaschine vorschlägt. Erste Hinweise auf die Kompetenz können Bewertungen bei **Google** oder **tripadvisor.de** (die man bei exotischeren Zielen und kleineren Anbietern aber selten findet) und die Website des Anbieters sein. Letztere sollte möglichst ausführlich Auskunft über Tourenvorschläge, das Team und die Zahlungsbedingungen geben. Das Reisebüro in Hanoi mit der tollen, professionellen Website mag sich dann vor Ort als bessere Garage mit einem Schreibtisch und zwei sehr jung erscheinenden Mitarbeitern entpuppen, aber das macht nichts. In vielen Ländern ist das ganz normal, man weiß dort, was man tut. Und auf Ihre Wünsche wird man gewiss flexibler eingehen als das große staatliche Tourismusunternehmen.

„Ausschreibung" starten

Wählen Sie circa fünf Tour Operator aus und schreiben Sie diese an. Formulieren Sie Ihre Anforderungen möglichst exakt und strukturiert:

- voraussichtlicher Zeitraum der Reise,
- Reiseziele,
- Anzahl der Reisenden,
- Art/Kategorie der gewünschten Verkehrsmittel,
- gewünschte Hotelkategorie (wenn Sie zunächst offen lassen wollen, ob Sie die Hotels selbst oder über

den Anbieter buchen wollen, lassen Sie das weg),

- Notwendigkeit eines Fahrers und/oder Guides.

Dabei können Sie dem Tour Operator freistellen, einen alternativen Reiseplan vorzuschlagen – er kennt das Land ja besser als Ihr Reiseführer. Je genauer Sie aber formulieren, umso einfacher machen Sie es dem Unternehmen und umso eher wird es Ihnen einen realistischen Preis anbieten.

Ihre E-Mail könnte beispielsweise so aussehen:

Dear Sirs,

I am planning a trip to India in the second half of March for about 12 days as a solo traveler. The tour should include the major sights of Rajasthan, including Ranakpur, Jaipur and Jodhpur, as well as Delhi and Agra. My main focus is on palaces, historic buildings and local fairs and festivals. I will need a small car with an English-speaking driver. Airport pick-up would be great. A guide is not required. As for accommodation, I prefer a mix of budget and heritage hotels. If appropriate, you may suggest two or three hotels of different categories per location. Please send me a comprehensive itinerary with a reasonable price indication. A quick response is appreciated.

Kind regards,
Tina Travel (Ms.)

Guter Rat inklusive

Gute Tour Operator sagen Ihnen, wenn Ihr Reiseplan nicht funktioniert. Fragen Sie aber sicherheitshalber auch aktiv nach, wie lange Sie unterwegs sein werden und ob alle Sehenswürdigkeiten während Ihres Aufenthaltes geöffnet sind.

Die Antwort und die weitere Kommunikation können je nach Land und Tour Operator sehr unterschiedlich ausfallen. Das beginnt schon bei der Sprache: Im Kaukasus finden Sie womöglich jemanden, der Deutsch kann, in Laos spricht vielleicht nicht jeder Englisch, und wenn, dann nicht perfekt. Sollte Ihr eigenes Englisch übrigens auch nicht ganz fehlerfrei sein, macht das überhaupt nichts. Schließlich sind Sie der Kunde.

In der Regel bekommen Sie zeitnah eine Antwortmail mit Rückfragen oder gleich einem detaillierten Reiseplan mit Angabe des Tagesprogramms, der Fahrtdauer und Entfernung des Hotels sowie der Zimmerkategorie mit einem Preisangebot. Dabei wird es voraussichtlich geschehen, dass

- Sie von einigen Anbietern gar keine Antwort erhalten (Spam-Ordner checken!),
- Sie erst nach einigen Tagen Antwort bekommen (zum Beispiel weil der Anbieter gerade mit Kunden unterwegs oder der Internetzugang gestört war),
- von Ihren fünf durchnummeriert aufgelisteten Fragen nur zwei konkret beantwortet werden und der Rest ignoriert wird (dann gilt es, so lange nachzufragen, bis alle Fragen zufriedenstellend beantwortet sind),
- Ihnen ein Reiseplan vorgeschlagen wird, der von Ihren Ideen abweicht (weil der Tour Operator nur Standardreisen anbietet und zu faul ist, auf Ihre Wünsche einzugehen – oder sein Plan aus Erfahrung besser ist als Ihrer, beispielsweise aus verkehrstechnischen Gründen oder weil so ein lokales Festival miteinbezogen werden kann),

- Ihnen für ganz ähnliche Angebote stark voneinander abweichende Preise genannt werden (was an unterschiedlicher Qualität der Hotels liegen kann, aber auch an der Marge des Anbieters).

Klarer Reiseplan

Stellen Sie sicher, dass die Leistung exakt beschrieben und alles aufgeführt ist, was Ihnen wichtig ist. Missverständnisse könnten zu unschönen Diskussionen vor Ort führen.

Verzweifeln Sie deswegen nicht. Nach zwei oder drei Nachfrage-Mails haben Sie ein sicheres Gefühl, welche Angebote etwas taugen. Nun wählen Sie die drei vielversprechendsten Anbieter aus, klären mit diesen offene Fragen und detaillieren den Reiseplan. Auf dieser Basis können Sie sich anschließend entweder gleich für das Angebot mit dem besten Preis-Leistungs-Verhältnis entscheiden oder Sie versuchen noch, den Preis zu verhandeln. Der Preisspielraum ist zwar meist nicht groß; falls Sie aber das gleiche Programm bei Anbieter A günstiger bekommen, Sie aufgrund der besseren Kommunikation lieber mit Anbieter B reisen wollen, ist es einen Versuch wert, Letzteren auf das gleiche Preisniveau zu drücken. Scheuen Sie sich nicht: Reiseveranstalter sind Kaufleute, denen Verhandeln nicht fremd ist. Mehr als ablehnen kann man Ihren Wunsch nicht.

Bevor Sie buchen, vergewissern sie sich, dass Sie auch das Hotel bekommen, das angeboten wurde und nicht ein Ersatzhotel gleicher Kategorie. Oft heißt es im Angebot „XY hotel – or similar“. Falls dieses nicht verfügbar ist – das erfragt der Tour Operator erst, wenn er sich mit Ihnen grundsätzlich geeinigt hat – sollten Sie das wissen, bevor Sie zahlen, da Ersatzhotels nicht immer wirklich gleichwertig sind.

Tour Operator werden Ihnen oft vorschlagen, neben einem Fahrer auch einen Guide zu buchen. Dieser kostet natürlich extra. Ob er wirklich einen

Mehrwert bietet, ist vorab schwer zu beurteilen. Wenn Sie Pech haben, unterhält sich der Guide mehr mit dem Fahrer als mit Ihnen und Sie fühlen sich weniger als Reisender denn als Passagier. Ein kenntnisreicher Guide kann aber auch nützlich sein, insbesondere bei Problemen vor Ort oder wenn der Fahrer kein Englisch spricht. Ein guter Kompromiss ist der Verzicht auf einen Begleiter und das Anwerben lokaler Guides bei den Sehenswürdigkeiten, bei denen Sie dies möchten.

Anzahlung

Eine angemessene Anzahlung ist okay – schließlich muss das Unternehmen zum Beispiel reservierte Hotels bezahlen. Tour Operator, die den gesamten Betrag vorab verlangen, sollten Sie aber vergessen – oder mit Ihnen bessere Zahlungsmodalitäten verhandeln.

Zahlungsmodalitäten klären

In der Regel wird der Tour Operator von Ihnen Vorkasse verlangen. Da Sie außer der Website kaum Informationen haben, um seine Vertrauenswürdigkeit einzuschätzen, haben Sie hier unter Umständen Zweifel. Das brauchen Sie aber nicht. Dass Sie die bezahlte Leistung nicht erhalten werden, ist außerordentlich unwahrscheinlich. Natürlich ist es nie verkehrt, eingekaufte Leistung hinreichend genau zu definieren, um Missverständnisse zu vermeiden. Gerade kleine und junge Firmen sind jedoch sehr bemüht, Sie zufriedenzustellen, und leisten oft mehr, als auf dem Papier steht. Falls Sie es dennoch genau wissen wollen, bitten Sie den Tour Operator, Ihnen die Kontaktdaten eines früheren Kunden – am besten aus Deutschland – zu übermitteln, bei dem Sie sich rückversichern können. Das wird auch gerne getan.

Viele Tour Operator sind trotz anderslautender Hinweise auf ihrer Website auf Anfrage auch bereit, sich mit einer Anzahlung zu begnügen, wenn Sie danach fragen. Sie bezahlen dann den Rest vor Ort im Gegenzug zum Erhalt der Hotel-Vouchers. Manche Firmen sind sogar einverstanden, einen Restbetrag erst am Ende der Reise zu erhalten – damit besteht ein zusätzlicher Anreiz, gute Qualität zu liefern. Das schafft Vertrauen. Sie haben ja auch gute Argumente: Fällt die Reise komplett aus, entstehen viele Kosten erst gar nicht. Hotels können oft storniert werden und der gecancelte Mietwagen verbraucht kein Benzin.

Mein Tipp

Schlagen Sie vor, den Restbetrag im Büro des Anbieters zu bezahlen. Da können Sie dem Chef Fragen stellen und bekommen oft noch interessante Tipps.

Am Reiseort letzte Fragen klären

Bei der Ankunft werden Sie vom Tour Operator entweder am Flughafen abgeholt oder im Hotel erwartet. Manchmal geht es auch gleich oder am nächsten Tag im Büro vorbei, wo Sie die Geschäftsführung kennenlernen. Nun können Sie alle Fragen loswerden, die Ihnen zwischenzeitlich noch eingefallen sind.

Sofern Sie Tickets oder Hotels gebucht haben, sollten Ihnen die entsprechenden Bestätigungen beziehungsweise Vouchers bei der Ankunft ausgehändigt werden. Wenn Sie einen Fahrer haben und dieser vertrauenswürdig erscheint, können Sie diesem die Unterlagen überlassen – dann sind Sie die Sorge, diese zu verlieren, schon einmal los.

4

Perfekt packen

DAS IDEALE REISEGEPÄCK | LEICHT PACKEN | DIE BASIS-PACKLISTE | PACKEN WIE EIN PROFI | DO'S AND DON'TS BEIM HANDGEPÄCK | BESTENS GEKLEIDET |

Das ideale Reisegepäck

Mit gutem Reisegepäck wird eine Reise sehr viel angenehmer. Wählen Sie es mit Sorgfalt aus und schauen Sie dabei nicht zu sehr auf die Kosten: Qualität hat ihren Preis. Das dreiteilige Kofferset, das es als Prämie zum Zeitschriftenabo gibt, vergessen Sie bitte ganz schnell.

Aber keine Sorge: Zum einen brauchen Sie gar nicht viele Gepäckstücke. Und zum anderen hält hochwertiges Gepäck oft Jahrzehnte und ist damit auf lange Sicht günstiger als vermeintliche Schnäppchen – zumal Sie den Normalpreis ohnehin nicht zahlen werden.

Da sich dieses Buch an den komfortorientierten und anspruchsvollen Reisenden wendet, soll das Gepäck nicht nur funktional und hochwertig, es soll auch angenehm zu transportieren sein. Das bedeutet, dass ein noch so guter Rucksack ausschließlich für Reisen mit mehrtägigem Trekking in Frage kommt. Ganz abgesehen davon, dass es unmöglich ist, empfindliche Kleidungsstücke wie einen Anzug in einem Rucksack zu verstauen.

Mit folgenden Gepäckstücken sind Sie für praktisch jede Reise gut ausgestattet.

Die ideale Reisegepäckausstattung

	Lange Reise (ab 4 Tage)	*Kurzabenteuer*
Hauptgepäck (Check-in Baggage)	Spinner (Trolley mit 4 Rollen), circa 60–70 l	–
Handgepäck (Cabin Baggage)	Rucksack (Daypack) oder trolley-kompatible Tasche	Trolley im Handgepäckformat (2 oder 4 Rollen)
Optionales Zusatzgepäck	Handtasche oder Laptop-/Tablet-Tasche	

Mit dieser Ausstattung schöpfen Sie das aus, was die meisten Fluggesellschaften in der Economy Class zulassen. Für Haupt- und Handgepäck gelten hierbei typischerweise folgende Maximalwerte:

	Dimensionen	*Gewicht*
Hauptgepäck	max. 158 cm (Breite + Höhe + Tiefe)	- i.d.R. 20 kg oder 23 kg - Mehrgewicht gegen Gebühr - max. 32 kg
Handgepäck	max. 55 cm x 40 cm x 23 cm	max. 8 kg

Um sicherzugehen, schauen Sie am besten vor dem Flug auf der Website Ihres Carriers nach.

Glücklicherweise sind die meisten Fluggesellschaften – abgesehen von Billigfliegern – beim Handgepäck kulant (was leider dazu führt, dass die Gepäckfächer oft überfüllt sind). Einige Fluggesellschaften erlauben auch mehrere Stücke aufzugebendes Gepäck in der Economy Class (in der Business und First Class sowieso). Das kommt für Sie aber nicht in Frage, da Sie weder zwei Koffer benötigen noch schleppen wollen.

Hartgesottene Reisende empfehlen, auch auf längeren Trips nur mit Handgepäck zu reisen. So hat man leichteres Gepäck, kommt schneller aus dem Flughafen und es kann auch nichts verloren gehen. Diese Strategie kann funktionieren, wenn es vor Ort warm ist, man nicht viel Garderobe braucht, viel wäscht oder wenn man sich das Erforderliche am Reiseziel kauft. Wirklich komfortabel ist sie allerdings nicht. Spätestens, wenn Sie drei Flaschen georgischen Wein einkaufen oder die günstigen Klamotten aus dem Outlet Center verstauen wollen, klappt es nicht mehr. Eine Alternative wäre, den Hinflug mit Handgepäck anzutreten und sich vor Ort ein Gepäckstück zur Aufgabe der Einkäufe zu beschaffen. Bedenken Sie dabei aber, ob dieses danach noch weiter genutzt werden soll, und berücksichtigen Sie dies in Hinblick auf Preis und Qualität.

Worauf sollte ich bei einem Koffer achten?

1. Stoßsicherheit: Koffer werden vor allem am Flughafen sehr unsanft behandelt. Sie wollen daher kein sogenanntes Weichgepäck mit Textilaußenhaut, das kaum Schutz bietet, sondern einen Hartschalenkoffer. Diesen gibt es in zwei Varianten: Koffer mit einem starren, stabilen Rahmen und solche, die aus zwei flexiblen Schalen bestehen, welche neben den Scharnieren nur durch einen umlaufenden Reißverschluss zusammengehalten werden.

Die erste Variante hört sich stabiler an und ist optisch – etwa bei Modellen aus Aluminium – teils sehr attraktiv und theoretisch etwas sicherer. Tatsächlich hat sie aber fast nur Nachteile, da die Koffer schwerer und teurer sind und sich verziehen können. Alu-Modelle bekommen zudem schnell hässliche Beulen und Kratzer – oder, wie die Hersteller sagen, „Charakter“.

Leicht oder stabil?

Ganz einfach: Leicht und stabil! Schwere Koffer schützen Ihre Habe selten besser, verzeihen unsanfte Behandlung aber weniger gut.

Mit der flexibleren Variante haben Sie eine fast ebenso gute strukturelle Integrität – Sie können sich ohne Weiteres auf einen geschlossenen Koffer setzen – haben aber wesentlich seltener Beschädigungen zu erwarten. Vor allem sind solche Produkte um einiges leichter und meist auch günstiger.

Mein Tipp

Testen Sie verschiedene Koffer im Fachgeschäft, um ihre Wendigkeit zu prüfen.

2. Rollen: In Bahnhöfen und Flughäfen sind oft erstaunliche Entfernungen zurückzulegen. Das fällt Ihnen spätestens dann auf, wenn ohnehin wenig Zeit zum Umsteigen zur Verfügung steht und Ihr Zubringerflug bereits Verspätung hat. Ihr Koffer sollte also so leichtgängig wie möglich sein, ein Koffer ohne Rollen scheidet aus. Es sollte entweder ein Trolley (zwei festeingebaute Räder) oder ein Spinner (vier um 360 Grad drehbare Räder) sein.

Der Vorteil des 2-Rad-Trolleys ist, dass die Räder meist etwas größer sind als beim Spinner. Und es gilt: Je größer und breiter das Rad, umso besser werden Hindernisse überwunden – zum Beispiel Höhenunterschiede zwischen Gehwegplatten.

Der Vorteil des Spinners ist hingegen, dass bei einer ebenen Fläche weniger Kraft aufgewandt werden muss. Im Idealfall geben Sie dem Spinner einen Schubs und er gleitet dahin. Da die Rollen zudem an allen vier Ecken befestigt sind, ist er extrem gut manövrierbar.

Ob ein Spinner wirklich etwas taugt, hängt aber auch von der Größe der Räder ab. Ideal sind große Doppelräder an allen vier Ecken – so steht der Spinner in der Geländegängigkeit den 2-Rad-Trolleys in nichts nach. Einziger Nachteil ist die Tendenz zur

Verselbstständigung in öffentlichen Verkehrsmitteln – hier legt man den Koffer am besten auf einer schmalen Seite ab. Insgesamt ist ein guter Spinner die beste Lösung.

3. Gewicht: Früher oder später werden Sie auf Ihrer Reise Treppen überwinden müssen, zum Beispiel weil das Hotel keinen Aufzug hat oder Sie am Bahnhof das Gleis wechseln. Von den Gewichtsgrenzen im Flieger war schon die Rede. Nun können Sie durch kluges Packen zwar einiges an Gewicht einsparen, aber der Koffer kann dazu einen beträchtlichen Beitrag leisten. Zwei oder drei Kilo sind ohne Weiteres drin. Vergleichen Sie also vor dem Kauf. Das Gewicht eines großen Koffers sollte möglichst unter 4 kg liegen. Weniger als drei sind möglich – jedes Gramm zählt.

4. Größe: Ihr Trolley sollte die für Kabinengepäck maximal erlaubten Abmessungen haben, schließlich passt nicht übermäßig viel hinein. Bei Ihrem Hauptgepäck sollte das hingegen nicht so sein, denn Ihr Spinner soll ja für alle Reisen passen. Bei über 80 Liter Inhalt werden vollbeladen die Gewichtsgrenzen in der Economy meist erreicht. Außerdem haben viele Taxis im Ausland einen kleinen Kofferraum, zum Beispiel weil dort ein Gastank mitgeführt wird, und dann passt der Koffer nicht hinein. Mit circa 65 Litern kommt man im Allgemeinen gut zurecht.

5. Ausziehstange: Die Stange – meist sind es zwei, die durch den Handgriff verbunden sind – sollte

zwei Ausziehstufen haben, sicher einrasten und nicht zu wackelig sein. Ein bisschen Spiel haben allerdings auch die hochwertigsten Modelle.

6. Standsicherheit: Wenn Sie Ihren Koffer abstellen, egal wie herum, sollte er auch bei maximaler Beladung nicht umkippen. Ein gut ausbalancierter Koffer ist auch besser zu dirigieren.

7. Innenausstattung: Ihr Gepäck soll im Koffer weder umherkugeln noch verknittern. Flexible Spanngurte sind hilfreich, noch besser sind Gepäckabtrennungen, die es als Netze oder als Trennplatten gibt (welche aber gelegentlich beim Schließen des Reißverschlusses stören). Wenn diese auch noch eigene Fächer aufweisen, in denen zum Beispiel Dokumente untergebracht werden können – perfekt.

8. Außenausstattung: Einige Modelle besitzen auf der oberen Vorderseite einen ausklappbaren Haken, um dort Taschen oder Tüten anzubringen. Das ist sehr praktisch, macht den Koffer aber auch kipplastig. Dabei sein sollte auf jeden Fall ein widerstandsfähiger Namens- und Adressanhänger. Billige Varianten gehen am Flughafen gerne verloren und ohne Adresse kann ein vermisster Koffer nur noch schwer gefunden werden. Optimal ist eine integrierte und damit verlustgesicherte Version, bei der die Kontaktdaten auf einem versenkbaren Element abgelegt sind. Ob das Flughafenpersonal im Fall des Falles dieses Element findet, ist allerdings ungewiss. Eine Innovation, die bislang nur Modelle von Rimo-

wa aufweisen, nennt sich Electronic Tag. Dabei wird bei Lufthansa-Flügen das Koffer-ID-Klebeband durch eine elektronische Anzeige ersetzt. Eine coole Sache für Lufthansa-Vielflieger, für alle anderen eher ein teures Gimmick.

9. Außendesign: Ihr Koffer findet sich auf dem Gepäckband (und wenn er vermisst wird) leichter, wenn er ins Auge springende Merkmale besitzt. Das Standard-Schwarzgrau ist also keine gute Idee. Wenn der Koffer aber nicht rot-grün-kariert sein oder „lustige" Sprüche, Städtebilder oder Ähnliches präsentieren soll, können Sie ihn auch durch einen gut erkennbaren Aufkleber verschönern, der durch mittige Anbringung auch ästhetischen Anforderungen genügt. So wissen Sie garantiert und auf zwanzig Meter Entfernung „Das ist meiner!" und können den Koffer bei Verlust präzise beschreiben. Alternativ können Sie auch ein Tuch oder Bändchen um den Handgriff wickeln (gut festknoten und kein Lieblingstuch verwenden – nach einigen Reisen bekommt man es nur noch mit der Schere ab) oder einen Koffergurt benutzen, in der Hoffnung, dass dieser hält und der Koffer nicht irgendwo auf dem Weg zum Flugzeug hängenbleibt.

Gut erkannt

Achten Sie darauf, dass Markierungen am Koffer nicht abfallen. Das passiert leider schnell, so wie das Gepäck an Flughäfen malträtiert wird.

10. Verschlusssystem: Einen Koffer, den ein Dieb nicht mit Gewalt öffnen könnte, gibt es leider noch nicht. Zumindest aber können Sie durch ein gutes Schloss sicherstellen, dass niemand unbemerkt ihr Gepäck ausräumt oder gar etwas in Ihren Koffer schmuggelt, das Ihren Auslandsaufenthalt um einige

So sparen Sie

Nach einer Beratung im Ladengeschäft lohnt es nach einem Rabatt zu fragen. Im Internet gibt es eine Reihe guter Anbieter wie markenkoffer.de oder koffer-arena.de, die 5 % Nachlass bei Vorkasse gewähren. Häufig sind zudem Gutscheincodes und Rabattaktionen zu finden, die nicht selten 15 bis 18 % betragen. Wenn Sie nun noch ein ohnehin reduziertes Modell wählen (unterschiedliche Preise bei unterschiedlichen Farben!), dann besteht eine reelle Chance, auch Topmarken zu einem sehr vernünftigen Preis zu erlangen.

Jahre verlängert. Mit einem integrierten Zahlenschloss – besser mit zweien – sind Sie gut bedient, insbesondere wenn dieses so gebaut ist, dass die Elemente nicht hervorstehen. Ein Vorhängeschloss wäre allzu leicht zu knacken, ein System mit Schlüssel birgt die Gefahr des Schlüsselverlusts.

Wichtig ist, dass es sich beim Schloss um ein sogenanntes TSA-Schloss handelt. Bei Reisen in oder über die USA ermöglicht es den dortigen Behörden, den Koffer zu öffnen. Ohne TSA-Schloss müssen Sie den Koffer unverschlossen aufgeben. Andernfalls kann er gewaltsam geöffnet werden – was bedeutet, dass Sie ihn danach wegwerfen können.

11. Marke: Die bekannten Marken für Reisegepäck, etwa Rimowa, Tumi, Samsonite oder Delsey, haben sich ihren guten Namen (und ihr Preisniveau) mit Kompetenz und Qualität erarbeitet. Gute Koffer sind allerdings richtig teuer. Für ein solches Modell müssen Sie schon ein paar hundert Euro auf den Tisch legen. Dafür bekommen Sie dann in aller Regel ein Qualitätsprodukt, auf das Sie sich verlassen können, und das ist kein leeres Gerede. Das erkennen Sie zum einen an den vorgenannten Kriterien, zum anderen aber auch am Kundenservice. Welcher No-name-Hersteller bietet Ihnen schon Polierpaste zum Ausbügeln von Kratzern an, beult Ihren Alukoffer wieder aus oder schickt Ihnen kostenlos Verschleißteile wie Rollen, damit Ihr Koffer auch nach Jahren noch einsatzfähig bleibt?

Leicht packen

Der Platz in Ihrem Koffer ist beschränkt. Selbst wenn mehr Platz vorhanden wäre: Sie wollen Ihren Koffer so leicht wie möglich. Denn ob Sie 15 oder 25 kg in einen Bus wuchten oder drei Etagen hinauftragen, macht einen Unterschied, erst recht bei 35 Grad. Hinzu kommt, dass Fluggesellschaften für Freigepäck Gewichtsgrenzen definieren, deren Überschreitung happige Gebühren nach sich zieht. Oft gibt es auch gar kein Freigepäck und die Zusatzleistung Gepäck wird bei der Buchung nach Gewichtsklassen bepreist. Bei Air Asia etwa fliegen Sie billiger, wenn Sie statt maximal 20 kg maximal 15 kg Gepäck buchen.

Der „Brauche ich das wirklich?"-Check

Mein Tipp

Duschgel und Haarwaschmittel gibt es in jedem guten Hotel. Aber auch wenn sie nicht auf Ihr Lieblingsprodukt verzichten wollen, müssen Sie nicht die komplette Flasche mitnehmen. Kaufen Sie sich eine Kosmetiktasche mit leeren, wiederbefüllbaren Plastikfläschchen und einem Zerstäuber und füllen Sie die erforderlichen Flüssigkeiten um. Von einigen Produkten gibt es Reisegrößen, die Sie nach Verbrauch auch wieder auffüllen können.

Bevor es an das eigentliche Packen geht, erinnern wir uns an unsere Absicht, möglichst leicht zu reisen. Wenn sich also schon ein Berg vor dem Koffer auftürmt, stellen Sie sich am besten bei jedem Einzelteil folgende Fragen:

1. Steht es auf meiner Packliste?
2. Gibt es eine leichtere und platzsparendere Alternative?
3. Kann ich weniger davon mitnehmen?
4. Passt es überhaupt ins Gepäck?
5. Kann ich es auch vor Ort kaufen?
6. Habe ich es auf früheren Reisen tatsächlich benutzt?
7. Wird der Koffer damit zu schwer, um ihn notfalls zwei Etagen hochzutragen oder überschreitet er die Gewichtsgrenzen der Fluggesellschaft?
8. Nimmt es eventuell ein Reisepartner mit?
9. Ist es wertvoll? Würde ein Verlust weh tun?

Das kann zu Hause bleiben

Bücher: Leider zu schwer, zu platzraubend. Wozu gibt es Tablets und eReader? Falls Sie Printausgaben bevorzugen oder kein Tablet besitzen, beschränken Sie sich auf maximal ein Buch – Sie wollen ja vor allem sehen und erleben. Schmökern können Sie auch zu Hause. Übrigens: Manche Unterkünfte bieten auch die Möglichkeit, Bücher zu tauschen.

Fön: Es gibt kaum noch Hotelzimmer und Privatunterkünfte ohne Fön. Notfalls leihen Sie sich einen an der Rezeption.

Moneybelts und Brustbeutel: Unkleidsam, auffällig und bei vorsichtigem Verhalten fast überall unnötig.

Wanderschuhe: Sinnvoll für mehrtägige Trekking-Touren, insbesondere durch Eis und Schnee, in schlangenverseuchtem Unterholz oder im Hochgebirge – oder wenn Sie nicht genau wissen, welches Terrain Sie erwartet. Oft reichen normale Laufschuhe oder Sneakers.

Unpassende Kleidung: Kurze Herrenhosen werden in Südasien belächelt und zu freizügige Damenkleidung kann nicht nur in islamischen Ländern auf Ablehnung stoßen. Informieren Sie sich vor dem Packen, was im Reiseland akzeptabel ist.

Alles, was schnell schmutzig wird, verknickt oder bricht.

Wichtig

Um das Überschreiten der Gewichtsgrenzen zu vermeiden – auch wenn diese nicht immer mit preußischer Strenge durchgesetzt werden – gilt es, möglichst leicht zu packen und notfalls ein paar schwere Gegenstände im Handgepäck zu verstauen. Dieses soll allerdings die von der Airline vorgeschriebene Gewichtsgrenze (meistens 8 kg) nicht überschreiten. Dass Handgepäck aber tatsächlich gewogen wird, ist außer bei Billigairlines allenfalls bei Kleinflugzeugen zu erwarten, bei denen es – etwa im Gebirge – auf jedes Kilo ankommt.

Welche Kamera soll ich mitnehmen?

Gewusst wie

Eine Kamera ist nur so gut wie der, der sie bedient. Wer eine DSLR-Kamera mitschleppt, sollte sich damit auskennen. Vielleicht wäre ja ein Foto-Kurs vor der Reise eine gute Idee?

Kameras sind schwer und platzraubend. Wählen sie daher das kleinste Modell, das Ihren Anforderungen genügt. Nehmen Sie die teure und schwere Spiegelreflexkamera, eventuell gar mit Stativ und diversen Objektiven, nur mit, wenn Ihr Anspruch an die Fotos das rechtfertigt und die zu erwartenden Motive Ihnen auch genug Zeit geben, die Kamera einzustellen. Wenn es Ihnen eher um Schnappschüsse und Videos geht und das Bild später nicht auf einer großen Leinwand zu sehen sein wird, reicht oft auch die Handy-Kamera.

Ein guter Kompromiss ist eine Kompaktkamera mit mindestens 12-fachem Zoom oder eine Bridgekamera mit teils noch deutlich größeren Zoom. So kommt man auch an die Details der Götterstatuen in den obersten Tempeletage oder den Eisvogel im Baumwipfel heran.

Wenn die Kamera zudem in die Hosentasche passt und nicht jedes Mal aus dem Rucksack gekramt werden muss, ist das ein weiterer Vorteil. Prüfen Sie aber vor dem Kauf anhand von Käuferrezensionen, ob sie robust genug ist – Stöße, Sand und Feuchtigkeit sind auf einer Reise ja nicht ungewöhnlich.

Vielleicht verzichten Sie auch einmal bewusst auf die stete Suche nach einem Fotomotiv und genießen einfach die Bilder, die sich Ihnen bieten?

Tipps und Tricks für effizientes Packen

- Schwere Sachen wie Schuhe, Kosmetik oder Elektronik kommen nach unten (das heißt in die Nähe der Rollen, der Koffer steht ja später aufrecht).

- Knitterndes kommt nach oben.

- Keine Leerräume lassen, da sonst der Inhalt durcheinanderpoltert.

- T-Shirts und Pullover erst falten, dann aufrollen – so knittert nichts und es wird kein Platz verschenkt. So wenig falten wie möglich.

- Hemden können durch dazwischengelegtes Seidenpapier knitterfrei gehalten werden.

- Hosen werden so in den Koffer gelegt, dass die Beine heraushängen. Dann andere Kleidung darauf legen und die Beine darüberschlagen. Bei stabilerem Material wie bei Jeans kann aber auch gefaltet werden.

- Alternierend packen: Hosen und Hemden werden so übereinander gelegt, dass Hosenbünde beziehungsweise Kragen alternierend ausgerichtet sind.

- Unterwäsche füllt die Lücken aus.

- Schuhe gehören in einen Textilbeutel, wo Sie keinen Schmutz verteilen, aber atmen können. Damit sie ihre Form behalten, stopfen Sie gerollte Socken hinein. Das spart zudem Platz.

Wichtig

Viele Flughäfen bieten vor dem Check-in an, Koffer in Folie einzuwickeln. Darauf können Sie verzichten: Die Folie kann ernsthafte Beschädigungen nicht verhindern, verursacht aber viel unnötigen Plastikmüll.

Und noch einmal

Weniger ist mehr. Was nicht eingepackt wird, kann auch nicht verloren gehen.

- Gebrauchte Wäsche kommt in einen separaten Beutel. Ein Textilbeutel ist vorzuziehen, denn bei Plastik bleibt die Feuchtigkeit in der Wäsche. Das kostet Gewicht und kann zu Schimmelbildung führen.

- Zerbrechliches in der Mitte des Koffers platzieren und mit Luftpolsterfolie oder Kleidungsstücken polstern.

- Glas- und Plastikflaschen gehören in eine möglichst dichte Plastiktüte. Eine Shampoo-Flasche, die während des Fluges aufgeht, kann viel Schaden anrichten.

- Krawatten aufrollen. Entweder eng zusammenziehen oder in einem passenden leeren Karton (zum Beispiel Teebeutelkarton) verpacken.

- Schals und Tücher wickeln Sie um eine leere Papprolle und platzieren sie an einer Kofferseite.

- Ketten verknoten nicht, wenn sie durch einen Strohhalm gezogen werden.

- Kabel um ein Paar Socken wickeln.

- Stabilen Adressanhänger am Griff des Gepäckstücks befestigen und zur Sicherheit die Adresse nochmals im Koffer anbringen, beispielsweise als Aufkleber auf einer Abtrennung. Bei Koffern mit integriertem Adressfach den Aufkleber ausfüllen und anbringen.

• Etappenorientiert packen: Wenn Sie jeweils nur einen oder zwei Tage an einem Ort verbringen, packen Sie so, dass die Sachen für den jeweiligen Aufenthalt sofort zugänglich sind und nicht erst der ganze Koffer durchsucht werden muss.

• Handgepäck so packen, dass elektronische Geräte und der Flüssigkeiten-Beutel bei der Kontrolle leicht entnommen werden können.

• Kleinkram wie Ringe, Manschettenknöpfe oder Haarnadeln findet man leichter wieder, wenn sie in Bonbondosen oder Brausetablettenröhrchen verwahrt werden.

• Fön oder Glätteisen in Topflappen wickeln, wenn es morgens schnell gehen muss und sie noch heiß sind.

• Trocknertücher zwischen den Kleidungsstücken können bei längeren Reisen verhindern, dass die Garderobe muffig wird.

Mein Tipp

Wenn Sie besonders großen Wert auf Ordnung legen, besorgen Sie sich für kleines Geld ein Packtaschen-Set. Dies kostet kaum Gewicht und Platz.

Die Basis-Packliste

für Reisen ab 1 Woche

Wichtig

Wertsachen und wichtige Medikamente gehören immer ins Handgepäck.

Eine perfekte Packliste gibt es natürlich nicht. Jeder Mensch und jede Reise ist anders. Die Basis-Packliste dient daher als Grundlage für Ihre eigene, individuelle Liste. Falls also zelten, tauchen oder ein Opernbesuch auf dem Plan steht, erweitern Sie die Liste entsprechend.

Die Maßgabe ist stets: Weniger ist mehr. Machen Sie sich keine Sorgen, dass Sie in unvorhergesehenen Situationen nicht das Erforderliche dabei haben. Praktisch alles, das Sie zu brauchen glauben, können Sie auch im Zielland kaufen – falls Sie es dann wirklich benötigen. Und oft sogar wesentlich billiger.

Wichtig: Alles Unverzichtbare muss ins Handgepäck. Denn Gepäck wird nicht immer sanft behandelt und geht zuweilen verloren oder taucht erst ein paar Tage später wieder auf. Ins Handgepäck gehören daher insbesondere lebensnotwendige oder teure Medikamente, Telefon, Tablet und Laptop, Schmuck, Uhren und Kameras sowie alle Reisepapiere und Ihr Haus- oder Wohnungsschlüssel einschließlich des Autoschlüssels, falls Sie am Flughafen geparkt haben.

Dokumente & Zahlungsmittel

Handgepäck

- *Reisepass / Personalausweis inkl. Visum*
- *Bestätigung e-Visa / esta (USA)*
- *Flug-, Bahn-, Schiffstickets (Ausdruck)*
- *Hotelbuchungen / Vouchers (Ausdruck)*
- *Sonstige Buchungen, Permits, Quittungen, Eintrittskarten*
- *Führerschein und Internationaler Führerschein (bei Bedarf)*
- *Kreditkarte, Bankkarte*
- *Impfpass*
- *Bargeld (ca. 100€ für Notfälle, z.B. falls kein Geldautomat am Flughafen vorhanden)*
- *Reiseführer / Bücher / Zeitschriften*

Aufgabegepäck

- *Back-Up-Kreditkarte*
- *Kopien von Reisepass und Visumsseiten*
- *Kopien aller Tickets und Buchungen*
- *Passbilder (bei Bedarf)*

Optional

Fotos von Ihnen und Ihrer Familie (zum Zeigen) und Geschenke (z.B. Postkarten/Bildbände, Spezialitäten aus Ihrer Region, vor Ort: Süßigkeiten für Kinder...)

Kleidung

Handgepäck

- *Fleece-Jacke + Mütze (für zugige Flugzeuge und klimatisierte Räume)*
- *1 Set Unterwäsche + Socken (für Notfälle wie Flugausfälle, Gepäckverlust)*

Aufgabegepäck

- *Unterwäsche/Socken: Menge = Anzahl Reisetage + 1, max. 10 (Bei Reisen länger als 10 Tage waschen)*
- *Hemden, T-Shirts, Blusen, Tops: Menge = Anzahl Reisetage, max. 10*
- *1 – 2 bequeme Hosen oder Kleider*
- *Pullover (nach Bedarf je nach Reiseziel/–klima)*
- *Regenjacke (nicht erforderlich, wenn auf Anreise 3-in-1 Jacke getragen wird)* →

	Handgepäck	Aufgabegepäck
Kleidung		• Kopfbedeckung (Sonnenschutz) • 1 Paar bequeme Schuhe • 1 Paar „gute“ Schuhe für formelle Anlässe (in Textilbeuteln) • Badesachen • Flipflops / Hausschuhe • Sonnenbrille • Sportbekleidung (bei Bedarf) • Schlafanzug / Nachthemd • Schal
Elektronisches und Elektrisches	• Smartphone • Tablet (mit Reiseführern, Büchern, Filmen; mit Slot für micro-SD-Card, z.B. für Bearbeitung von Fotos) • Ladegerät für Handy und Tablet • Ladekabel (jeweils für Handy und Tablet) • Kopfhörer (fürs Flugzeug, ideal mit Noise Cancellation) • Kamera mit Speichermedien und ggf. Objektiven • Stecker-Adapter • Powerbank (mind. 10.000 mAH – damit das Handy immer Strom hat)	• Ladegerät und Ersatzakku für Kamera • Elektrische Zahnbürste + Ladestation • Rasierer / Barttrimmer • (abhängig von Reisedauer: Ladegerät)
Gesundheit	• Persönliche Medikamente (alle, die zwingend einzunehmen sind)	• Reiseapotheke • Verhütungsmittel (bei Bedarf)

Beauty & Hygiene

Handgepäck	Aufgabegepäck
• Drogerieartikel, in kleine Flaschen umgefüllt (nur Essentielles) • 1 Packung Taschentücher • Mikrofasertuch zum Brilleputzen • 2 Desinfektionstücher • Schlafmaske • Kontaktlinsen	• Sonstige Drogerieartikel (Deo, Parfum, Shampoo etc., möglichst in kleinen Behältnissen – alternativ Hotelprodukte nutzen) • Sonnenmilch • Zahnpasta (halbvolle Tube) • Zahnbürste (wenn elektrische nicht funktioniert) • Taschentücher • Desinfektionsmittel • Mückenschutz (z.B. Autan) • Kontaktlinsen-Reinigungsflüssigkeit • Make-Up-Utensilien + Taschenspiegel • Damen-Hygiene-Artikel • Haarbürste / Kamm / Haargummis • Waschmittel • Rasierer + Rasierschaum • Kleiderbeutel (keine Plastiktüte)

Nützliches

Handgepäck	Aufgabegepäck
• Kugelschreiber (zum Ausfüllen von Ein- und Ausreiseformularen) • Taschenschirm • Ohrenschutz (alternativ In-Ear-Kopfhörer) • Aufblasbares Nackenkissen (bei Bedarf) • Visitenkarten • Streichhölzer / Feuerzeug • Zip-Tüten für Kleinkram	• Taschenlampe (für Stromausfälle und Höhlen) • Taschenmesser / Leatherman mit Flaschenöffner • Bettbezug oder Schlafsack (bei zweifelhafter Hygiene des Hotelbetts) • Handtuch / Waschlappen • Reise-Nähzeug • Ersatzbrille mit Etui • Kompressionsbeutel (als Packhilfe) • ggf. Badehandtuch • ggf. Stativ für Kamera

Dos and Don'ts beim Handgepäck

Selbst Liniengesellschaften bieten Fernflüge an, bei denen der – dann sehr günstige – Tarif nur Handgepäck beinhaltet. Immer mehr Menschen fliegen daher ohne großen Koffer. Umso wichtiger ist es, dann darauf zu achten, was man im Handgepäck mitnehmen kann. Es soll ja nichts Wichtiges in der Tonne landen.

Fast überall auf der Welt gelten strenge Vorgaben für Handgepäck. Dass tatsächlich Terrorakte verhindert werden, indem Nagelscheren und halbvolle Shampoo-Flaschen konfisziert werden, mag man bezweifeln. Es hilft aber nichts, die Vorschriften werden konsequent durchgesetzt. Auch die Fluggesellschaften selbst versuchen Risiken zu reduzieren, was zu weiteren Einschränkungen führt. Informieren Sie sich vorab, welche Vorgaben gelten. Oft orientieren sich die nationalen Vorschriften an den EU-Richtlinien, die in jedem Fall für Ihre Anreise zu berücksichtigen sind.

Demnach dürfen Flüssigkeiten im Handgepäck nur in Einzelbehältern von maximal 100 ml mitgeführt werden. Das gilt auch für Dinge vergleichbarer Konsistenz, wie Cremes, Gels, Zahnpasta, Deo, Mascara oder auch Honig, Sirup und Öle. Ausnahme sind flüssige Medikamente, die während des Fluges eingenommen werden müssen (vgl. *Gesund unterwegs*). Diese müssen separat vorgelegt werden, erfahrungsgemäß wird ein Nasenspray in der Jackentasche aber selten moniert.

Wichtig: Relevant ist die Größe des Behältnisses, nicht die tatsächlich enthaltene Menge. Ein Behälter mit 150 ml Fassungsvermögen darf nicht mitgenommen werden, auch wenn er nur halbvoll ist. Erlaubt ist hingegen eine komplett leere Flasche, die Sie zum Beispiel nach der Kontrolle mit Wasser aus dem Wasserspender auffüllen.

Alle Einzelbehältnisse müssen in einem wiederverschließbaren (Reißverschluss oder Druckverschlussleiste, kein Gummi oder Clip) Plastikbeutel

Zukunftsmusik

Die nervigen Beschränkungen für Flüssigkeiten im Handgepäck könnten bald der Vergangenheit angehören. Neue Scanner, die explosive Flüssigkeiten erkennen, werden bereits getestet. Aber ein paar Jahre wird es wohl noch dauern, bis diese flächendeckend zur Verfügung stehen.

Mein Tipp

Füllen Sie Shampoo etc. in kleinere Behältnisse um. So passt alles ins Handgepäck und Sie sparen Platz und Gewicht.

von maximal einem Liter Inhalt untergebracht werden. Dieser wird separat durchleuchtet, darf also nicht in Tasche oder Rucksack bleiben. Der Beutel muss transparent sein, es wird aber nicht moniert, wenn es sich um einen Kosmetikbeutel mit einem Lederstreifen oder Ähnlichem an der Öffnung handelt. Hauptsache, man kann den Inhalt sehen. Die günstigste Variante sind Gefrierbeutel mit Zip-Verschluss. Notfalls bekommen Sie solche Beutel auch am Flughafen. Erlaubt ist nur einer pro Fluggast.

Die Beschränkungen gelten nicht für Einkäufe im Duty Free Shop nach der Kontrolle. Diese werden versiegelt und dürfen nicht vor der Ankunft am Zielflughafen geöffnet werden. Vorsicht bei Umsteigeverbindungen: Beim Flugzeugwechsel müssen Sie oft erneut durch die Sicherheitskontrolle. Der Parfum-Flakon aus dem Duty Free Shop des Start-Flughafens muss dann noch in den Plastikbeutel passen, eine Flasche Wein wird im Zweifel einbehalten.

Für **Feuerzeuge und Streichhölzer** gilt das Highlander-Prinzip: Es kann nur einen geben. Es darf entweder ein Feuerzeug oder eine Packung Streichhölzer mit an Bord genommen werden. Verboten sind jedoch Benzin- und Sturmfeuerzeuge, Zigarrenanzünder, Feuerzeugbenzin und selbstentzündende Streichhölzer, die keine Reibefläche benötigen. Feuerzeuge wie Streichhölzer dürfen weder ins Hand- noch ins aufgegebene Gepäck, sondern müssen „am Körper" getragen werden, also zum Beispiel in einer Hosentasche. Dies gilt auch für alle Arten **elektronischer Zigaretten**, die Sie an Bord aber ebenso wenig benutzen dürfen wie herkömmliche.

Bei **Akkus und Batterien** wird es kompliziert: Geräte, die Lithium-Metall-Zellen oder -Batterien mit bis zu 2 g Lithium beziehungsweise Lithium-Ionen-Zellen oder -Batterien mit bis zu 100 Wh enthalten und für den persönlichen Gebrauch mitgeführt werden, wie beispielsweise Uhren, Camcorder, Fotoapparate, Mobiltelefone, Laptop-Computer, Tablets oder Drohnen, sind sowohl im Hand- wie im aufgegebenen Gepäck erlaubt.

Externe Lithium-Akkus oder Lithium-Ersatzakkus (Power Bank, Powerpack, Battery Pack usw.) gehören ausschließlich ins Handgepäck.

Tragbare elektronische Geräte, die Lithium-Ionen-Batterien mit einer Nennenergie von über 100 Wh bis 160 Wh enthalten (wie elektrische Werkzeuge, Videokameras, Laptops, Drohnen usw.), sind ebenfalls nur im Handgepäck erlaubt.

Dies betrifft Sie als Reisende eher selten, aber der Vollständigkeit halber sei erwähnt: Gänzlich verboten sind Lithium-Metall-Zellen mit einem Lithiumgehalt von über 2 g und Lithium-Ionen-Zellen mit einer Nennenergie von über 160 Wh, gleich ob sie in Geräten wie elektrische Werkzeuge, Drohnen, Autobatterien enthalten sind oder ob es sich um Ersatzzellen beziehungsweise -batterien handelt. Ausnahmen gibt es für tragbare medizinische Geräte, hier empfiehlt sich die Nachfrage bei der Fluggesellschaft.

Ausgeschlossen ist außerdem der Transport von **E-Bikes** (außer der Akku wird separat transportiert und erfüllt die vorhergenannten Bestimmungen), Hoverboards und ähnlichen Fortbewegungsmitteln

Wichtig

Powerbanks gehören ins Handgepäck. Nicht nur, weil es vorgeschrieben ist – oft verbringt man ja viel Zeit am Flughafen, besonders bei Umsteigeverbindungen.

wisch & weiter

Keine Angst vor dem Wischtest auf Sprengstoffspuren. Der dauert nur Sekunden und wird bei Ihnen nicht anschlagen.

mit integrierter Lithium-Batterie (auch wenn die Batterie abmontiert wurde), die der Freizeitgestaltung dienen.

Laptops und Tablets müssen an der Sicherheitskontrolle wie der Beutel mit den Flüssigkeiten einzeln aufs Band gelegt werden. Gelegentlich wird in einem separaten Raum ein Wischtest auf Sprengstoffspuren durchgeführt.

Schusswaffen und Munition (mit den dafür erforderlichen Papieren), andere Waffen oder als Waffen einsetzbare Gegenstände, Thermometer mit Quecksilber, Druckluftflaschen und Gaskartuschen ab einer Wasserkapazität von 50 ml beziehungsweise 28 g Kohlendioxid müssen aufgegeben werden. Informieren Sie sich vor dem Flug bei der Fluggesellschaft, wie solche Gegenstände zu verpacken und einzuchecken sind. Komplett verboten sind Elektrowaffen und Feuerwerkskörper.

Spritzen (zum Beispiel für Diabetiker) sind im Handgepäck nur erlaubt, falls während des Fluges Bedarf besteht und eine ärztliche Bescheinigung mitgeführt wird.

Bestens gekleidet

Auf Ihrer Reise möchten Sie es bequem und praktisch haben, aber trotzdem so gepflegt wie möglich aussehen. Schließlich prägen Sie – ob Sie wollen oder nicht – das Bild mit, das man sich von Ihrem Heimatland macht. Durchlöcherte oder schmutzige Kleidung ist ein No-Go.

Kleider machen Leute

Tragen Sie also angemessene Kleidung und sei es nur aus Respekt gegenüber dem Reiseland. Zudem bestimmt Ihre Kleidung oft, wie man Ihnen gegenübertritt. Bedenken Sie: Der Taxifahrer in Dhaka und der Ladenbesitzer auf Koh Samui kennen Sie nicht und wissen nicht, dass Sie Ihre edle Uhr und Ihren Mercedes zu Hause gelassen haben, wenn Sie in schmutzigen, beschädigten oder vor den Kopf stoßenden Klamotten (beispielsweise T-Shirts mit politisch oder religiös problematischen Aufdrucken) auftauchen. Erst recht bei Interaktion mit Behörden, etwa Polizisten oder Grenzbeamten, kann gute Kleidung von Nutzen sein. Vielleicht wollen Sie aber auch einmal vor Ort ins Theater? Packen Sie also auf jeden Fall etwas „Feines“ ein.

Praktisch kleiden

Nicht wirklich elegant, aber extrem bequem, robust und praktisch sind sogenannte Cargohosen, die zusätzliche Taschen an den Beinen haben.

Wenn Sie darin zum Beispiel Ihren Pass oder ein paar Geldscheine unterbringen, kommen Taschendiebe dort nur schwer ran. Spätestens, wenn die gewechselten 100 Euro sich als drei Zentimeter dicker Stapel an Scheinen lokaler Währung entpuppt, ist ohnehin nicht genug Platz im Portemonnaie. Cargohosen sind allerdings eher etwas für das Reisen in Regionen, in denen mit Staub und Dreck zu rechnen ist. In der Großstadt kann man sich schon etwas feiner kleiden. Aber auch eine Jacke lässt sich so wählen, dass sie sichere Innentaschen bietet.

Alte Kleidung

Eine Reise ist die ideale Gelegenheit, alte oder ungeliebte Kleidung final aufzutragen. Wenn an einem Hemd die Manschetten oder der Kragen abgestoßen sind und dieses nicht mehr im Büro getragen werden kann – in Botswana oder Indonesien wird man Sie deshalb nicht schief angucken. Anschließend werfen Sie die alten Klamotten weg, verschenken sie oder legen sie irgendwo gut sichtbar hin. In weniger reichen Ländern wird sich garantiert jemand finden, der sie gebrauchen kann. Sie tun damit vielleicht ein gutes Werk und haben wieder Platz im Koffer – zum Beispiel für neue Klamotten.

Landestypisch kleiden

Die Natives wissen am besten, wie man sich für das jeweilige Klima anzuziehen hat. Daran können Sie sich orientieren. Auch deswegen, weil Sie ja nicht wie ein Tourist aussehen wollen. Bei der lokalen Kleidung steht häufig der Sonnenschutz und eine konservative Grundhaltung im Vordergrund. So sind in vielen Ländern Süd- und Südostasiens kurze Hosen allenfalls für Kinder akzeptabel (kurze Hosen sind typische Unterwäsche). Das gilt natürlich auch für Frauen. Hemden sind tendenziell eher langärmelig.

Einheimische Kleidung kann besonders bequem sein. Die Dishdasha etwa, das bodenlange weiße Hemd, wie man es im Oman und in ähnlicher Form auch anderen arabischen Ländern trägt, ist dem Klima ideal angepasst. Auch das Salwar Kameez, eine Kombination aus langem, weitem Hemd und ebensolcher Hose aus demselben Material, ist in

Indien oder Pakistan eine ausgezeichnete Wahl. Allerdings sollten Sie beachten, dass man vom Reisenden dergleichen nicht erwartet: Sich derart zu (ver-)kleiden, kann auch schon einmal ein Schmunzeln oder gar Begeisterung hervorrufen. Dass jemand das als respektlos ansieht, müssen Sie nicht befürchten. Man sollte aber wissen, dass dem Reisenden einheimische Kleidung nicht notwendigerweise gut steht: Ein farbenfroher Sari wirkt bei Menschen mit blasser Hautfarbe womöglich weniger gut als erwartet (und ist auch nicht ganz leicht zu anzulegen).

Kleidung in warmem Klima

> **Mein Tipp**
>
> Ideal ist schnelltrocknende Kleidung, auf der sich keine Schweißflecken abzeichnen und die nach einer Wäsche schnell trocknet (wie Sport-Shirts).

In vielen schönen Reiseländern ist es warm und feucht. Ein T-Shirt ist dann innerhalb von Minuten durchgeschwitzt – das sieht nicht schön aus.

Umso weniger, als die Einheimischen biologisch bedingt oft weniger transpirieren und man entsprechend auffällt. Daher empfehlen sich weite Kleidungsstücke. Damen, die ein Kleid oder einen Rock tragen, sind im Vorteil. Gleichwohl bleibt der „Verbrauch" von Kleidungsstücken in feuchtwarmen Klimazonen hoch. Es lohnt sich daher, ein wenig Flüssig-Waschmittel abzufüllen und zumindest Unterwäsche und T-Shirts vor Ort zu waschen. Alternativ geben Sie getragene Kleidung im Hotel oder außerhalb in die Wäscherei. Das ist oft erstaunlich günstig. Checken Sie aber in jedem Fall vorher, ob Klima und Zeit es erlauben, alles bis zur Weiterreise zu trocknen.

Sinnvolles für den Flug

Bei Langstreckenflügen ist es außerordentlich angenehm, sich der Schuhe zu entledigen, weil die Füße oft anschwellen. Da es aber im Fußraum häufig zieht, empfiehlt sich die Mitnahme eines Paars dicker Socken. Gute Airlines reichen oft neben Decken auch ein paar allerdings nicht sehr warme Söckchen und eine Schlafmaske. Letztere ist zweifelsohne eine gute Idee – nicht nur fürs Flugzeug –, die Gratis-Dinger sind allerdings nicht besonders komfortabel. Am besten investieren Sie in eine hübsche Seidenmaske, die es für Damen auch mit kecken Sprüchen und Spitzenverzierungen gibt – damit heben Sie sich schon einmal deutlich von weniger erfahrenen Mitreisenden ab.

In Morpheus´ Armen

Flugzeugsitze in der Economy sind nicht allzu komfortabel. Mit einer bequemen Schlafmaske, einem Nackenkissen und einem Kopfhörer mit Noise Cancellation schläft es sich trotzdem prima.

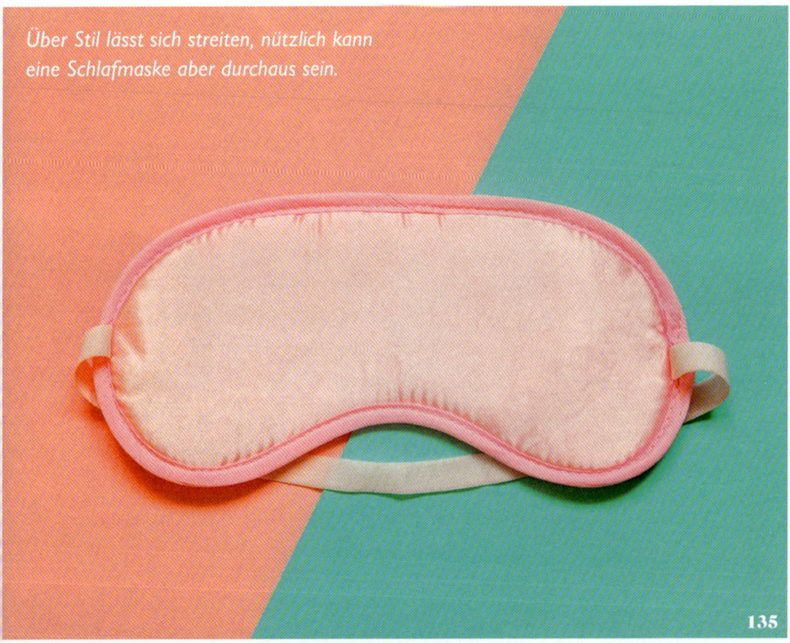

Über Stil lässt sich streiten, nützlich kann eine Schlafmaske aber durchaus sein.

5

Geld und andere Zahlungsmittel

Automatisch sicher

Wechselstuben haben oft verdientermaßen einen schlechten Ruf. Am Geldautomaten sind Sie hingegen automatisch vor Übervorteilung geschützt, da hier nur echte Scheine ausgegeben werden und der Kurs nachvollziehbar ist.

Als Zahlungsmittel auf Reisen kommen insbesondere Bargeld, Kreditkarten und für die Bargeldbeschaffung auch Debitkarten (debit card/EC-Karte/giro card) in Frage. Der gute, alte Reisescheck (Traveler's Cheque) hat ausgedient.

Bargeld beschaffen Sie sich am besten an einem Geldautomaten direkt im Ankunftsflughafen. Nützlich ist dafür eine Kreditkarte, die kostenloses Abheben erlaubt. Denn häufiges Abheben geht ins Geld, ist aber oft sinnvoll oder nötig. Denn zum einen wollen Sie keine allzu großen Bargeldbestände mit sich führen, zum anderen ist in manchen Ländern der maximale Auszahlungsbetrag stark limitiert. Wenn der Automat pro Transaktion nur maximal den Gegenwert von 100 US$ ausspuckt, Sie aber 800 US$ an Ihren Tour Operator zahlen müssen, wird es bei einem Entgelt von beispielsweise 5 Euro pro Abhebung teuer.

Falls Ihre Bank keine Kreditkarte mit kostenlosen Bargeldverfügungen im Ausland anbietet, finden Sie eine im Internet. Auch die Postbank SparCard, die vier kostenlose Abhebungen pro Jahr und Konto erlaubt, ist eine gute Wahl.

Übrigens: Einige Geldautomatenbetreiber verlangen eine zusätzliche Gebühr (service fee), der Sie ausdrücklich zustimmen müssen. Die Höhe des Entgelts legt der jeweilige Betreiber fest. Sie können also eventuell einen günstigeren oder kostenfreien Automaten finden; ob sich der Aufwand der Suche lohnt, ist aber fraglich.

Auch für das Bezahlen per Karte wird üblicherweise ein Entgelt von der ausgebenden Bank verlangt.

Dieses ist aber in den meisten Fällen günstiger als der Tausch von Bargeld in die Landeswährung. Vor allem ist die Kartenzahlung die bequemste und sicherste Zahlungsweise, da so weniger Bargeld mitgeführt werden muss.

In Ländern, in denen vor allem bar bezahlt wird, sollten Sie nicht nur genug Bargeld mitführen, sondern – auch wenn dies zu erstaunlich dicken Bündeln führen kann – in möglichst kleinen Scheinen. Nicht selten sehen oder geben sich Händler und Taxifahrer außerstande, selbst auf einen Schein im Wert von weniger als 10 Euro Wechselgeld herauszugeben. Andere Händler werden mit Ihrem Schein verschwinden und erst nach einer gefühlten halben Stunde mit dem Wechselgeld wieder auftauchen. Das kann durch entsprechende Stückelung vermieden werden.

Leider spucken Geldautomaten bei runden Beträgen oft nur große Scheine aus. Wählen Sie daher einen ungeraden Betrag, zum Beispiel 990, und versuchen Sie, wo immer dies erfolgversprechend erscheint, mit großen Scheinen zu bezahlen, um Kleingeld zu bekommen.

Idealerweise besitzen Sie zwei auslandsfähige Karten, für den Fall, dass eine abhandenkommt oder defekt wird – am besten eine Visa Card und eine MasterCard. Falls Ihre Karte an einem Automaten abgelehnt wird, obwohl das korrekte Logo abgebildet ist, liegt dies meist an Besonderheiten des lokalen Geldautomatennetzes und nicht an Ihrer Karte. Probieren Sie einfach den Automaten der nächsten Bank oder verwenden Sie eine Karte mit einem anderen Logo.

Übrigens

Falls Sie doch einmal vor Ort Geld wechseln, achten Sie darauf, dass Sie einwandfreie und aktuelle Scheine bekommen. Schon ein kleiner Riss ist in manchen Ländern ein No-Go.

6

Vor der Abreise

Checkliste „To-Dos vor der Abreise"

Bevor Sie entspannt in Richtung Flughafen düsen, haben Sie sich natürlich um alles Notwendige gekümmert, damit daheim alles problemlos weiterläuft. Eine Checkliste hilft, dabei nichts zu vergessen:

Zeitraum	*Aufgabe*	*Erledigt*
1–2 Wochen vor Abreise	Bei Bedarf Arzt und Zahnarzt besuchen	
	Digitale Kopien wichtiger Reisedokumente anfertigen und online abspeichern (als Mailanhang oder in der Cloud)	
	In Kürze fällige Rechnungen bezahlen	
	Sperrnummern für Kreditkarten und Handy-SIM notieren	
	Haustier-Pflege organisieren	
	Nachbarn informieren (damit diese bei ungewöhnlicher Aktivität in Haus oder Wohnung ggf. die Polizei einschalten können)	
	Vertrauensperson (Nachbarn, Freunde, Verwandte) beauftragen, • die Blumen zu gießen, • den Briefkasten zu leeren, • „nach dem Rechten zu schauen", • den Haustürschlüssel aufzubewahren, • den Putz- und Mülltonnendienst zu übernehmen.	
	Zeitungsabo abbestellen	

Zeitraum	*Aufgabe*	*Erledigt*
Letzter Tag vor Abreise	Lebensmittelreste verspeisen/einfrieren	
	Anrufbeantworter einschalten/ kontrollieren	
	Haus/Wohnung aufräumen	
	Pflanzen gießen	
Vor dem Verlassen der Wohnung/des Hauses	Ggf. Strom, Heizung, Wasser abstellen Ggf. Heizung auf geringer Stärke laufen lassen, um Schimmel vorzubeugen	
	Zeitschaltung für Licht und Rolladen anstellen, so vorhanden (oder per Remote)	
	Müll wegbringen	
	Alarmanlage anschalten	
	WLAN ausschalten	
	Stand-by-Geräte (TV, Radio, Alexa, Google Home) komplett ausschalten	
	Unnötige Schlüssel (Büroschlüssel, Kellerschlüssel, Briefkastenschlüssel etc.) vom Schlüsselbund entfernen	
	Letzter Kontrollgang (Herd ausgeschaltet, Fenster geschlossen etc.)	

7

Unbeschwert fliegen und ankommen

ONLINE UND MOBIL EINCHECKEN | BEQUEM ZUM FLUGHAFEN | AM AIRPORT: CHECK-IN, SICHERHEITSKONTROLLE UND BOARDING | DEN FLUG GENIESSEN | DIE FLUGANGST BESIEGEN | RELAXED ANKOMMEN |

Online und mobil einchecken

Fast alle Airlines bieten heute einen Online-Check-in oder einen Mobile-Check-in per App an. Dieser spart zwar selten Zeit, da Sie ja am Flughafen das Gepäck noch abgeben müssen und damit meist in derselben Schlange stehen wie alle anderen (es sei denn, Sie reisen nur mit Handgepäck oder es gibt einen separaten Gepäckabgabeschalter). Trotzdem lohnt es sich, diese Möglichkeit zu nutzen.

Da Online- und Mobile-Check-in ermöglichen, einen Sitzplatz auszuwählen, sollten Sie, falls Sie dies nicht schon bei der Buchung getan haben, diese Option unbedingt nutzen – und zwar zum frühestmöglichen Zeitpunkt. Öffnet der Check-in zum Beispiel 24 Stunden vor Abflug – die Vorlaufzeit ist Airline-individuell – sollten Sie genau dann dabei sein. Denn andere Passagiere sind ebenso schlau wie Sie und die besten Plätze schnell vergeben. Und wer frühzeitig online eincheckt, läuft nicht Gefahr, im Fall einer Überbuchung zurückgewiesen zu werden. Stellen Sie sich am besten den Wecker Ihres Handys oder installieren Sie die App der Airline, die Sie meist durch eine Push-Nachricht informiert, sobald Sie einchecken können.

Eine kleine Zeitersparnis bringt der Vorab-Check-in bei Flügen in die USA, nach Kanada, Korea, Indien, Japan, China, Südafrika und Mexiko, bei denen die Fluggesellschaft gesetzlich verpflichtet ist, die Passdaten der Fluggäste zu erfassen. Dies kann online und mobil schon bequem zu Hause erledigt werden statt erst am Flughafen.

Beim Online- oder Mobile-Check-in können Sie sich die Bordkarte aufs Smartphone schicken lassen. Wenn Sie das tun, stellen Sie sicher, dass Sie sie am Flughafen auch vorzeigen können: Neben einem geladenen Akku hilft ein Screenshot von der Bordkarte, falls das Netz zu schwach ist – das ist oft beim Betreten des Flugzeugs der Fall. Natürlich können Sie aber am Check-in immer noch eine Papierbordkarte bekommen – wenn diese nicht ohnehin standardmäßig an alle Passagiere ausgegeben wird.

Achtung

Bei vielen Billigfliegern ist nur der Online-Check-in kostenlos. Am Flughafen wird es dann teuer.

Bequem zum Flughafen

Am schönsten ist es natürlich, wenn Ihr Partner/Ihre Partnerin oder ein Freund/eine Freundin Sie zum Flughafen bringt. So hat diese(r) die Möglichkeit, Ihnen noch eine Kleinigkeit mitzugeben, damit er oder sie während Ihrer Abwesenheit nicht in Vergessenheit gerät, und man kann sich ohne Stress verabschieden. Ansonsten stehen grundsätzlich vier Optionen zur Verfügung: Bus und Bahn, Taxi, der eigene Pkw und Mietwagen.

Falls Ihre Buchung ohnehin schon eine Strecke mit der Bahn vorsieht (bei einigen Lufthansa-Flügen ist dies der Fall) oder Sie ein „Zug zum Flug"-Angebot nutzen – prima. Wenn nicht, haben Sie Ihr Bahnticket hoffentlich frühzeitig gebucht und einen günstigen Tarif ergattert. Da es gelegentlich Verspätungen und Ausfälle bei der Bahn geben soll, buchen Sie Ihren Zug am besten so, dass Sie auch mit dem nächsten noch rechtzeitig zum Flughafen kämen.

Ein Taxi bestellen Sie entspannt am Abend vorher. Falls in Ihrer Region ein Airport-Shuttle angeboten wird, prüfen Sie bitte, ob dies tatsächlich billiger als ein normales Taxi ist. Im Ausland kommen außerdem Dienste wie Uber, Grab und Careem in Frage sowie die Shuttle-Services der Hotels.

Der eigene Pkw ist auf den ersten Blick die komfortabelste Lösung. Schneller als die Bahn ist das Auto jedoch selten, zumal ein unvorhergesehener Stau durchaus Anlass zu Nervosität geben kann. Hinzu kommen die beträchtlichen Kosten für das Parken am Flughafen, die sich allerdings bei mehreren Mitreisenden relativieren können. Zudem wird es bei frühzeitiger Reservierung oft billiger. Davon unabhängig kann es bei längeren Reisen sinnvoll sein, nach einem Parkplatz in Flughafennähe zu suchen, der einen Shuttle-Service zum Airport anbietet, oder von dort die letzten Kilometer mit dem Taxi zu fahren. Das ist in der Regel günstiger, beeinflusst aber den Komfortvorteil.

Eine prima Option kann ein Mietwagen sein: Diesen holen Sie am Vortag ab und geben ihn einfach am Flughafen zurück. Gerade bei größeren Entfernungen

Mein Tipp

Schauen Sie frühzeitig auf Ihrem Ticket nach, von welchem Flughafen und Terminal Sie fliegen. Der Transfer zwischen verschiedenen Terminals kann viel Zeit kosten. Bei Weiterflügen im Ausland müssen Sie teils sogar den Flughafen wechseln, beispielsweise weil der Anschlussflug als Inlandsflug vom Inlandsflughafen (Domestic Airport) abgeht.

Kopfkino
Gleich ob Sie zu früh am Flughafen sind oder Ihr Flieger sich verspätet: Musik, Hörbücher, Filme und Lesestoff dabei zu haben, ist immer eine gute Idee.

zum Airport und schlechter Anbindung an das Bahnnetz sind Mietwagen eine gute Wahl – und ab zwei Personen sogar oft günstiger als ein ICE-Ticket.

Entscheidend ist in jedem Fall, dass Sie rechtzeitig am Flughafen ankommen. Zwar sind die Zeiten, zu denen Sie sich dort einfinden sollen (zwei bis drei Stunden vor Abflug) in der Regel übertrieben; aber man weiß ja nie – manchmal sind Abfertigung und Sicherheitskontrollen überlastet oder es werden, wie bei Reisen in die USA, zusätzliche Sicherheitschecks vorgenommen. Zudem könnte es sein – falls Sie erst am Flughafen einchecken –, dass der Flug überbucht ist und die zuletzt Eincheckenden nicht mitgenommen werden. Falls Sie eine längere Strecke zum Flughafen zurücklegen müssen, können eine Anreise am Vortag und die Übernachtung in einem Flughafenhotel zur Entspannung beitragen.

Sind Sie übrigens tatsächlich zu spät dran, drängeln Sie sich an den Schlangen einfach vor mit dem Hinweis, Sie verpassen sonst Ihren Flieger. Dafür haben die meisten Menschen Verständnis. Und sonst wäre es auch egal. Die Leute sehen Sie sowieso nie wieder.

Am Airport: Check-in, Sicherheitskontrolle und Boarding

Das Prozedere am Flughafen ist weltweit praktisch identisch. Glücklicherweise werden auch fast überall dieselben englischen Begriffe verwendet, sodass Sie sich problemlos zurechtfinden werden.

Orientierung am Flughafen

Wichtig

In einigen außereuropäischen Ländern werden schon vor dem Betreten des Flughafens Ausweis und Flugticket geprüft. Den Ausdruck des Tickets beziehungsweise Ihr Smartphone sollten Sie daher greifbar haben. Zum Teil wird auch Ihr Gepäck gleich am Eingang durchleuchtet.

Im Flughafen werfen Sie zunächst einen Blick auf die Anzeigetafel oder die Bildschirme. Unter Abflug (Departures) sehen Sie dort chronologisch geordnet meist folgende Informationen:

- *Fluggesellschaft (Airline) und Flugnummer (Flight); bei sogenannten Codeshare-Flügen, die eine Airline gemeinsam mit einer anderen durchführt, werden zwei verschiedene Flugnummern im Wechsel angezeigt*
- *Zielflughafen (to oder Destination) und gegebenenfalls Flughafen der Zwischenlandung (via); teilweise werden Zwischen- und Zielflughafen im Wechsel angezeigt*
- *Planmäßige Abflugzeit (Scheduled Time, STD)*
- *Erwartete Abflugzeit (Estimated, ETD); bleibt leer, wenn pünktlich*
- *Check-in-Schalter (Counter)*
- *Flugstatus (siehe Folgeseite)*
- *Terminal; nur, wenn es mehrere gibt*
- *Flugsteig (Gate)*

Was steht auf der Anzeigetafel?

Als Flugstatus kann Folgendes vermerkt sein:

- *Check-in: Man kann jetzt am Schalter einchecken*
- *Boarding: Das Flugzeug wird bereits betreten (beeilen Sie sich!)*
- *Final Call: Letzter Aufruf zum Einchecken, danach wird der Check-in geschlossen*
- *Change of Gate: Das Abfluggate hat sich geändert*
- *Erwartet um/pünktlich/verspätet (expected/on time/delayed)*
- *Geschlossen (Gate closed): Check-in und Boarding sind nicht mehr möglich*
- *Annulliert (Cancelled)*

Vielfalt

Jede Anzeigetafel sieht ein wenig anders aus. Aber keine Angst, die Anzeigen sind stets gut verständlich und praktisch immer auf Englisch.

Wenn es heißt „Gate closed“, ist der Flieger so gut wie weg.

Check-in

Schalter oder Automat?

Am Check-in-Automaten gibt es meist keine Schlange. Wenn Sie nur Handgepäck haben, ist er die bessere Wahl.

Eingecheckt werden kann am Abfertigungsschalter (Check-In Desk) und häufig auch an Automaten, die meist in der Nähe der Schalter platziert sind.
An diesen können Sie sich in der Regel auf drei Arten identifizieren:
• durch Eingabe des Nachnamens und Buchungscodes (steht auf der Reisebestätigung),
• durch Einscannen Ihres maschinenlesbaren Passes und Eingabe von Flugnummer, Zielort oder Buchungscode,
• mit der Vielflieger-Karte der Fluggesellschaft oder der Kreditkarte, mit der Sie gebucht haben.

Auch wenn Sie bereits online oder am Automaten eingecheckt haben (wozu Sie manchmal von anwesendem Personal aufgefordert werden), müssen Sie nun zunächst zum Check-in-Schalter beziehungsweise zum Gepäckabgabeschalter (Baggage Drop-Off), wenn Sie Gepäck aufgeben möchten. Eine Besonderheit der Lufthansa, die es aber nicht an allen Flughäfen gibt, sind Gepäckautomaten zur Selbstbedienung. Dort scannt man seine Bordkarte ein, stellt den Koffer aufs Band, entnimmt den frisch gedruckten Gepäckbeleg, klebt diesen um den Griff des Koffers und drückt OK – fertig. Quittung nicht vergessen.

Welche Schalter für Ihren Flug zuständig sind, sehen Sie auf der Anzeigetafel. Meist ist ein Schalter für Vielflieger sowie Business- und First-Class-Passagiere reserviert. Falls dort gerade niemand eincheckt, können Sie diesen auch nutzen.

Ihr Gepäck stellen Sie beim Aufgeben am Schalter auf das Band. Dabei wird es gewogen und das Gewicht angezeigt. Wird das von der Fluggesellschaft festgelegte zulässige Gewicht für Freigepäck überschritten, haben Sie dummerweise sogenanntes Übergepäck (excess baggage). In diesem Fall und wenn Sie einen Tarif gebucht haben, der nur Handgepäck (cabin baggage) enthält, müssen Gebühren entrichtet werden, und zwar nicht am Check-in (dort gibt es keine Kasse), sondern an einem Ticketschalter.

Falls Ihr Flug eine **Zwischenlandung mit Flugzeugwechsel** vorsieht, fragen Sie am besten, ob das Gepäck durchgecheckt wird („Will the luggage be checked-through to the final destination?"). Das ist zwar meist so, aber auch bei einem Weiterflug vom selben Flughafen und mit derselben Airline nicht zwingend der Fall. Dann müssen Sie bei der Zwischenlandung den Koffer am Gepäckband abholen und neu einchecken. Falls Sie vergessen haben zu fragen, kein Problem: Das Endziel Ihres Koffers finden Sie auch in Form des dreistelligen Flughafencodes auf Ihrem Gepäckbeleg, der auf die Rückseite der Bordkarte oder Ihres Reisepasses geklebt wird.

Der Herr oder die Dame an der Abfertigung, die Sie häufig als Flugbegleiter wiedersehen werden, verlangen in der Regel lediglich Ihren Pass. Ihre Flugdaten sind ja bereits im System. Eventuell wird kontrolliert, ob Sie das erforderliche Visum haben. Bei einem e-Visa sollte der Ausdruck vorzeigbar sein. Einen Ausdruck Ihres Flugtickets brauchen Sie in der Regel nicht. Ihre Vielfliegerkarte legen Sie am besten auch vor, da die Meilen bei der Buchung des Flugs nicht immer zuverlässig erfasst werden. Gelegentlich wird bei der Abfertigung, manchmal auch in einer separaten Kontrolle, gefragt, ob man den Koffer selbst

Mein Tipp

Falls Sie nicht sicher sind, ob Ihr Gepäck die Gewichtsgrenze für Freigepäck einhält oder überschreitet, testen Sie es einfach an einem unbesetzten Check-in-Schalter. Dann können Sie notfalls noch etwas Schweres ins Handgepäck umräumen. Alternativ gibt es für zuhause auch Kofferwaagen – diese sind für kleines Geld zu haben und benötigen nicht viel Platz, falls Sie sie auf die Reise mitnehmen möchten.

Niemals

... sollten Sie etwas von Fremden mitnehmen. Auch Pakete von Bekannten oder Freunden sollten im eigenen Interesse nicht mitgenommen werden, ohne sie vorher geöffnet und inspiziert zu haben.

gepackt oder Pakete dritter Personen mitgenommen hat. Selbstverständlich bejahen Sie die erste Frage und verneinen die zweite wahrheitsgemäß. Sollte ein anderer Passagier Sie bitten, eines seiner Gepäckstücke unter Ihrem Namen aufzugeben, weil es sein Mitnahmelimit überschreitet, während Sie es kostenlos aufgeben könnten (weil Sie zum Beispiel nur mit Handgepäck reisen), lehnen Sie bitte freundlich, aber entschieden ab. Auch wenn die Umstände es unwahrscheinlich erscheinen lassen, besteht das Risiko, dass man Ihnen etwas unterschieben will. Den Behörden – speziell im Ausland – später glaubhaft darzulegen, dass die Drogen nicht Ihre sind, könnte schwierig werden.

Sicherheitskontrolle

Bei der Sicherheitskontrolle wird zunächst Ihr **Handgepäck** einschließlich Jacke/Mantel und Kopfbedeckung durch einen Röntgenscanner geschickt. Flüssigkeiten im vorgeschriebenen Klarsichtbeutel sowie Laptop, Tablet und Handy sind separat in die Kisten zu legen. Elektronische Geräte sollen dabei aus ihren Schutzhüllen entfernt werden, worauf zumindest bei Tablets aber selten bestanden wird. Teure Uhren, Geld oder Schlüssel verstecken Sie im Innern ihres Handgepäcks. In den Hemd- oder Hosentaschen sollten maximal noch Geldscheine, Ihr Pass und Ihre Bordkarte sein.

Falls bei Ihnen verbotene Gegenstände entdeckt werden, können Sie diese theoretisch einer Person außerhalb der Kontrollstelle übergeben, in Ihrem

Auto lagern, bei der Gepäckaufbewahrung deponieren oder einchecken (so es die Fluggesellschaft erlaubt). Aufgrund des zeitlichen Aufwands kommt das aber selten in Frage, sodass die meisten monierten Gegenstände in die Tonne wandern. Also: Denken Sie vorher daran, solche Dinge aufzugeben, oder lassen Sie sie zu Hause.

Während das Handgepäck geprüft wird, unterziehen Sie sich der **Personenkontrolle**. Ziehen Sie Schuhe und Gürtel aus, wenn dies ausdrücklich verlangt wird, und folgen Sie nicht dem Beispiel übereifriger Mitreisender. Gehen Sie nur nach Aufforderung durch oder in den Scanner.

Immer häufiger begegnen Sie einem Body-Scanner, auch als „Nackt-Scanner" verunglimpft. In diesem stehen Sie mit erhobenen Händen oder abgespreizten Armen (ein Piktogramm zeigt wie) für ein paar Sekunden in dem Gerät, bis es Ihnen anzeigt, dass die Prozedur abgeschlossen ist. Manche Scanner fahren dabei um Sie herum. In Deutschland ist die Nutzung dieses Scanner-Typs freiwillig, ein sachliches Argument dagegen gibt es aber nicht. Es werden keine Körperbilder angefertigt und angenehmer als eine persönliche Kontrolle ist er auch. Der gesamte Tascheninhalt, selbst die Bordkarte, muss allerdings vorher abgelegt werden.

Löst ein Scanner aus, wird man Sie nach metallischen Gegenständen fragen und, nachdem Sie diese abgelegt haben, gegebenenfalls nochmals durch den Apparat schicken. Summt es auch dann wieder, folgt eine Kontrolle per Hand durch Abtasten oder mit einem Metallsuchgerät. Auch wenn es lästig ist: Hel-

Mitdenken

Sicherheitskontrollen könnten schneller gehen, wenn nicht manchen Passagieren erst am Band aufginge, dass sie Flüssigkeiten und Laptop aus dem Trolley nehmen müssen. Gehen Sie also mit gutem Beispiel voran und tun Sie das schon in der Schlange. Auch Ihre Jacke können Sie schon vorher ausziehen.

Wichtig

Vergessen Sie nicht, alle Sachen vom Band zu nehmen!

fen Sie dem Sicherheitspersonal, zum Beispiel wenn es sie bittet, den Gürtel zu lösen oder die Füße anzuheben. So geht es am schnellsten. Dass man Sie zur genaueren Kontrolle in einen Nebenraum bittet, geschieht allenfalls in Extremfällen. Lassen Sie Ihr Gepäck während der Personenkontrolle möglichst nicht aus den Augen.

Ist etwas auf dem Röntgenbild nicht klar erkennbar, findet eine Nachkontrolle des Handgepäcks statt. Dabei öffnen üblicherweise Sie selbst das Gepäckstück und entnehmen die monierten Gegenstände. Manchmal werden Sie aufgefordert, ein elektronisches Gerät anzuschalten, um zu überprüfen, ob es nur eine Attrappe ist. Eventuell werden Laptops oder Tablets durch einen Wischtest auf Spuren von Sprengstoff untersucht. Dies dauert lediglich einen Augenblick. Eine intensive Kontrolle bis hin zum völligen Entleeren des Gepäckstücks ist sehr selten.

Ausweiskontrolle

Wenn Sie die EU verlassen (oder aus dem Ausland kommend betreten), wird Ihr Pass kontrolliert. Dies geschieht im außereuropäischen Ausland natürlich bei jedem grenzüberschreitenden Flug sowohl beim Abflug wie bei der Ankunft und auch bei vielen nationalen Flügen.

Immer häufiger finden sich an europäischen Flughäfen die sogenannten EasyPASS-Anlagen, die eine teilautomatisierte Grenzkontrolle ermöglichen. Dabei legen Sie Ihren Reisepass mit der Bildseite nach unten auf einen Scanner, gehen nach dem Scannen einen Schritt vor, schauen in eine Kamera und warten, dass das Licht grün wird – ganz einfach. Der Vorgang ist nicht wirklich schneller, aber die Schlangen sind meist deutlich kürzer.

Für EasyPASS (**www.easypass.de**) benötigen sie einen ePass, also einen elektronischen Reisepass, den man an einem rechteckigen Symbol mit einem Kreis erkennt, welches sich unten auf der Vorderseite befindet (oder einen neuen deutschen Personalausweis). Nutzen dürfen EasyPASS Staatsbürger aus Ländern der Europäischen Union, des Europäischen Wirtschaftsraums und der Schweiz ab 12 Jahren. Die Nutzung ist optional, es kann auch weiter die persönliche Kontrolle gewählt werden.

Boarding

Bei großen Maschinen wird häufig nach Sitzreihen geboardet, um den Prozess zu beschleunigen. Gelegentlich gelingt es, sich dabei vorzudrängeln, aber die feine Art ist das nicht. Möglichst frühzeitig zu boarden, ist ohnehin nur dann von Vorteil, wenn Sie umfangreiches, sperriges oder zerbrechliches Handgepäck (zum Beispiel eine chinesische Porzellanvase oder einen Panama-Hut) mitführen und dafür unbedingt einen sicheren Stauraum im Gepäckabteil (overhead compartment) brauchen. Übrigens: Falls ein Bus Sie zum Flugzeug bringt, wollen Sie natürlich als Letzter durch die Bordkartenkontrolle.

Sich nicht an die Reihenfolge halten müssen lediglich Eltern mit kleinen Kindern, Behinderte, Inhaber

Übrigens

Falls Ihr Handgepäck schwer ist und Sie der Rücken plagt, bitten Sie einfach eine Flugbegleiterin oder einen Passagier, es ins overhead compartment zu hieven.

einer Status-Karte des zuständigen Vielfliegerprogramms und die Glücklichen von First oder Business Class. Letztere nutzen bei großen Maschinen eine eigene Flugzeugtür.

Im Flugzeug wedeln Sie mit der Bordkarte, erwidern den Gruß der Flugbegleiter (flight attendants) und bewegen sich stracks zu Ihrem Sitzplatz. Falls Sie während des Fluges etwas aus Ihrem Handgepäck benötigen und nicht am Gang sitzen, entnehmen Sie es am besten jetzt, damit Sie die Mitreisenden später nicht bitten müssen aufzustehen. Und nun: Genießen sie den Flug!

Wenn bereits geboardet wird, sollten Sie sich beeilen. Auf einen „Last Call" sollte man sich nicht verlassen.

Den Flug genießen

Lehnen Sie Ihren (perfekt ausgewählten) Sitz etwas zurück, genießen Sie das Bordprogramm, schmökern Sie im Reiseführer, kosten Sie die Produkte der Bordküche oder setzen Sie Ihre Schlafmaske auf und legen sich in Morpheus' Arme. Keine Termine, keine Anrufe, niemand, der etwas anderes von Ihnen will, als Ihre Menüwahl aufzunehmen, und jede Menge Vorfreude auf Ihr Reiseziel – so schön kann Fliegen sein.

5

TIPPS FÜRS FLIEGEN

1

MIT DEM ALKOHOL SPARSAM UMGEHEN

Genug zu trinken ist in der trockenen Flugzeugluft zwar wichtig (empfohlen wird mindestens ¼ Liter pro 2 Stunden Flugzeit), alkoholische Getränke helfen dabei aber naturgemäß wenig. Dafür wirken sie erheblich stärker als am Boden.

2

THROMBOSE VORBEUGEN

Im Flugzeug besteht eine geringe Gefahr für eine Reisethrombose (siehe Kapitel Gesund unterwegs), der sie leicht vorbeugen können:

- *Bewegung: Stehen Sie häufiger auf (Gangplätze sind im Vorteil) und gehen Sie den Gang auf und ab. Im Sitzen spannen Sie ab und zu die Beine an, bewegen die Zehen und lassen die Füße kreisen.*
- *Richtig trinken: Trinken Sie ausreichend, begrenzen Sie den Genuss koffeinhaltiger Getränke und beachten Sie Tipp 1.*
- *Richtige Kleidung: Tragen Sie keine Kleidungsstücke, die die Taille einschnüren. Mit Kompressionsstrümpfen, die den Blutfluss unterstützen, helfen Sie Ihrem Körper.*
- *Kein Schlafmittel verwenden: Im Schlafen bewegt man sich noch weniger.*
- *Einen Arzt konsultieren: Wenn Sie zu einer Risikogruppe gehören, sprechen Sie mit Ihrem Arzt über mögliche zusätzliche Maßnahmen. Denkbar ist insbesondere der Einsatz von Blutgerinnungshemmern (Anti-Koagulanzien).*

3

ANGESCHNALLT BLEIBEN

Während Sie sitzen, lassen Sie den Gurt am besten an. Bei plötzlich auftretenden Turbulenzen sind Sie so vor Verletzungen geschützt.

4

NASENSPRAY UND MITTEL GEGEN REISEÜBELKEIT

Bei Erkältungen (und Kindern generell) ist der Druckausgleich im Mittelohr eingeschränkt, was beim Landeanflug schmerzhaft sein kann. Ein abschwellendes Nasenspray bei Erkältungen und Kaugummi können helfen.
Auch als Vielflieger wird man es wohl nie erleben, dass ein Mitreisender die Brechtüte benutzt. Gleichwohl: Wer zu Reiseübelkeit neigt, sollte ein frei verkaufliches Mittel aus der Apotheke anwenden. Diese sind mit oft unter fünf Euro sehr günstig.

5

EIGENE KOPFHÖRER MITBRINGEN

Die im Flieger verteilten Kopfhörer sind häufig defekt, qualitativ schauderhaft und schirmen Umgebungsgeräusche nicht ab. Verwenden Sie deshalb Ihre eigenen In-Ear- oder Over-Ear-Kopfhörer, am besten mit Noise Cancellation.

Gut zu wissen

Bei Flügen in einigen tropischen Ländern geht das Personal vor Start oder Landung durch die Kabine und versprüht ein Schädlingsbekämpfungsmittel. Ziel ist es, das Einschleppen von Malaria übertragenden Mücken zu verhindern. Diese Maßnahme ist vom Zielland vorgeschrieben, man kann ihr also nicht entkommen. Zur Frage, ob das verwendete Mittel gesundheitsschädlich ist, gibt es unterschiedliche Aussagen. Fluggesellschaften und Kabinenpersonal werden dies im Zweifel abstreiten. Gleichwohl ist bei Risikogruppen wie Asthmatikern nicht völlig auszuschließen, dass es zu Reaktionen kommt. Die Benutzung einer Atemmaske kann dann hilfreich sein. Glücklicherweise verfliegt das Mittel in kurzer Zeit.

Die Flugangst besiegen

Im Prinzip können Sie Ihre Wunschdestination meist auch per Schiff, Bahn, Bus oder Pkw erreichen. Sofern aber nicht bereits die Anreise selbst das Abenteuer ist, etwa die Atlantiküberquerung auf einem Segelschiff oder eine Fahrt mit der Transsibirischen Eisenbahn, ist das eher unkomfortabel und verschlingt viel Zeit. Die An- und Rückreise per Flugzeug wird folglich die Standardmethode Ihrer Reise sein. Unglücklicherweise leiden manche Menschen unter Flugangst.

Flugangst ist beileibe nichts Außergewöhnliches. Ca. 15–20 % aller Menschen sind davon betroffen. Ganz unverständlich ist das nicht: Beim Gedanken, sich fröhlich in eine Blechbüchse zu setzen, um sich in 10 km Höhe von zwei Fremden mit über 800 km/h durch die Luft schießen zu lassen, kann man sich fragen, ob die Natur sich das so vorgestellt hat.

Die gute Nachricht ist aber: Flugangst muss man nicht als gegeben hinnehmen.

Falls Sie die statistisch belegte Tatsache, dass das Flugzeug pro Reisekilometer sicherer ist als alle anderen Verkehrsmittel, nicht überzeugt, dann vielleicht der gesunde Menschenverstand: Selbst wenn Sie mit einer fast vierzig Jahre alten Antonow An-28 den Flug vom tadschikischen Duschanbe nach Khorog antreten (den Einzigen, für den es zu Sowjet-Zeiten eine Gefahrenzulage für die Besatzung gab, weil die Propellermaschine auch bei gutem Wetter kaum 50 m über den Bergkämmen fliegt), können Sie sich zweier Dinge sicher sein: Die Fluggesellschaft möchte ihre Maschine in einem Stück wiedersehen und die Besatzung abends heil nach Hause.

Eine bewährte Lösung gegen Flugangst ist ein Flugseminar, das verschiedene Firmen anbieten. **Dabei werden üblicherweise folgende Themen durchgenommen:**

- Theorie des Fliegens: Warum fliegt das Flugzeug?
- Sicherheitseinrichtungen am Boden und in der Luft
- Entspannungstechniken

Idealerweise ist auch ein von Psychologen begleiteter Flug inklusive.

Vorbereitet

Wenn Sie an Flugangst leiden, wissen Sie das ja meist schon seit Langem. Sie haben also genug Zeit, sich darauf vorzubereiten. Die sollten Sie nutzen, denn zum Beispiel Entspannungstechniken muss man erst lernen.

Mein Tipp

Sagen Sie der Crew, dass Sie an Flugangst leiden. Sie wird sich dann besonders um Sie kümmern.

Einen ausgezeichneten Ruf genießt das zweitägige Flugangst-Seminar der Lufthansa (**www.flugangst.de**). Dort reden keine Theoretiker, sondern erfahrene Piloten. Und der Probeflug zum Üben des Gelernten ist auch mit dabei. Leider ist das Seminar mit einer Kursgebühr von 870 Euro[8] nicht ganz billig. Mit Blick auf den betriebenen Aufwand und vor allem, wenn es Ihnen hilft, Ihre Flugangst in den Griff zu bekommen, ist es das aber sicher wert.

Als kleine Lösung – vielleicht reicht dies ja bereits – können Sie sich Entspannungstechniken wie Autogenes Training und Progressive Muskelrelaxation auch selbst beibringen, sei es mit Büchern, per App, YouTube-Videos oder VHS-Kursen. Das ist sehr einfach und auch in anderen Stresssituationen hilfreich. Jedwede Ablenkung während des Flugs, zum Beispiel durch ein Gespräch mit Mitreisenden, ist ebenfalls von Vorteil.

Schließlich besteht die Möglichkeit, sich der Flugangst mithilfe eines qualifizierten Hypnose-Therapeuten zu entledigen, wenn man für diesen Weg aufgeschlossen ist. Auch bei starker Flugangst können damit erstaunliche Erfolge erzielt werden. Dazu wäre zunächst ein kompetenter Hypnotiseur zu suchen und festzustellen, ob mit diesem eine Vertrauensbasis aufgebaut werden kann. Ein guter Hypnotiseur weiß, was er kann, und wird nicht zu viel versprechen. Nach zwei oder drei Sitzungen ist die Flugangst dann vielleicht Vergangenheit. Es gibt also eine ganze Reihe von Möglichkeiten, die Flugangst in den Griff zu bekommen. Wenn alles andere versagt, können Sie sich immer noch ein Beruhigungsmittel verschreiben lassen.

---

[8] Stand Oktober 2019

Relaxed ankommen

Eine Stunde vor der Landung – rechtzeitig, bevor der Landeanflug beginnt – ist eine gute Zeit, um sich ein wenig frisch zu machen. Rasieren, Zähne putzen und ein wenig Wasser ins Gesicht spritzen, ist sehr zu empfehlen, auch wenn die Toiletten am Ende des Flugs nicht mehr sehr einladend aussehen.

Unherzlich willkommen

Sonderlich freundlich sind Einreisebeamte selten. Ob es an ihrem nicht sehr aufregenden Beruf liegt? Manchmal will man auch nur sehen, wie Sie darauf reagieren – in Tel Aviv beherrscht man das sehr gut. Sie sollten in jedem Falle cool und freundlich bleiben, schließlich sitzt die andere Seite am längeren Hebel.

Nach der Landung geht es zunächst zur **Passkontrolle**. Dabei kann es sinnvoll sein, Ihren Mitreisenden zuvorzukommen, da diese manchmal viel Zeit in Anspruch nimmt. Das gilt umso mehr, wenn – wie beispielsweise in Kuwait oder Turkmenistan – noch ein ausufernder Prozess für das **Visa on Arrival** oder sonstige Förmlichkeiten hinzukommt. Das Wissen, dass sich der eigene Koffer einsam auf dem Karussell dreht und vielleicht andere Interessenten findet, ist nicht angenehm.

Oft müssen ein **Einreise- und ein Zollformular** ausgefüllt werden, welche in der Regel bereits im Flugzeug verteilt werden (ein Kugelschreiber im Handgepäck ist dann hilfreich). Häufig wird man Ihnen auch elektronisch Fingerabdrücke abnehmen und ein Foto von Ihnen machen, für das Sie eventuell die Brille absetzen müssen. Gelegentlich wird man Sie nach dem Grund der Reise fragen: Dieser wäre „Holiday“ oder „Tourism“. Weitergehende Fragen sind zum Beispiel an Flughäfen in den USA und Israel möglich, sonst aber ebenso selten wie ein freundliches Willkommen der ja generell meist wenig redseligen Einreisebeamten.

Nach der Passkontrolle holen Sie Ihr Gepäck – das richtige Band wird meist auf Bildschirmen angezeigt – und passieren den Zoll. Falls Sie ein Zollformular bekommen und ausgefüllt haben, geben Sie das dort ab, Kontrollen sind bei „westlich“ aussehenden Reisenden selten der Fall.

Gut zu wissen
Beim Geldwechseln am Flughafen wird i.d.R. Ihr Pass, manchmal auch eine Bordkarte verlangt.

Um nun entspannt und auf alles vorbereitet aus dem Flughafen zu spazieren, brauchen Sie noch zwei Dinge:

- Bargeld bekommen Sie am günstigsten am Geldautomaten (ATM). Für den seltenen Fall, dass ein solcher am Flughafen nicht vorhanden ist, tauschen Sie einen kleinen Teil Ihres Bargeldbestands (maximal 50 Euro) beim Geldwechsler, der wahrscheinlich keine guten Kurse bietet. Größere Beträge holen Sie später in der Stadt vom Automaten.
- Eine SIM-Karte mit Datenguthaben (data plan), die Sie sich gleich vom Verkäufer aktivieren lassen (siehe *Erste Reisevorbereitungen / SIM-Karte*). Wenn Sie diese bar bezahlen, haben Sie auch gleich ein paar kleine Scheine und Münzen und damit Wechselgeld für den Bus oder Taxifahrer oder Trinkgeld für den Kofferträger im Hotel.

Nach der langen Reise und wegen der eventuellen Zeitverschiebung sind Sie sicher etwas erschöpft. Deshalb haben Sie sich schon vor der Reise im Internet, in Ihrem Reiseführer oder unmittelbar im Hotel erkundigt, wie sie am besten dorthin gelangen (vgl. *Die strukturierte Reiseplanung*). Übermüdet, im Dunkeln, bei dreißig Grad, vielleicht noch in den Winterklamotten von zu Hause steckend, mit Ihrem Gepäck beladen und von unzähligen Gestalten bedrängt, die „Taxi, Sir?" rufen, könnte Ihr Urlaub womöglich ungünstig anfangen.

Bereiten Sie sich also vor: Packen sie Ihre Jacke in den Rucksack oder den Koffer, stellen Sie sich auf den Ansturm ein und setzen Sie ein in Stein gemeißeltes,

Flughäfen liegen oft weit außerhalb des Stadtzentrums.

Vom Flugzeug zu Fuß ins Terminal: Auf kleinen Flugplätzen gang und gäbe

abweisendes Gesicht auf. Taxifahrer oder Schlepper, die auf Sie zukommen und auf Sie einreden, ignorieren Sie. Bestenfalls schütteln Sie knapp den Kopf und schauen denjenigen nicht direkt an, denn Sie wissen ja, wo Sie hinwollen: zur Haltestelle des Airportbusses oder -zuges, dorthin, wo es günstigere Taxis gibt (zum Beispiel auf der Ankunftsebene) oder zum Stand der Prepaid-Taxis, bei denen Sie nicht übers Ohr gehauen werden. In „moderneren" Ländern wie Japan oder Kanada werden Sie diese Probleme natürlich nur selten haben.

Wenn Sie den lokalen **Taxis** misstrauen, ist das nicht immer unberechtigt. Es kann durchaus sein, dass Sie vorab verhandeln müssen oder der Fahrer am Ende mehr verlangt, als ausgemacht war. Auch dass nach einer kurzen Fahrt unter einem Vorwand gebeten wird, in ein anderes Taxi zu wechseln, dessen Fahrer von dem tollen Preis, der Ihnen angeboten wurde, nichts mehr wissen will, ist schon vorgekommen. Das ist unangenehm. Um dergleichen zu vermeiden, sollten Sie energisch auf Nutzung des Taxameters bestehen und prüfen, ob dieser auch beim lokal vorgesehenen Mindestbetrag – insofern vorhanden – zu zählen beginnt, den Sie vorher recherchiert haben. Manchmal werden die angezeigten Werte mit Hilfe einer Tabelle vervielfacht, die man Ihnen später anzeigt (weil das Gerät nicht an die Inflation angepasst werden kann), und manchmal weigern sich Taxifahrer auch strikt, den Taxameter anzuschalten, oder geben vor, dieser sei defekt. Notfalls sollten Sie dann mit dem Fahrer einen Preis verhandeln. Da Sie einen guten Reiseführer haben

Mein Tipp

Lassen Sie sich den Preis mehrfach bestätigen, bevor Sie einsteigen. Schreiben Sie, um Missverständnisse und Betrug zu vermeiden, die Zahl auf ein Blatt Papier oder zeigen Sie sie dem Fahrer auf Ihrem Telefon. Lassen Sie sich unbedingt auch die Währung bestätigen. Falls der Fahrer Dollar meint und Sie Baht oder Pesos, gibt es später unschöne Diskussionen.

oder sich vorher im Internet schlau gemacht haben, sind Sie darauf vorbereitet und wissen, was angemessen ist. Wenn Sie nicht ganz den Tarif aushandeln können, der im Reiseführer steht, liegt dies oft schlicht daran, dass die Preise inzwischen etwas gestiegen sind.

Am Ziel der Fahrt angekommen, sollten Sie aussteigen und erst bezahlen, wenn Sie Ihr Gepäck in den Händen halten. Falls es doch noch zu einem Disput über den Preis kommen sollte, bleiben Sie standhaft. Erfahrungsgemäß werden Sie am Ende „siegen", denn die Taxifahrer wollen ja weiterfahren und haben keine Zeit für einen langen Streit. Bedenken Sie aber bitte, ob die Forderung des Fahrers vielleicht doch berechtigt ist – Brückenzoll oder Straßengebühren gehen manchmal zu Ihren Lasten und vielleicht haben Sie ja etwas falsch verstanden. Vergessen Sie das Trinkgeld nicht, wenn es landesüblich ist, aber übertreiben Sie es nicht – man soll ja auch nicht meinen, Ausländer seien generell wohlhabend.

Wenn Sie es völlig stressfrei haben wollen, können Sie sich auch einfach **abholen lassen**. Viele Hotels bieten dies an, und sollten Sie über einen Tour Operator gebucht haben, wird dieser es ebenfalls mit Freuden tun. Das ist im Zweifel etwas teurer als ein Taxi, den eigenen Namen auf einem Pappschild in einer lauten und überfüllten Ankunftshalle zu sehen, aber doch sehr erfreulich.

Fast ebenso gut und recht günstig sind Dienste wie Uber, Grab oder Careem. Bei diesen werden Sie meist von Privatfahrern gefahren, deren Bild und Kennzeichen Ihnen vorab in der App angezeigt werden und die Sie nach der Fahrt bewerten können – ein bewiesenermaßen wirksamer Anreiz für Wohlverhalten, den Taxifahrer nicht haben. Der Preis wird vom System berechnet, liegt meist unter dem Taxipreis und wird oft gleich über die App bezahlt, wenn in dieser zuvor Kreditkarte oder PayPal hinterlegt wurde. Auch eine gute Möglichkeit, ersten Kontakt zu den Einheimischen zu knüpfen!

Haben Sie mehrere **Zeitzonen** überquert, muss sich Ihr Körper erst an die neue Zeit gewöhnen, was zu Müdigkeit und Konzentrationsproblemen führen kann. Bei Flügen Richtung Westen dauert die Anpassung gewöhnlich etwas länger. Vermeiden Sie es also, gleich nach der Ankunft lange oder schwierige Autofahrten zu unternehmen. Auch wenn es schwerfällt: Passen Sie Ihren Schlafrhythmus schnellstmöglich an das Reiseland an. Gehen Sie erst ins Bett, wenn die Sonne untergeht, und stehen Sie konsequent auf, wenn es hell wird. Sie können dem Körper auch mit Melatonin helfen, das in den USA frei verkäuflich und in Deutschland als Circadin verschreibungspflichtig ist.

Mein Tipp

Betrügerische Taxifahrer gehören oft zur lokalen Folklore. Mit Diensten wie Uber ist man vor Übervorteilung sicher – und meist billiger unterwegs. Laden Sie sich die passende App schon vor der Reise herunter.

8

Entspannt unterwegs

AUTO FAHREN UND GEFAHREN WERDEN | REISEN MIT EINSCHRÄNKUNGEN | SPRACHE UND ÜBERSETZEN | MIT SCHMUTZ UND MENSCHENMASSEN UMGEHEN | SANITÄRE EINRICHTUNGEN | SHOPPING OHNE REUE |

Auf einer Reise geht immer irgendetwas schief. Ein Flug wird annulliert. Der Magen rebelliert. Der freundliche Einheimische hat Sie über den Tisch gezogen. Die Polizei hält Sie an und verlangt Schmiergeld. Es regnet den ganzen Tag. Sie haben die falschen Schuhe eingepackt. Ihr Allergiemittel liegt zu Hause auf dem Nachttisch. Die Sehenswürdigkeit, die Sie einmal im Leben sehen wollten, ist wegen Renovierung geschlossen. Ein einziges Desaster.

Ach was! Mit diesem Buch sind Sie so gut vorbereitet, dass Ihnen das nur selten passieren wird und Sie ansonsten damit fertigwerden. In aller Regel handelt es sich ja nicht um lebensbedrohliche Probleme, sondern solche, die schlimmstenfalls mit wenig Geld gelöst werden können. Das ist dann zwar blöd, aber es ist halt so. Und ist das nicht auch ein Teil des Abenteuers Reisen?

Damit Ihnen solche Zwischenfälle nicht den Urlaub verderben, gilt es, entspannt zu bleiben. Das ist leicht gesagt, aber auch nicht allzu schwer getan. Das Wichtigste ist dabei Folgendes:

- Stellen Sie sich darauf ein, dass irgendetwas passieren wird. Dann wird Sie nichts überraschen und Sie können sofort handeln.
- Ärgern Sie sich nicht. Das ändert nämlich gar nichts, außer dass Sie Ihr Gesicht verlieren und wertvolle Urlaubszeit verschwenden. Nehmen Sie es mit Humor oder sehen Sie es als schöne Geschichte für zu Hause an.
- Erkennen Sie das Wesentliche: Meist ist gar nichts sooo Schlimmes passiert.

• Lösen Sie das Problem halt. Wenn es geht.

• Und wenn nicht, nehmen Sie es als gottgegeben hin. Das ist die Gelegenheit, buddhistischen Gleichmut in der Praxis zu erproben.

• Es finden sich immer Menschen, die einem helfen. Doch, wirklich.

Cool bleiben bei Gepäckverlust

Für manche eine erschreckende Vorstellung, in der Praxis aber gar nicht so schlimm: Bei der Ankunft ist das Gepäck unauffindbar. Ja, das kommt vor, aber nur sehr selten. Bei Direktflügen praktisch gar nicht. Und fast immer findet sich der vermisste Koffer in kurzer Zeit wieder, zumal Sie ihn ja so gewählt beziehungsweise markiert haben, dass er leicht zu finden ist.

Ist das Gepäck nicht sofort auffindbar, können Sie die wichtigsten Sachen vor Ort schnell beschaffen. Dafür erhalten sie meist einen kleinen Betrag von der Airline. Bleibt es dauerhaft verschwunden, zahlt die Fluggesellschaft den Schaden (siehe Kapitel *Erste Reisevorbereitungen / Versicherungen*). Da Sie klugerweise alle wertvollen und wichtigen Dinge im Handgepäck verstaut haben, müssen Sie im Wesentlichen nur Ihre Garderobe ersetzen. Das kostet ein wenig Zeit, ist aber überall in der Welt problemlos möglich.

Mein Tipp

Machen Sie der Fluggesellschaft Druck. Fragen Sie vor Ort am Flughafen nach und lassen Sie sich den Raum mit den herrenlosen Gepäckstücken zeigen. Oft finden Sie Ihren Koffer dort selbst.

Auto fahren und gefahren werden

Auto fahren ist in vielen Ländern ein Erlebnis für sich. Wer es nicht scheut, sich an die landestypischen Fahrsitten – im Rahmen des Vertretbaren – anzupassen und nicht pedantisch auf die Befolgung der lokalen Straßenverkehrsordnung beharrt, wird sein Reiseland noch intensiver erleben.

Falls Sie dafür aufgeschlossen sind, informieren Sie sich vor der Reise am besten im Internet über die lokalen Regeln und Sitten im Straßenverkehr. Tatsächlich kann Auto fahren im Ausland auch außerordentlich angenehm sein: Verglichen mit dem morgendlichen Berufsverkehr in Nordrhein-Westfalen sind Highways im Westen der USA oft Stätten meditativer Entspannung.

Nun gibt es etliche Länder oder Gegenden, wie der Norden Pakistans, die Wüste Algeriens oder Madagaskar, in denen ein eigener Wagen sinnvoll ist, die lokale Fahrweise einem entspannten Fahren jedoch entgegensteht. Linksverkehr, rücksichtslose Fahrer, mangelhafte Sicherheitsausstattung, schlechte Straßen, Tiere auf der Fahrbahn, die Benutzung des Fernlichts als Standardeinstellung bei Nacht und eine schlechte oder fehlende Beschilderung können das Selbstfahren anstrengend machen. Wenn die Strecke schlecht ausgeschildert ist, können Sie das durch Google Maps oder ein anderes kostenloses Karten- oder Navi-Programm kompensieren – ohne einen Beifahrer, der beim Navigieren hilft, ist das aber eventuell stressig.

Richtig unschön ist, wenn Sie von Polizisten aufgefordert werden, Gebühren oder Strafen mit zweifelhafter Begründung zu zahlen. Und sollten Sie gegen alle Wahrscheinlichkeit einen Unfall haben, kann es ungemütlich werden. Fahren Sie zum Beispiel in Indien eine Kuh an, bringt Sie das dort gewiss in größere Schwierigkeiten als im Allgäu.

Die gute Nachricht ist, dass gerade in Ländern, in denen dergleichen der Fall sein könnte, ein Fahrer

Zurückhaltend
Ihr Fahrer wird von sich aus nicht viel reden und keine Musik im Wagen anmachen. Wenn Sie das möchten, sagen Sie es einfach.

zum Wagen gleich dazu gemietet werden kann. Das kostet oft kaum mehr, ist manchmal sogar günstiger, da die Mietwagenfirmen so ihr Risiko reduzieren. Hier sollten Sie nicht lange überlegen. Wenn Sie nicht völlig misanthrop sind, nehmen Sie den Fahrer mit dazu.

Sie genießen dann nicht nur alle Vorteile eines Mietwagens, sondern müssen sich auch nicht ums Tanken oder irgendwelche Schäden etc. kümmern. Wenn die Polizei sich ein Zubrot verdienen will, macht sie das mit Ihrem Fahrer aus. Und der wird auch den Wagen immer schön sauber halten.

Das Beste aber ist: Wenn der Fahrer ein wenig Englisch spricht und nicht auf den Mund gefallen ist, haben Sie quasi einen kostenlosen Guide dabei. Stellen Sie ihm einfach ein paar Fragen, nette Gespräche entwickeln sich und Sie bekommen Tipps für Sehenswürdigkeiten, die Sie sonst nie gesehen hätten. Vielleicht nimmt der Fahrer Sie mit in seinen Lieblingstempel oder gar zu sich nach Hause?

In aller Regel wird Ihr Fahrer höflich und freundlich sein, da er weiß, dass zufriedene Kunden am Ende der Reise Trinkgeld geben. Sollten Sie Pech haben und ihr Fahrer hasst sich und seinen Job und möchte nur schnellstmöglich zum Ziel kommen, egal wie dunkel oder gefährlich die Strecke ist, hilft notfalls ein Telefonat mit seinem Chef.

Womit Sie allerdings leben müssen, ist, dass der Fahrer weniger komfortabel nächtigt als Sie selbst. In Südasien ist es auf den großen Touri-Strecken oft so, dass der Fahrer kostenlos in dem Hotel nächtigt, in dem Sie selbst schlafen, welches dafür eigene

Räume vorhält. Wo dies nicht möglich ist, wird sich der Fahrer ein billiges Zimmer nehmen – er weiß, wo es das gibt – oder im Auto schlafen.

Falls Sie selbst fahren, brauchen Sie keine Angst zu haben, dass Ihnen ein kleiner Kratzer angelastet oder untergeschoben wird. In der Regel sind Mietwagenfirmen recht kulant: Zum einen kommen wahrscheinlich noch etliche weitere Kratzer von anderen Fahrern hinzu, zum anderen wird der Wagen vor dem Verkauf ohnehin aufbereitet. Zudem haben die nicht sonderlich gut bezahlten Angestellten der Mietwagenstation wenig Interesse, sich mit Ihnen wegen solcher Kinkerlitzchen zu streiten.

Davon unabhängig sollten Sie natürlich das Übernahmeprotokoll prüfen und nicht aufgeführte Schäden aufnehmen lassen. Das wird umstandslos gemacht. Ein Wagen mit Vorschäden ist letztlich das Beste, das Ihnen passieren kann: Wenn die Tür schon einen Kratzer hat, wird man einen zweiten kaum monieren. Schließlich wird man sie nicht zweimal lackieren. Gleichwohl: Fahren Sie vorsichtig.

Übernahme

Neben dem Übergabeprotokoll bei Übernahme des Mietwagens sollten Sie bei Vorschäden auch Fotos machen. So können Sie belegen, wie groß der Schaden schon war, als Sie den Wagen bekommen haben.

Reisen mit Einschränkungen

Zuhause bleiben wegen einer körperlichen Einschränkung? Das muss nicht sein. Hilfe ist oft leichter und günstiger zu bekommen, als man denkt – so werden auch exotische Ziele erreichbar.

Wer aus Altersgründen oder wegen einer Behinderung in seiner Mobilität eingeschränkt ist, braucht auf das Reisen nicht zu verzichten.

Leider ist die Infrastruktur in weiten Teilen der Welt kaum oder gar nicht an Rollstuhlfahrer oder Gehbehinderte angepasst. In Großstädten wie Mumbai oder Kuala Lumpur können hohe Bürgersteigkanten, schiefe Gehwegplatten, herumliegender Schutt oder offene Kanalzugänge schon Fußgängern ohne körperliche Einschränkungen zum Verhängnis werden. Zudem finden sich oft Bäume oder Verkaufsstände auf Gehwegen.[9] Auch die Überquerung von Straßen kann mangels Ampeln oft abenteuerlich sein – wenn diese nicht ohnehin, wie andere Verkehrsregeln auch, als unverbindliche Empfehlung betrachtet werden.

Aber: Auch wenn die Unternehmungen am Reiseziel auf die Einschränkungen abgestimmt werden müssen, schließt dies keineswegs weniger entwickelte Länder aus. Es bedarf lediglich einer intensiveren Planung und Vorbereitung, um eventuelle Misslichkeiten zu umgehen. Tatsächlich kann gerade in Entwicklungs- und Schwellenländern (in denen alte Menschen oft besonderen Respekt genießen) gut auf die individuellen Anforderungen eingegangen werden, da helfende Hände erschwinglich und leicht zu organisieren sind. In Indien beispielsweise lassen sich mit der Hilfe bereitstehender Träger selbst Tempelberge mit Tausenden Stufen bezwingen.

[9] In einigen Großstädten, zum Beispiel in Delhi oder Lahore, werden gelegentlich mitten auf den Bürgersteig Bäume gepflanzt. Die sind zwar wunderbare Schattenspender, wachsen aber mangels Schnitt oft so, dass die Äste auf Kopfhöhe oder tiefer liegen und man nur gebückt, wenn überhaupt, an ihnen vorbeikommt. Notfalls muss man auf die Straße ausweichen.

Rundreisen per Mietwagen mit Fahrer sind zudem günstig und vor allem sehr flexibel zu gestalten. Bei der Wahl des Hotels (und zum Teil der Sehenswürdigkeiten) ist natürlich darauf zu achten, dass diese für Gehbehinderte ohne größere Höhenunterschiede zu bewältigen sind. Die Einschaltung eines Tour Operators vor Ort, der die lokalen Gegebenheiten kennt und die Reise nach Ihren Anforderungen gestaltet, kann dabei nützlich sein.

Fluggesellschaften unterstützen Geh- oder Sehbehinderte intensiv. Auf dem Weg zum Check-in und zum Flugzeug kann man Sie zum Beispiel in einem Elektrowagen transportieren. Hilfe wird auch beim Einchecken und der Aufgabe von Gepäck und Mobilitätshilfen geleistet, beim Ein- und Aussteigen, beim Abholen des Gepäcks und beim Verlassen des Flughafens. Zum Teil wird sogar ein Service beim Flughafenwechsel geboten. Üblicherweise steigen gebrechliche Menschen und körperlich Behinderte als Erste ein und als Letzte aus, um den Prozess so bequem wie möglich zu machen.

Gute Airlines wie beispielsweise Air France bieten einen Rundum-Service an, der auch die Abholung zu Hause mit einschließt (rechtzeitige Buchung erforderlich) sowie eine Begleitperson für den Einkauf am Flughafen. Begleithunde dürfen mit in die Kabine genommen werden. Zudem haben Menschen mit körperlicher Behinderung üblicherweise Anspruch auf zusätzliches Freigepäck, zum Beispiel für einen Rollstuhl. Um die erforderliche Hilfe zu bekommen, sollten Sie sich bereits vor der Buchung mit der Fluggesellschaft in Verbindung setzen.

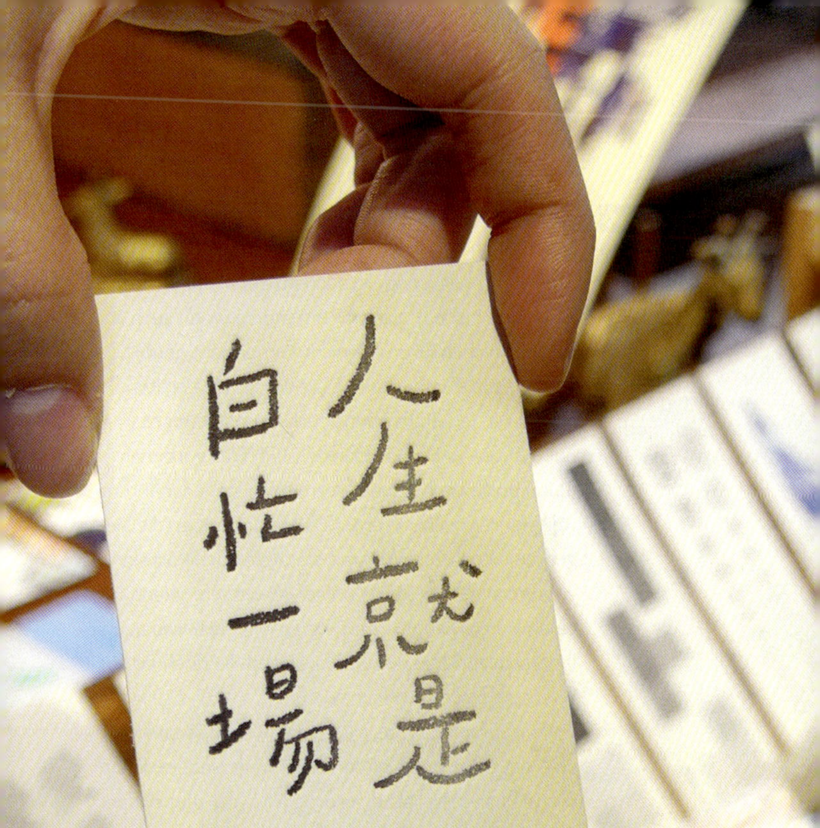

Sprache und Übersetzen

Die Landessprache zu sprechen, ist der beste Weg, Leute kennenzulernen und viel vom Land zu erfahren. Sie werden für eine Reise aber vermutlich weder Arabisch und Mandarin oder gar Tagalog oder Lao lernen wollen – zumal es in vielen Ländern mehrere relevante Sprachen gibt. Falls Sie für Ihre Indien-Tour in gutem Glauben Hindi gelernt haben, werden Sie in Chennai feststellen, dass man dort Tamil spricht.

Übrigens

Selbst wenn Sie über keine Sprachkenntnisse oder sonstige Hilfsmittel verfügen, werden Sie sich immer irgendwie verständlich machen können. Versprochen!

Sprachen von breiterem Nutzen sind Englisch, Spanisch und Russisch. Letzteres wird nicht nur in Russland selbst, sondern auch im Baltikum, im Kaukasus und in Zentralasien verstanden, wenn auch aus geschichtlichen Gründen nicht immer gern gehört.

Ein paar Ausdrücke der Landessprache sollten Sie aber in jedem Fall beherrschen und wenn es nur „Guten Tag“ und „Danke“ sind. Das wird man Ihnen positiv anrechnen. Vermutlich stehen in Ihrem Reiseführer einige Worte, Zahlen und Sätze, die Sie gebrauchen können. Damit Sie diese auch korrekt aussprechen, fragen Sie einfach jemanden. Wenn Sie einen Fahrer haben – perfekt! Er wird sich freuen, mit Ihnen einige Sätze einzuüben, zeigen Sie doch echtes Interesse an seiner Heimat.

Für Sprachbegabte, Hardcore-Reisende und solche, die allein in Gegenden unterwegs sind, in denen nur die Landessprache gesprochen wird, gibt es spezielle Sprachführer, etwa von Lonely Planet oder die Kauderwelsch-Reihe von Reise Know-How. Sollten Sie ganz und gar sprachlich unbegabt sein, zeigen Sie Ihrem Gegenüber einfach den entsprechenden Satz im Sprachführer und hoffen, dass dieser a) lesen kann und b) die Übersetzung korrekt ist.

Eine gute Option sind Wörterbücher für Telefon und Tablet sowie Übersetzungsprogramme. Gute Apps kosten meist etwas, Google Übersetzer ist hingegen kostenlos und kann auch offline benutzt werden, wenn die jeweilige Sprache zuvor heruntergeladen wurde.

Mit Schmutz und Menschenmassen umgehen

Wenn Sie in einer Großstadt wie Köln oder Berlin wohnen, sind Sie vermutlich schon einiges gewohnt. Das bereitet allerdings nur wenig auf die Luftverschmutzung, den Lärm und den Verkehr manch einer asiatischen oder afrikanischen Metropole vor. Die ersten Stunden in Delhi oder Kairo haben schon bei manchem die Reisefreude nachhaltig getrübt.

Wenn Sie mit dergleichen Probleme haben, gibt es zwei Alternativen: Entweder Sie verlassen die Metropolen schnellstmöglich und reisen durch weniger belebte Regionen – zumindest so lange, bis Sie sich mit dem Land so weit angefreundet haben, dass Sie auch in einer 15-Millionen-Stadt zurechtkommen. Oder Sie wählen Ihr Reiseziel von vorneherein so, dass Sie vor Ort Sauberkeit, Hygiene, Ruhe, gute Organisation und Höflichkeit erwarten können. Einziger Nachteil: Bei Ihrer Rückkehr wird Ihnen der Unterschied zwischen Ihrer Heimat und Städten wie Ashgabat oder Tokio unangenehm auffallen.

Als Leser dieses Buches werden Sie sich früher oder später auch an „schwierigere" Länder herantrauen. Dabei gilt es, eine gewisse Grundgelassenheit zu erlangen – bei Bedarf unterstützt von Autogenem Training. Passen Sie Ihr Verhalten den Einheimischen an: Hupen Sie bis zum Tinnitus. Wirft man Essensreste auf die Straße, tun Sie es auch, selbst wenn es schwerfällt. Vielleicht freut sich ja ein Hund oder eine Heilige Kuh darüber. Gehen Sie in die Kirche oder Moschee. Machen Sie einfach mit. Seien Sie ein anderer als zu Hause. Das kann durchaus befreiend sein und bringt Sie den Menschen des Reiselandes näher.

Was Staub und Schmutz angeht: Kleidung und Hände kann man waschen. Desinfektionsmittel haben Sie dabei. Und Lärm bekämpfen Sie mit Ohrenstöpseln oder übertönen ihn per Kopfhörer mit Musik oder Entspannungsklängen vom Telefon. Findet eine lautstarke Feier oder Hochzeit in Ihrem Hotel statt, gehen Sie hin, feiern Sie mit. Oft wird man sich freuen, einen „Exoten“ dabeizuhaben – wahrscheinlich wird dies eines der schönsten Erlebnisse auf Ihrer Reise.

Mehr abverlangt wird Ihnen eventuell beim Thema Ungeziefer. Typische Ärgernisse im Zimmer sind Mücken, Kakerlaken und – sehr selten – Bettwanzen oder Flöhe. Mäusen oder Ratten wird man in den Tropen häufiger begegnen als hierzulande und dass eines dieser Tierchen durch ein Restaurant wuselt, soll gelegentlich auch vorkommen. Hier sollten Sie, wenn Sie diesbezüglich einen besonderen Widerwillen verspüren, versuchen, sich auf die Anwesenheit solcher Geschöpfe mental vorzubereiten. Erwartet man dergleichen, ist es weniger schlimm, als wenn es unerwartet geschieht.

Wie Ungeziefer konkret bekämpft wird, erfahren sie im Kapitel *Gesund unterwegs.* Ignorieren sollte man es nicht. Davon abgesehen kann durch die Wahl des Reiseziels und nicht zuletzt der Hotelkategorie der Kontakt mit unerwünschtem Getier deutlich reduziert, wenn nicht ausgeschlossen werden. Je höher die Lage und je kälter das Reiseziel, so die Faustregel, umso eher werden Sie verschont.

Mentale Vorbereitung

Unvermutet Auge in Auge mit unbekannten Krabbeltieren zu stehen, kann unangenehm sein. Wer darauf eingestellt ist, kommt damit besser zurecht.

Sanitäre Einrichtungen

Besonderen Schrecken verbreitet die Vorstellung, keine hygienisch saubere Toilette in der bekannten „westlichen“ Form vorzufinden. Diese Furcht ist in jeder Hinsicht übertrieben. Auch in sehr einfachen Hotels werden Sie fast immer eine einwandfrei saubere Sitztoilette finden. Falls nicht, so können Sie hygienische Probleme leicht beheben (lassen) und werden bei anderen Toilettenausführungen feststellen, dass diese zwar ungewohnt sein mögen, aber auch Vorteile aufweisen. Auch beim Baden und Duschen können Ihnen einige Besonderheiten begegnen, aber nichts, das Sie daran hindern wird, sich angemessen zu waschen.

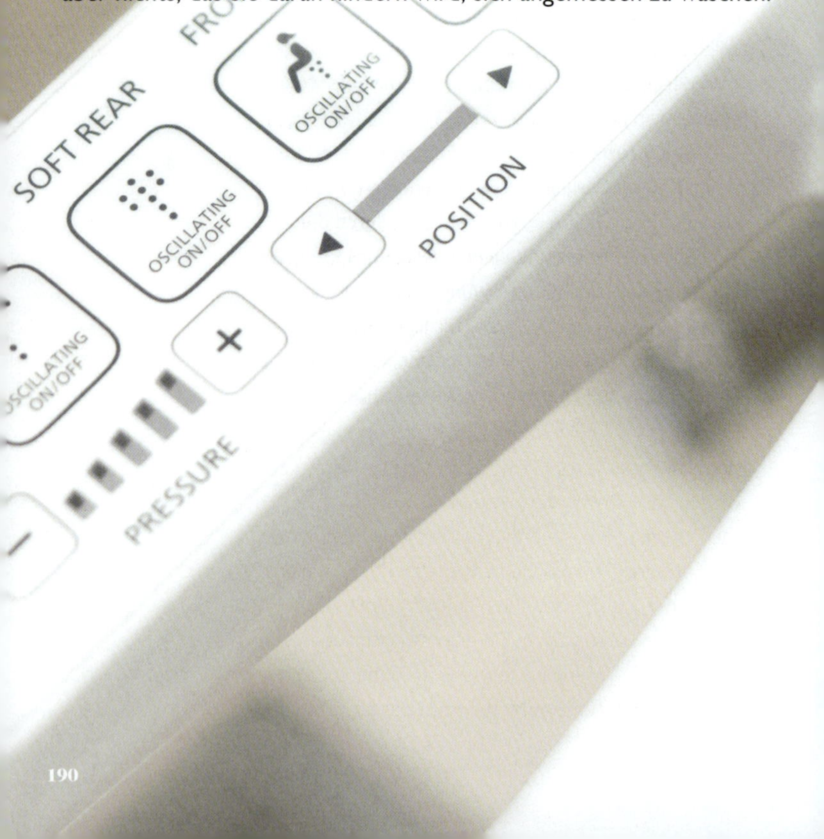

Toilettenhygiene

Die Toilette in Ihrer Unterkunft wird sehr wahrscheinlich völlig sauber sein. Gibt es sichtbaren Schmutz, bitten Sie einfach das Hotel, tätig zu werden. Unabhängig davon kann es nicht schaden, die Toilette, auch wenn sie sauber aussieht, mit Hilfe von Tüchern oder einer Sprühflasche zu desinfizieren. Wenn Sie sich damit wohler fühlen, können Sie das selbstverständlich auch dann tun, wenn ein Papierstreifen auf dem Toilettensitz auf eine bereits erfolgte Desinfektion hinweist.

Probleme sind – wie hierzulande auch – eher bei öffentlichen Toiletten zu erwarten. Dort ist neben der in jedem Fall sinnvollen Desinfektion auch die Mitnahme von Toilettenpapier (oder feuchten Tüchern) zu empfehlen, dessen Vorhandensein nicht garantiert ist.

In einigen Ländern werden Sie gebeten, kein Papier in den Abfluss zu werfen, da dies zu Verstopfungen führen kann. Verwenden Sie dann, auch wenn es unschön ist, den beistehenden Papierkorb. Viel besser hingegen ist die in diesen Fällen regelmäßig zur Verfügung stehende Reinigung mit Wasser: Entweder gibt es einen Schlauch mit Kippschalter, der volle Reinigungskraft dorthin bringt, wo sie benötigt wird, oder zumindest eine Plastikkanne. Schlauch wie Kanne bedienen sie mit der rechten Hand und mit der linken helfen Sie lokal etwas nach (dies ist auch der Grund, warum man in den entsprechenden Ländern immer nur mit der rechten Hand isst). Sollte Ihnen das zuwider sein, packen Sie einen Waschlappen ein. In jedem Fall werden Sie feststellen: Sauberer und hygienischer als unsere Methode ist das allemal.

Wasser marsch!

Toiletten mit eingebauter Dusche (Washlets) oder separater Brause sind hygienischer als die westliche Säuberung mit Papier. Probieren Sie es aus: Sie werden darauf nicht mehr verzichten wollen.

Spezielle Formen von Toiletten

Ungewohnt

An Hocktoiletten gewöhnt man sich schnell. Gewiss laden sie nicht zu längerem Aufenthalt ein, aber ihre Vorteile erkennt man rasch.

In Japan erwartet Sie maximaler Komfort. Dort sind Toiletten sogenannte Washlets, das heißt mit einer „Duschvorrichtung" ausgestattet, und zwar für die rückwärtige wie die vordere Anwendung. Stärke und Temperatur des Wasserstrahls kann man regulieren. Die Sitzfläche wird teils angewärmt oder gar beleuchtet. Hygiene, Sauberkeit und Komfort in Perfektion! Da erscheint die „europäische" Toilette wie ein Relikt von vorgestern. Dass Sie in Japan im Bad speziell dafür vorgesehene Plastikschuhe benutzen, rundet das Bild ab.

In sehr viel mehr Ländern werden Sie verschiedene Ausführungen der Hocktoilette finden. Diese ist ungewohnt, tatsächlich erleichtert sie aber den vorgesehenen Vorgang aus anatomischen Gründen. Menschen mit Verdauungsstörungen sollten sich also freuen. Dass solche Toiletten, wenn sie sich im öffentlichen Bereich befinden, aufgrund der reichlichen Verwendung von Wasser und wegen des hereingetragenen Straßenstaubs häufig kein optisch ansprechendes Bild bieten, müssen Sie leider verkraften. Da Sie aber lediglich den Wasserschlauch oder die entsprechende Kanne anfassen müssen, deren Griffe leicht zu desinfizieren sind, und sonst mit nichts in Berührung kommen, ist die Hocktoilette im Zweifel hygienischer als die Sitzvariante.

Die extremste (und seltene) Form der Hocktoilette ist jene, bei der lediglich ein Loch im Boden vorhanden ist. Dies entspricht technisch dem, was bei uns als Plumpsklo bekannt ist. Auch das werden Sie überleben. Es empfiehlt sich allerdings, vor der Benutzung Wertgegenstände wie Schlüssel, Geldbörsen oder Telefone in sicherer Entfernung beiseitezulegen.

Dass überhaupt keine Toilette zur Verfügung steht, ist kein Szenario, das Sie fürchten müssen. Sie können immer jemanden fragen und dafür haben Sie sich vorher notiert (oder gelernt), was Toilette auf Urdu, Bengali oder Mandarin heißt. Im Ausland wird man auch selten Geld für die Benutzung einer Toilette verlangen oder darauf bestehen, dass sie nur von zahlenden Kunden benutzt wird.

Sollten Sie sich in der Wildnis befinden, verwenden Sie die mitgenommenen Taschentücher. Dabei gilt es, das Umfeld zu beachten: Sind wilde Tiere in der Nähe, bewaffnen Sie sich am besten mit einem Stock (auch gut zum Vertreiben von achtbeinigen Krabbeltieren) und einer Taschenlampe und entfernen Sie sich nicht zu weit vom Zelt.

Eine besondere Herausforderung ist der nächtliche Toilettengang in der (Sand-)Wüste. Dort werden Sie über die nächste Düne steigen wollen, um ein wenig allein zu sein. Merken Sie sich dabei gut den Weg, auf dem Sie kamen. Die verflixten Dünen sehen alle gleich aus und das schöne Sternenlicht hilft nur begrenzt bei der Orientierung. Schnell hat man sich verirrt und verbringt den Rest der kühlen Nacht im Freien. Sie können natürlich auch um Hilfe rufen, aber erstens ist das ziemlich peinlich und zweitens weht in der Wüste meist ein leichter Wind, aufgrund dessen man Sie vielleicht nicht hören wird. Bevor Sie mit dem Eigentlichen beginnen, graben Sie bitte eine kleine Vertiefung, die Sie anschließend wieder zuschütten. Da viele Gruppen an den immer gleichen Plätzen campen, ist es kein schöner Anblick, wenn überall Papier herumfliegt.

Duschen und baden

Zeitreise

Natürlich ist es ungewohnt, sich unter freiem Himmel oder mit einem Plastikeimer zu waschen. Dafür wissen Sie dann, wie es damals für Ihre Groß- und Urgroßeltern auf dem Land war.

In weniger entwickelten Ländern sind Badewannen selten. Auch Duschen bestehen bei günstigen Hotels in warmen Klimazonen oft lediglich aus einem fest installierten Duschkopf an der Wand. Auf eine Duschwanne und einen Duschvorhang wird gerne verzichtet. Folge: Nach dem Duschen ist das gesamte Bad pitschnass. Im Laufe des Tages trocknet das zwar; wenn man bis dahin aber noch ein paar Mal zwischen Bad und Zimmer hin- und herwechselt, und dann auch noch Teppichboden im Zimmer liegt, gibt das eine schöne Schweinerei. Für diesen Fall sollten daher ein paar Flip-Flops im Gepäck sein, die nur bei Betreten des Bads verwendet werden.

Im „schlimmsten" Fall finden sich lediglich ein Plastikzuber und eine Kanne zum Waschen. Sie werden sehen, so geht es auch. Oma hatte auf dem Bauernhof in der Eifel manchmal auch nicht mehr. Blöd ist lediglich, wenn es kein warmes Wasser gibt. In dem Fall reden Sie sich am besten ein, dass dies die Abwehrkräfte stärkt und total erfrischend ist.

So geht's auch (Szene aus der Republik Kongo).

Shopping ohne Reue

Einkaufen gehört zum Reisen einfach dazu. Ob es die günstige Markenware im amerikanischen Factory Outlet ist oder Produkte lokalen Handwerks – Shoppen macht Spaß. Vieles ist im Ausland deutlich billiger oder überhaupt nur dort erhältlich. Wenn Sie in der Lage sind, durch Ihr Einkaufsverhalten ein paar Kleinunternehmer zu fördern, prima. Vielleicht haben Sie auch die Möglichkeit, sich einen Produktionsprozess anzuschauen. Ist es nicht schön, zu wissen, wer auf welchem Webstuhl Ihren Seidenschal gewebt oder welcher Meister Ihren japanischen Whisky destilliert hat?

FOLGENDE FRAGEN SOLLTEN SIE SICH BEANTWORTEN:

KONTROLLFRAGEN GEGEN DEN SHOPPING-RAUSCH

1. *Brauche ich den Artikel wirklich oder will ich nur irgendetwas kaufen, das daheim verstauben wird?*
2. *Wird mir der Artikel auch zu Hause noch gefallen oder ist zu erwarten, dass der guatemaltekische Poncho in der heimischen Fußgängerzone nicht mehr so toll aussieht?*
3. *Bei Elektronik: Wie sieht es mit Garantie und Stromanschlüssen aus?*
4. *Bei Mitbringseln für Freunde und Verwandte: Werden diese meine Begeisterung darüber teilen? Würde ich es auch für mich selbst kaufen?*
5. *Bin ich sicher, dass ich die Waren legal erwerben, ausführen und zu Hause benutzen darf?*

KONTROLLFRAGEN GEGEN ÜBERHÖHTE PREISE

6. *Wurde das Geschäft von einem erstaunlich günstigen Taxi-Fahrer oder einem Reisebus angefahren?*
7. *Ist mir das Geschäft von einem Einheimischen empfohlen worden, der mit dem Inhaber sehr vertraut agiert oder gar verwandt ist?*
8. *Hat mich ein Verkäufer vor dem Laden angesprochen?*
9. *Befindet sich der Laden in einer typischen Touristengegend?*
10. *Sind dort nur Gruppen ausländischer Touristen anwesend oder kaufen auch Einheimische?*
11. *Ist dies der erste Laden mit dem besagten Angebot oder konnte ich die Preise mit anderen Läden vergleichen?*
12. *Habe ich gefeilscht oder nach einem Nachlass gefragt?*
13. *Habe ich bei Markenware einen Internet-Preisvergleich angestellt?*
14. *Ist der Preisvorteil groß genug und will ich den Artikel so sehr, dass ich bereit bin, ihn mit mir herumzuschleppen?*
15. *Kann ich die Echtheit der angebotenen Ware und die Angemessenheit der Preise beurteilen? Vorsicht bei Schmuck, Edelsteinen und Antiquitäten!*
16. *Wird Druck auf mich ausgeübt?*
17. *Habe ich eventuell anfallende Einfuhrumsatzsteuer und Zölle bedacht?*

9

Menschen begegnen und verstehen

MENSCHEN TREFFEN | SOZIALE UNTERSCHIEDE | KULTUR, RELIGION UND POLITIK |

Menschen treffen

Mit anderen Menschen in Kontakt zu kommen, können Sie auf Reisen gar nicht verhindern. Mit ihnen aber zu interagieren, ja, sie ein Stück weit kennenzulernen, etwas über ihr Leben und ihre Ansichten zu erfahren, gehört zu den wertvollsten Eindrücken und Erkenntnissen, die man von einer Reise mitnehmen kann. Es lohnt sich also, Begegnungen zu suchen oder zumindest zuzulassen.

Begrüßung

Ein gutes Gespräch beginnt mit einem freundlichen Gruß. Wer weiß, wie die korrekte Begrüßungsformel lautet und wie ein Gruß korrekt zu erwidern ist, hinterlässt einen guten ersten Eindruck. Ein Lächeln kann dabei meist nicht schaden. Berücksichtigen Sie aber die lokalen Gepflogenheiten: In streng islamischen Gesellschaften beispielsweise sind Kontakte zwischen Personen unterschiedlichen Geschlechts im privaten Bereich nicht vorgesehen und in der Öffentlichkeit eventuell heikel. Als Dame sollten Sie dann, falls die Ansprache eines einheimischen Mannes unumgänglich ist, gegebenenfalls auf ein Lächeln oder einen Handschlag verzichten.

Einladungen

Wenn Sie von Einheimischen eingeladen werden, ist eine gewisse Zurückhaltung angebracht, da die Einladung womöglich nur aus Höflichkeit ausgesprochen wurde. Sie unmittelbar anzunehmen, könnte Ihr Gegenüber in Verlegenheit stürzen. Zwar dürfen Sie die Einladung zu einem Glas Tee in einem Teehaus oder im Geschäft bedenkenlos annehmen – ohne sich zum Kauf eines Teppichs verpflichtet zu fühlen. Eine Einladung in das Haus eines Einheimischen sollten Sie hingegen zunächst ein- oder zweimal ablehnen – wenn dieser dann immer noch darauf besteht, ist sie ernst gemeint.

Ein landestypisches Gastgeschenk (zum Beispiel Süßigkeiten für Kinder oder Ältere) oder gar etwas aus der Heimat (Haribo, Schokolade, einen Bildband oder ein Bierglas) bringen Sie dann natürlich mit. Ist

Vorsicht

Nicht jede Einladung wird aus reiner Gastfreundschaft ausgesprochen. Schauen Sie in Ihrem Reiseführer, ob es an Ihrem Reiseort typische Betrugsmuster gibt. So kann Sie niemand überrumpeln. Besondere Vorsicht ist geboten, wenn Alkohol im Spiel ist.

3

TIPPS ZUM MENSCHEN KENNENLERNEN

1

Trauen Sie sich ruhig, Leute anzusprechen. Die meisten Menschen sind für ein Gespräch aufgeschlossen. Andere Alleinreisende sowieso. Was kann schon passieren? Niemand kennt Sie hier. Sprechen Sie interessante Menschen sofort an, bevor die Gelegenheit vorüber ist.

2

Lächeln und Freundlichkeit kommen immer gut an. Wer Zugänglichkeit signalisiert, wird auch selbst angesprochen. In der Landessprache ein paar Sätze zu beherrschen, wirkt Wunder. Aber auch wenn es hakt, macht das nichts, man erwartet von Ihnen ja keine Perfektion.

3

Vermeiden Sie Touristenhochburgen. Dort haben die Natives wahrscheinlich schon genug von den Bleichgesichtern. Oder wollen etwas verkaufen. Dann sollten Sie auch besonders darauf achten, dass Sie niemand versteht, wenn Sie über jemanden lästern.

das Geschenk verpackt, wird dieses oft aus Höflichkeit nicht in Anwesenheit des Gastes geöffnet.

Nicht ungewöhnlich ist auch, dass Männer und Frauen getrennt speisen und reden. Falls Sie als Paar reisen, ist dies eine gute Gelegenheit, die lokale Kultur von beiden Seiten kennenzulernen.

Natürlich gilt es bei Einladungen immer, den gesunden Menschenverstand zu benutzen: Alleinstehende Männer, die eine Dame zu sich nach Hause bitten, handeln in vielen Ländern derart gegen die lokalen Gepflogenheiten, dass Unannehmlichkeiten programmiert sind. Auch Einladungen zu Partys, ob durch Einzelpersonen oder Gruppen, verlangen Vorsicht.

Vorsicht ist auch beim Lob von Einrichtungsgegenständen angebracht: In besonders gastfreundlichen Ländern könnten sich Ihre Gastgeber verpflichtet fühlen, Ihnen das Familienerbstück zu schenken. Gerade für arme Menschen kann das Bewirten eines Gastes eine ruinöse Angelegenheit darstellen – lassen Sie dann in geeigneter Weise etwas Geld da.

Geschlechtertrennung

Dass Männer bei einer Einladung die Frau des Hauses nicht zu Gesicht bekommen, ist in konservativen Ländern nicht ungewöhnlich. Respektieren Sie das. Oder fragen Sie, ob Sie sich bei der Köchin bedanken können.

Gelegenheiten, Menschen zu treffen

Besuchen Sie Festivals, Gottesdienste und Sportveranstaltungen. Oft begegnen Sie ungeplant einer Prozession oder einem Tempelfest, aber natürlich können Sie auch vorher im Internet schauen, was wo läuft. Bei einem Football Match in Texas, einem Sumo-Turnier in Osaka oder beim Ostergottesdienst in La Paz lernen Sie vermutlich mehr über ein

Viele Einheimische freuen sich, wenn man Sie danach fragt, was sie gerade tun.

Volk als aus Ihrem Reiseführer. Auch in Museen und auf Wanderrouten können sich nette Bekanntschaften ergeben.

Oder schaffen Sie sich Ihr Event selbst: Besuchen eine Schule oder ein SOS-Kinderdorf. Gerade in Süd- und Südostasien und in ländlichen Gebieten freuen sich viele Lehrer und Schüler über ein wenig Abwechslung. Hätten Sie es als Kind in der Grundschule nicht auch aufregend gefunden, wäre in Ihrer Schule ein Chinese oder Australier aufgetaucht, um Ihrem Unterricht zu lauschen und ein paar Minuten über sein fernes Land zu reden? Dass Sie eine Tüte Süßigkeiten dabei haben, die Sie der Lehrerin als Belohnung für gute Schüler überlassen, versteht sich. Vielleicht übernehmen Sie auch eine Patenschaft in einem SOS-Kinderdorf – dort können Sie das Kind gleich persönlich kennenlernen statt nur durch Bilder.

Außergewöhnliche Eindrücke bietet der Besuch einer Fabrik oder anderen industriellen Anlage. Oder kennen Sie jemanden, der schon einmal eine Spinnerei in Thailand oder einen Schiffsfriedhof in Bangladesch besucht hat? Fragen Sie Ihren Tour Operator oder bitten Sie Ihren einheimischen Fahrer, bei der jeweiligen Firma zu fragen. Es klappt öfter, als man denkt.

Die Menschen auf den Philippinen sind nicht sonderlich hochgewachsen. Wer hätte gedacht, dass Basketball ausgerechnet dort so beliebt ist?

Sport verbindet

Überall, wo es warm ist, findet Sport draußen statt. Wenn Sie sportlich sind, fragen Sie, ob Sie mitmachen dürfen. In Indien oder Pakistan wird man Ihnen gerne die Grundlagen des Crickets beibringen.

Und wenn Sie weniger sportlich sind, schauen Sie einfach zu – auch dann wird man auf Sie aufmerksam werden, womit die Basis für eine Kontaktaufnahme gelegt wäre.

Interessante Gespräche ergeben sich auch mit Ihren Gastgebern. Bei Homestays, also der Unterbringung in einem Privathaus mit Familienanschluss, ist dies Bestandteil des Angebots. Der Komfort ist zwar begrenzt, dafür sind Sie den Einheimischen so nahe, wie es nur geht. Für Hotels und Gasthäuser gilt: Je kleiner die Unterkunft, umso eher wird sich ein Gespräch ergeben. Falls es einen Aufenthaltsraum gibt, findet sich unter den Gästen schnell jemand zum Plaudern – oder zum Mitreisen.

Auch in öffentlichen Verkehrsmitteln, insbesondere in Fernzügen oder Bussen, ergeben sich oft Kontakte und sind umso wahrscheinlicher, je einfacher das Verkehrsmittel ist. Die Teilnahme an Sprach-, Yoga-, Koch- und anderen Kursen ist ebenfalls erfolgversprechend.

Generell gilt

Die meisten Menschen freuen sich über das Interesse des „exotischen Fremden“ an ihrer Kultur.

Soziale Unterschiede

Als Deutscher, Österreicher oder Schweizer sind Sie ein geordnetes Staatswesen gewohnt, bei dem Menschen in Not geholfen wird und soziale Unterschiede durch Umverteilung abgefedert werden. Sie haben vermutlich ein neutrales oder eher pragmatisches Verhältnis zu religiösen Regeln und finden, dass Religion eine Privatangelegenheit ist. Anderen Lebensstilen und sexuellen Ausrichtungen stehen Sie tolerant gegenüber, aus Ihrer Sicht zählt jeder Mensch und jeder hat das Recht, sich zu verwirklichen. Das ist in vielen Ländern völlig anders.

Superreiche und Slums

Die Unterschiede zwischen Reich und Arm sind vielerorts weit ausgeprägter als bei uns und fallen auch stärker ins Auge. Es ist nichts Ungewöhnliches, an einem dunstverhangenen Morgen in Mumbai eine Familie zu beobachten, die, auf der Suche nach einer besseren Zukunft hierhergekommen, auf dem Gehweg übernachtet hat, während die Luxuskarosse eines Industriekapitäns oder eines Bollywoodstars vorüberzieht, oder aus dem Fenster eines 5-Sterne-Hotels direkt auf den Slum nebenan zu blicken. Soziale Unterschiede, die, wären sie nur halb so schlimm, in Europa oder Amerika zur Revolution führten, werden anderswo akzeptiert.

Die Einheimischen sind sich solcher sozialen Probleme und der damit verbundenen Klassengesellschaft natürlich ebenso bewusst wie der Ineffizienz staatlicher Einrichtungen, der systemimmanenten Korruption und mangelnden Rechtsstaatlichkeit – sie haben ja jeden Tag damit zu tun und sind nicht selten auch Profiteure des Systems. Oft genug wird dies aus religiösen Gründen oder angesichts der Aussichtslosigkeit, es zu ändern, hingenommen.

Es ist dennoch gut möglich, dass sich Menschen im Gespräch mit Ihnen darüber beklagen. Sie selbst sollten solche Themen aber eher nicht oder nur sehr vorsichtig ansprechen oder gar das leuchtende Beispiel Ihrer Heimat anführen. Andernfalls würden Sie die Menschen womöglich beschämen oder ihre patriotischen Gefühle verletzen, zumindest aber als Besserwisser empfunden werden, der sich in Dinge einmischt, die ihn nichts angehen. Sie selbst können an der Situation leider wenig ändern. Das hindert Sie

Es gibt gesündere und besser bezahlte Arbeiten als am Dhobi-Ghat: Open Air-Wäschereien in Mumbai, Indien

aber nicht daran, tätige Hilfe zu leisten, etwa offensichtlich armen Menschen etwas abzukaufen (selbst wenn Sie es nicht brauchen), Kinder mit Süßigkeiten zu erfreuen oder alte Kleidung zu verschenken. Noch schöner ist es natürlich, sich vor Ort oder von zu Hause aus über Vereine und Hilfsorganisationen unmittelbar für Benachteiligte zu engagieren, wenn man dies möchte.

In jedem Fall sollte es Sie nicht vom Reisen abhalten. Im Gegenteil: Gehen Sie tagsüber einmal durch einen Slum oder unterhalten Sie sich mit armen Menschen. Ihr Bild davon, was wirklich Armut bedeutet, wird dann differenzierter. Anders als es Spendenspots im Fernsehen suggerieren, besteht die Realität in armen Ländern nicht aus traurigen Kinderaugen. Arme Menschen müssen trotz aller berechtigter Sorgen nicht immer und überall komplett unglücklich sein. Das Glück eines Menschen hängt bekanntlich weniger vom absoluten Kontostand ab als vom Verhältnis des eigenen Wohlstands zu dem der Nachbarn.

Wenn Ihnen der Anblick von Armut schwerfällt, spricht das für Ihr gutes Herz. Deswegen aber die Reise zu solchen Zielen zu scheuen, hilft den Betroffenen auch nicht. Denen kommt es zweifellos eher zugute, wenn Sie im Lande sind, damit Arbeitsplätze schaffen und eventuell ihre abgelegte Jeans verschenken, als wenn Sie ihre hochmoralischen Ansichten zu Hause verbreiten und ins Wellness Resort nach St. Moritz fahren. Und vom Materiellen abgesehen kann natürlich auch eine höfliche und respektvolle Interaktion von gleich zu gleich einem armen Menschen wohltun.

Schwer erträglich

ist für manchen Reisenden der Anblick von bitterer Armut. Doch auch diese gehört zur Lebenswirklichkeit auf unserer Erde. Die Augen davor zu verschließen hilft den Menschen nicht.

Abwrackwerft bei Chittagong, Bangladesch: Arbeits- oder Umweltschutz Fehlanzeige

Kaufen oder nicht kaufen? Ein Dilemma

Weder müssen Sie alles gut finden, was Sie in fernen Ländern vorfinden, noch gibt es einen Grund, die eigene Kultur zu relativieren. Aber ändern werden Sie die ihres Reiseziels nicht und das sollten sie auch nicht versuchen. Wer mit missionarischem Anspruch auftritt, wird kaum das Herz der Menschen gewinnen und mit diesen in Kontakt kommen. Ganz abgesehen von dem Bild Ihres Heimatlandes, das Sie damit zeichnen. Denn das ist im Ausland meist sehr positiv.

Kinderarbeit

In Asien und Subsahara-Afrika ist Kinderarbeit nichts Ungewöhnliches. Auch dort, wo sie eigentlich verboten ist. Sie reicht vom Mithelfen auf dem Feld oder im Laden, was auch einen Lernzweck haben kann, bis zur ausbeuterischen Arbeit in Ziegeleien, Steinbrüchen und Schiffsfriedhöfen, als Straßenverkäufer oder in der Sexindustrie.

Begegnen Sie Kinderarbeit, stehen Sie vor einem Dilemma: Nehmen Sie sie in Anspruch, unterstützen Sie sie. Tun Sie es nicht, verweigern Sie dem Kind sein Einkommen.

Machen wir uns nichts vor: Wenn ein zehnjähriger Junge Ihren Koffer von dem bengalischen Raddampfer, auf dem Sie gereist sind, an Land tragen möchte, dann wird er das entweder mit Ihrem tun oder mit dem eines einheimischen Reisenden. Von Letzterem wird er eventuell weniger Geld bekommen. Und wenn Sie ablehnen, geht er morgen trotzdem nicht zur Schule. Letztlich gilt auch hier, dass Ihr Einfluss auf die lokalen Verhältnisse sehr begrenzt ist.

Engagieren

Vielleicht ist eine Lösung, die Dienstleistung (so sie nicht gefährlich ist) anzunehmen und angemessen zu honorieren und sich parallel bei einer privaten Hilfsorganisation zu engagieren, die solchen Kindern hilft. Aber das müssen Sie selbst entscheiden.

Kultur, Religion und Politik

Andere Länder, andere Sitten: Da ist der Kulturschock programmiert. Wer darauf vorbereitet ist, kann dem entspannt entgegensehen. Und vielleicht gar die eigenen Denk- und Verhaltensweisen hinterfragen?

Wenn Sie in Maskat zu unchristlicher Zeit vom Muezzin geweckt werden oder das Hotelpersonal in Kyoto sich so lange vor Ihnen verbeugt, bis sich die Türen des Fahrstuhls schließen, wird deutlich, dass religiöse, kulturelle und gesellschaftliche Regeln im Ausland oft strenger sind und stärker in das Leben eingreifen als daheim. Auch wenn es nicht immer auf den ersten Blick erkennbar ist, so herrscht in vielen Teilen der Welt doch meist eine erheblich konservativere Kultur als hierzulande. Welchen Stellenwert Familie, Tradition, Status, Respekt, Ehre und nicht zuletzt, untrennbar mit der Kultur verwoben, die Religion haben, können bei uns viele Menschen kaum noch nachvollziehen. All dies ist aber für das Verständnis Ihres Reiselandes von entscheidender Bedeutung, da sich daraus ableitet, welches Verhalten adäquat ist – oder eben nicht.

Gleichwohl: Lassen Sie sich vom äußeren Anschein nicht täuschen. Die Wirklichkeit ist oft differenzierter, als es Bilder von bärtigen alten Männern und verschleierten Frauen suggerieren. Wer weiß schon, dass – auch wenn niemand davon wissen darf – selbst in einem erzkonservativen Land wie Saudi-Arabien rauschende Partys mit reichlich Alkohol gefeiert werden? Oder dass im Parlament des nicht eben für Gleichberechtigung bekannten Pakistans gesetzlich eine Anzahl von Sitzen für Frauen reserviert ist?

Frauen
sind in vielen Ländern von Gleichberechtigung noch weit entfernt. Jedenfalls in der Öffentlichkeit. Oft führt die Ehefrau im Haus ein strenges Regiment.

Wie soll ich mich in konservativen Gesellschaften verhalten?

In aller Regel wird von ausländischen Reisenden nicht mehr erwartet als gutes Benehmen. Dazu gehört neben dem landestypischen Niveau von Höflichkeit und nicht zu freizügiger Kleidung vor allem der Respekt vor Religion und Kultur des Reiselandes. Wenn dies bedeutet, vor dem Betreten einer Moschee die Schuhe abzulegen, ist dies ja kein großer Aufwand. Wenn Sie nun noch ein paar Sätze in Landessprache anwenden können, haben Sie als Gast schon viel getan. Falls Sie unwissentlich gegen gesellschaftliche Regeln verstoßen, wird man Ihnen dies entweder verzeihen oder Sie schlimmstenfalls – mehr oder weniger freundlich – auf das korrekte Verhalten

Sadhus in Dwarka, Gujarat, begrüßen die Morgensonne.

hinweisen. Wenn Sie sich nicht sicher sind, ob etwas gern gesehen ist – fragen Sie einfach.

Die lokalen Gepflogenheiten, selbst wenn Sie Ihnen im ersten Moment unsinnig oder antiquiert erscheinen mögen, sollten Sie in jedem Fall nicht in Frage stellen. Dies würde verständlicherweise als unhöflich empfunden – oder fänden Sie es angemessen, wenn ein ausländischer Gast sich über Ihre Traditionen und Bräuche mokierte? „Social Justice Warriors" sind selten gern gesehen und schon gar nicht, wenn sie aus dem Ausland kommen. Versuchen Sie also nicht, einem Texaner sein Recht auszureden, Waffen zu tragen. Wenn die öffentliche Zurschaustellung von Zuneigung als unanständig oder gar skandalös erachtet wird – selbst Händchen haltend spazieren zu gehen, ist in Indien und vielen muslimisch geprägten Ländern freundschaftlich verbundenen Jungen oder Männern vorbehalten – dann verzichten Sie halt darauf, sich außerhalb des Hotels zu umarmen oder gar zu küssen. Und falls man Ihnen als Mann bei einer Einladung nicht die Dame des Hauses vorstellt oder Ihnen als Frau nicht die Hand reicht, dann ist das halt so. Es ist ja meist nicht abwertend gemeint, sondern lediglich das vor Ort normale oder korrekte Benehmen.

Respekt

Man muss nicht alles gut finden, was einem im Ausland begegnet. Die lokalen Sitten zu respektieren ist gleichwohl ein Gebot der Höflichkeit.

Nun bringen jene Gepflogenheiten leider manchmal Nachteile mit sich. Dort, wo voreheliche Beziehungen verpönt sind, wird man Ihnen womöglich ein Hotelzimmer verweigern, wenn Sie nicht verheiratet sind. Dort, wo Liebe unter Männern strafbar ist,[10]

[10] Dort, wo das der Fall ist, ist die – undenkbare – Liebe unter Frauen übrigens meist nicht geregelt.

Flunkern erlaubt

Seien sie kreativ, wenn eine ehrliche Antwort Sie in Misskredit bringen würde. So bleibt das Gespräch harmonisch.

können die Probleme noch schwerwiegender sein. Um schief angesehen oder gar moralisch belehrt zu werden, reicht es allerdings oft schon aus, wenn Sie den gesellschaftlichen Erwartungen an einen Mann oder eine Frau in Ihrem Alter nicht entsprechen: Dass zum Beispiel jemand mit Mitte dreißig noch unverheiratet ist oder keine Kinder hat, geht in Südasien oder arabischen Ländern über die Vorstellungskraft vieler Menschen hinaus. Auf Unverständnis oder gar offene Feindseligkeit kann stoßen, wer sich als Atheist zu erkennen gibt.

Für solche Fälle gibt es eine einfache Lösung: Erzählen Sie den Menschen, was sie hören wollen. Natürlich sind Sie verheiratet. Selbstverständlich haben Sie Kinder, und zwar mindestens zwei Söhne, wie Sie vielleicht sogar mit Fotos Ihrer Nichten und Neffen belegen können. Eine angesehene Position in Ihrer Firma haben Sie natürlich auch. Und im Zweifel sind Sie Christ oder zumindest „nicht besonders religiös".

So Sie nicht vorhaben, einen langfristigen Kontakt zu knüpfen, ist es völlig in Ordnung, ein wenig zu flunkern. Es verschafft Ihnen nicht nur Respekt und Status, sondern erfüllt vor allem die Erwartungen Ihrer Gesprächspartner. Vergessen Sie dabei aber nicht, Ihren Teil beizutragen und Ihr Gegenüber zu seiner Kinderschar zu beglückwünschen und sich nach deren Wohlergehen zu erkundigen (Fragen über die Ehefrau Ihres Gesprächspartners sind jedoch oft unwillkommen).

Kann ich schwierige Themen wie Religion und Politik ansprechen?

Natürlich können Sie das, Sie sollten es sogar, um mehr über Land und Leute zu erfahren. Sie werden erstaunt sein, wie leicht Sie ein Lächeln auf das Gesicht der Einheimischen zaubern können, wenn Sie sich für ihre Religion interessieren. Da diese für die Menschen oft von großer Bedeutung ist und Teil ihres persönlichen und nationalen Stolzes – gerade, wenn das Land ansonsten schwerwiegende Probleme hat – freuen sich viele, Ihnen darüber etwas zu erzählen. Stellen Sie sich das in etwa so vor, als fragte Sie jemand nach Ihrem Lieblingsverein oder Ihrem Hobby – wie schön, andere daran teilhaben zu lassen.

Stellen Sie einfach höflich und respektvoll Fragen und hören Sie zu. Als unwissendem, aber lernbegierigem Ausländer wird man Ihnen auch dumme Fragen verzeihen. So erfahren Sie vielleicht aus erster Hand, dass der so aufgeschlossen und modern wirkende Araber seine Tochter niemals einem Ungläubigen wie Ihnen zur Frau geben würde. Oder dass der freundliche Inder es nach seinem Studium in den USA seinen Eltern überlassen wird, die richtige Frau für ihn zu finden. Oder Sie erleben, wie der jordanische Polizist, den Sie ein Stück im Auto mitnehmen, seiner Begeisterung über Hitler Ausdruck verleiht. Was Sie zu hören bekommen, mag Sie also gelegentlich schockieren. Aber es gibt keine bessere Methode, um Vorurteile auszuräumen, zu bestätigen oder zu justieren und die Welt ein bisschen besser zu verstehen. Die Realität ist oft anders und differenzierter, als es die heimischen Medien darstellen.

Die Strategie des neutralen Interesses empfiehlt sich in besonderem Maße für die lokale Politik betref-

Don´t mention the war

Sich für die Politik im Reiseland zu interessieren, ist eine gute Idee. Erkundigen Sie sich aber vorher, ob es kritische Themen gibt, die man besser meiden sollte.

fende Fragen. Denn vermutlich hat Ihr Gesprächspartner dazu eine ganz entschiedene Meinung und könnte Widerspruch eventuell nicht positiv aufnehmen. Seien Sie dann zurückhaltend und verzichten auf eigene Statements – schon deshalb, weil Ihnen die Eigenarten und Verwicklungen der lokalen Politik nicht vertraut sein können, nur weil Sie ein paar Artikel in Ihrer Tageszeitung dazu gelesen haben. Vermutlich ist die Lage wesentlich komplexer und ob dann die typischen Antworten etwa der deutschen Politik passen würden, ist zweifelhaft.

Seien Sie sich außerdem bewusst, dass das Interesse für Religion, Kultur und Politik oft ein einseitiges ist. Man schätzt Ihr Interesse, man mag auch akzeptieren, dass Sie einen anderen Glauben haben, über die Besonderheiten und Vorzüge desselben möchte man hingegen eher nicht informiert werden.

Schuhe mitnehmen?

Falls Sie Zweifel haben, ob Sie Ihre Schuhe nach dem Betreten des Gotteshauses wiederbekommen (nicht immer werden die Schuhe bewacht oder Marken ausgegeben), können Sie diese auch in einer Tüte oder besser im Rucksack mit hineinnehmen. Ihre Socken können Sie anbehalten, was bei sehr heißen, kalten oder schmutzigen (Vogelkot!) Böden angenehm ist. Die Socken sollten natürlich keine Löcher haben.

Verhalten in Gotteshäusern

In Kirchen, Synagogen, Moscheen und Tempeln ist knappe Kleidung unangebracht, insbesondere kurze Hosen und Röcke, aber auch Schulterfreies.[11] Auf alle weiteren Erfordernisse wird man Sie hinweisen: In Synagogen oder an der Klagemauer in Jerusalem steht die korrekte Kopfbedeckung bereit, in Moscheen und Hindu- oder Sikhtempeln sind die Schuhe auszuziehen. Teils werden diese vor dem Eingang stehen gelassen, teils stehen bewachte (meist kostenpflichtig) oder unbewachte Regale zur Verfügung. In manche

[11] Nicht in allen Kirchen, Synagogen, Moscheen und Tempeln sind Besucher willkommen – informieren Sie sich also vorab, damit Sie vor Ort keine Enttäuschung erleben.

Hindu- oder Jaintempeln dürfen keine Lederartikel gebracht werden. Das betrifft zum Beispiel Gürtel und Geldbörse. Aus Sicherheitsgründen kann in besonders gefährdeten Stätten auch jegliche Elektronik einschließlich des Handys verboten sein. Selbst eine SIM-Karte mag moniert werden.

Im Gotteshaus selbst vertrauen Sie Ihrem gesunden Menschenverstand. Reden Sie nicht unnötig laut, stellen Sie sich nicht zwischen Gläubige und das, was sie gerade anbeten, seien Sie zurückhaltend mit der Kamera, respektieren Sie Priester.

Mein Tipp

Geben Sie verbotene Gegenstände Ihrem Fahrer zur Aufbewahrung. Notfalls kommt auch ein Wachmann oder Polizist in Frage – vergewissern Sie sich aber, dass der später auch noch da ist.

Umgang mit Tieren

Zur Kultur eines Landes gehört auch die Art und Weise, wie mit Tieren umgegangen wird. Zu sehen, wie diese andernorts behandelt werden, kann schmerzlich sein. Zwar gibt es auch sehr tierfreundliche Strömungen wie die der Jains und Buddhisten, aber im Allgemeinen werden Tiere eher als Nutztiere und Fleischlieferanten angesehen und nicht als Mitgeschöpfe mit eigener Würde.

Hier möge man sich daran erinnern, dass dies in unseren Breiten vor gar nicht allzu langer Zeit auch so war – ja mit Blick auf die Tierhaltung in Großbetrieben oder die Behandlung von Rennhunden auch immer noch so ist. Und ob die Haltung manches Handtaschenhundes wirklich artgerecht oder respektvoll gegenüber der Kreatur ist, möge der Leser selbst entscheiden. Vielleicht möchten Sie aber auch selbst aktiv werden und eine Tierschutzorganisation im Reiseland besuchen und unterstützen?

Liebe et cetera

Fern vom täglichen Stress des Berufslebens und unter dem Einfluss eines exotischen Umfelds ist es leicht, sich zu verlieben – sei es für einen Urlaubsflirt oder als Beginn einer dauerhaften Beziehung. Dass der Verstand dabei nicht völlig ausgeschaltet werden sollte, versteht sich. Insbesondere für den Fall der Absicht einer über den Reisezeitraum hinausgehenden Beziehung sollten die Implikationen der unterschiedlichen kulturellen und religiösen Prägung bedacht werden. Diese mag einen besonderen Reiz ausüben, könnte sich jedoch im täglichen Leben auch als problematisch erweisen. Dies gilt für beide Geschlechter, die Folgen sind für Frauen aber potentiell gravierender, wenn daraus beispielsweise eine Schwangerschaft entsteht. Auch sind die Vorstellungen von der Rolle der Frau oder von ehelicher Treue in anderen Kulturen nicht unbedingt mit einem Selbstverständnis als unabhängiger, selbstbewusster Frau vereinbar. Ein problematisches Phänomen sind in einigen Ländern junge Männer, die es auf das Geld vermeintlich wohlhabender Touristinnen abgesehen haben. Natürlich überwindet die Liebe gelegentlich auch Kultur- und Altersgrenzen. Bei einem deutlich jüngeren Liebhaber sollte man sich aber bewusst machen, dass die blumigen Komplimente, die vorgetragen werden, vielleicht doch nur Ihrem Geld gewidmet sein könnten. Das gilt umso mehr in Ländern, in denen außereheliche Beziehungen tabu sind und üblicherweise die Eltern bei der Partnerwahl Einfluss nehmen. Wer eine solche Beziehung während des Urlaubs eingeht, sollte sich also der Befristung derselben bewusst sein und auch bei eventuellen finanziellen Zuwendungen die Umstände mitbedenken.

Aber auch in Ländern, in denen das Bezirzen von Touristinnen nicht quasi industriell betrieben wird, gilt: Allzu große Vertraulichkeit mit männlichen Einheimischen und sich gar von diesen nach Hause einladen zu lassen, ist nicht ungefährlich. Wenn lockere, gleichgestellte Beziehungen zwischen Unverheirateten in einem Land unüblich oder unmöglich sind, wird ein solches Verhalten rasch falsch interpretiert und vorausgesetzt, dass Sie zu allem bereit sind. Frauen, die aus dem landestypischen heiratsfähigen Alter heraus sind und denen als vermutete Ehefrau und Mutter eher Respekt entgegengebracht wird, haben hier weniger Probleme. Auch für Männer gilt: Die reizvolle Urlaubsbekanntschaft mag Ihnen von Herzen zugetan sein und vielleicht wird daraus eine glückliche Beziehung – das gibt es ja durchaus. Dass gerade in weniger wohlhabenden Ländern das Ziel, sich über eine Heirat ein Leben in (relativem) Luxus zu ermöglichen, auch eine Rolle spielen kann, sollte aber nicht vergessen werden; vielleicht gilt Nach-oben-Heiraten gar als normaler, wünschenswerter Weg. Wenn Sie also in einem konservativen Land wie Bangladesch oder in einer Party-Location wie Pattaya aktiv von einer Frau angesprochen werden, wissen Sie, was Sie erwarten kann. Um welche Beziehung es auch immer gehen mag – romantische Naturen sollten nicht dem Narrativ vom edlen Ritter erliegen, der das arme Mädchen aus dem Elend erlöst (oder umgekehrt). Bedenken Sie auch im Interesse des beiderseitigen Glücks: Die Vorstellungen Ihrer Bekanntschaft vom Glanz Ihres Lebens in Ingolstadt oder Dortmund sind womöglich übertrieben und das Zerplatzen des Traums dann nur eine Frage der Zeit.

Fazit

Es gilt also für Damen wie Herren: Seien Sie nicht naiv, handeln Sie so überlegt wie daheim. Vielleicht treffen Sie ja tatsächlich Ihren Traumpartner.

Moral und Reisen in Diktaturen

Gewissensfrage

Ob Sie es mit Ihrem Gewissen vereinbaren können, in totalitäre Staaten zu reisen, müssen Sie selbst entscheiden. Immerhin: Tourismus kann ein Stück weit zur Öffnung eines Landes beitragen.

Lupenreine Demokraten gibt es in vielen Ländern nicht. Auch Demokratien sind nicht immer frei von Populismus, Korruption oder Unterdrückung von Minderheiten. Das wirft ethische Fragen auf.

Wer nach Nordkorea reist, weiß, dass das dort ausgegebene Geld vollständig in die Kasse des Regimes fließt. Der Reisende ist insofern leider ein Stück weit für die Stabilisierung des Regimes und dessen permanente Menschenrechtsverletzungen mitverantwortlich. Das gilt natürlich nicht nur für Nordkorea, sondern im Grunde für alle andere Diktaturen, sozialistischen Paradiese, Gottesstaaten und Kleptokratien. Selbst wenn man die finanzielle Seite ignoriert, kann der Besuch solcher Länder durch die Beachtung lokaler Bräuche oder Vorschriften, zum Beispiel das Tragen eines Kopftuchs im Iran, als Aufwertung oder Unterstützung von Regierung und Kultur verstanden werden. Die Liste solcher Staaten ist leider lang. Wer wegen der aktuellen politi-

Diktaturen wissen zu beeindrucken: Indoor-Riesenrad in Ashgabat, Turkmenistan

schen Linie eines Landes oder aufgrund kultureller Differenzen – man denke etwa an das hinduistische Kastensystem, die Behandlung von Menschen mit Behinderungen und Minderheiten in vielen Ländern oder an Rassismus und übersteigerten Nationalismus, welche außerhalb Europas keineswegs weniger verbreitet sind als daheim – Ziele von der Reiseliste streicht, dem bleibt irgendwann nur noch Luxemburg. Jedenfalls, wenn man die gleichen hohen Anforderungen an alle Länder gleichermaßen anlegt. Wer wegen eines unliebsamen, aber demokratisch gewählten Präsidenten nicht mehr in die USA reisen möchte, jedoch freudig in den Flieger nach Peking oder Havanna steigt, möge seinen moralischen Kompass justieren.

Mein Tipp

Setzen Sie wenn möglich auf nicht-staatliche Tour Operator, Hotels und Restaurants. So kommt meist mehr Geld bei den Menschen an.

Letztlich ist intensives Reisen ohne die beschriebenen Nachteile nicht möglich. Jeder Reisende muss für sich entscheiden, ob und wie weit er oder sie mit seiner Anwesenheit und seinem Geld ein Land oder eine Kultur legitimieren oder unterstützen möchte. Immerhin besteht meist die Möglichkeit, keine staatlichen Reiseorganisationen zu nutzen, sondern kleine Firmen oder Mittelständler, die zumindest nicht zwingend Beziehungen mit dem jeweiligen Regime pflegen. Je größer der Anteil des Reisebudgets ist, der dort landet, umso besser.

Vielleicht bietet Ihre Anwesenheit aber auch den Einheimischen einen Beleg dafür, dass es sich anderswo freier und besser leben lässt und beispielsweise Frauen durchaus selbstbewusst ihre Rechte einfordern können? So sind Sie womöglich ein Stück weit Anstoß für einen Wandel zum Besseren.

10

Nachhaltig reisen

Problembewusstsein

Straßenbahn auf Hongkong Island

In Megastädten in Ost- und Südostasien ist der ÖPNV meist die beste Wahl.

Man kann es nicht beschönigen: Reisen bedeutet immer auch Umweltbelastung. Ein A380 verbraucht auf einem Flug von Frankfurt nach New York rund 115.000 Liter Kerosin. Pro Passagier sind dies zwar weniger als 4 Liter à 100 km, aber absolut kommt einiges zusammen. Und falls Sie ein anderes Verkehrsmittel nähmen – so dies überhaupt in Betracht käme, etwa eine Fahrt mit der Eisenbahn gen Peking oder die Atlantiküberquerung per Schiff – dürfte sich die Umweltbilanz kaum besser darstellen.
Mit der Umweltbelastung müssen Sie also erst einmal leben.

Auch im Reiseland ist es um die Umweltfreundlichkeit der Fortbewegung nicht immer zum Besten bestellt. Die Abgasvorschriften für Pkws sind, trotz großer Fortschritte vielerorts, nicht überall so streng wie in Europa oder den USA, und die Wartung lässt oft zu wünschen übrig. Die Zweitakter in manchem Tuk-Tuk sind gewiss ebenso wenig Ikonen der Nachhaltigkeit wie Dieselgeneratoren für Stromausfälle oder Klimaanlagen. Gleichwohl gibt es eine ganze Reihe von Möglichkeiten, umweltbewusster zu reisen, ohne auf etwas verzichten zu müssen.

CO_2-Kompensation

Gemeinnützige und kommerzielle Unternehmen wie atmosfair, myclimate oder Arktik versprechen, die CO2-Belastung Ihrer Reise gegen Entgelt auszugleichen, indem zum Beispiel Bäume gepflanzt oder Windräder finanziert werden. Für den Hin- und Rückflug von Frankfurt am Main nach Singapur in der

Economy Class wird zum Beispiel ein Ausstoß von rund 5 Tonnen CO2 angesetzt, nicht ganz die Hälfte des durchschnittlichen CO2-Ausstoßes pro Bundesbürger von 11,5 Tonnen pro Jahr.

Der Ausgleichsbetrag für diesen Flug liegt je nach Anbieter um die 100 Euro; das Klimaschutzprojekt kann man sich aussuchen. Man mag dies als modernen Ablasshandel ansehen, im Grunde ist es aber eine faire Kompensation der Umweltbelastung.

Klima versus Fliegen

Wer seine CO2-Emissionen kompensiert, kann mit besserem Gewissen reisen.

Weniger Flüge – längere Reisen

Der Wochenend-Shopping-Trip nach New York mag cool sein, das Verhältnis zwischen Umweltbelastung und Reisedauer ist jedoch, mit Verlaub, nicht gut. Anstelle von beispielsweise drei Flugreisen à zehn Tage im Jahr wäre der Umwelt geholfen, wenn Sie nur zwei Reisen à 15 Tage antreten.

Vielleicht verbinden Sie einfach mehrere benachbarte Reiseländer miteinander?

Feinstaub, aber richtig: Das Taj Mahal im morgendlichen Smog

Zugfahren in Indien ist nicht nur umweltfreundlicher als Auto fahren, es ist auch spottbillig.

Öffentliche Verkehrsmittel nutzen

Eine Bahnfahrt ist in vielen Reiseländern lokal wie überregional dem Autofahren vorzuziehen. Oft sind Geschwindigkeit, Komfort und Preise deutlich vorteilhafter. Schneller als mit dem Hochgeschwindigkeitszug Shinkansen kommen Sie nicht von Tokio nach Kyoto und billiger als mit der indischen Eisenbahn geht es kaum. Zudem bietet sich dort oftmals die Gelegenheit, nette Gespräche mit Einheimischen zu führen. Auch in den Städten sind Sie mit der jeweiligen Metro oft viel schneller und günstiger unterwegs als mit dem Taxi – und mittendrin im Leben.

Extrem

Sie kennen verstopfte Verkehrsmittel von zu Hause? Dann fahren Sie einmal morgens mit dem Zug durch Mumbai. Ihren Verkehrsverbund halten Sie für modern? Lassen Sie sich von der MRT in Singapur eines Besseren belehren.

Kultur erhalten, Wirtschaft fördern

Zur Nachhaltigkeit gehört auch die Rücksichtnahme auf die lokale Kultur. Auf Bustouristen zugeschnittene Eingeborenen-Tänze haben damit wenig zu tun und lassen Kultur zur Folklore verkommen. Ein Homestay hingegen lehrt sehr viel mehr über das Leben der Einheimischen. Fragen Sie sich bei Ihren Unternehmungen also, ob dies die lokale Kultur erhält oder verändert.

Ein wichtiges Kriterium ist auch, dass dabei das Geld nicht beim Staat oder großen Konzernen ankommt, sondern direkt in die kleine und mittelständische Wirtschaft fließt. Kleine Hotels oder Tour Operator sind hier erste Wahl.

11

Essen und Restaurants

Die Köstlichkeiten der lokalen Küche zu genießen, macht das Reiseglück erst komplett. Doch Vorsicht: Wer die Vielfalt und Qualität indischer Mangos kennengelernt oder japanisches Ohmi-Rind gekostet hat, ist für das Angebot deutscher Supermärkte in dieser Hinsicht verloren.

Die Vorstellungen, die man sich hierzulande von der Küche anderer Länder macht, sind meist ziemlich falsch. In Indien ist keineswegs jedes Gericht scharf, das Angebot eines Restaurants in Guangzhou hat wenig mit dem eines deutschen China-Restaurants zu tun und Hund gibt es in Korea auch nicht an jeder Ecke. Aber auch wenn nicht jedes Gericht und jede Zubereitungsform mundet, so ist das Angebot vor Ort doch fast immer weit vielfältiger, aufregender und wohlschmeckender als vermutet.

Vegetarier und Veganer haben es allerdings zuweilen schwer. Wer sich nicht selbst verpflegen will, wird sein Restaurant zwar meist bewegen können, ein Gericht von der Karte ohne Fleisch zu servieren (falls dies zunächst auf Unverständnis stößt, verweisen Sie am besten auf eine Unverträglichkeit). Aber auch wenn Sie Koch und Kellner überzeugt haben, können Sie sich nicht darauf verlassen, dass diese Speisen nicht doch Tierisches enthalten oder damit in Berührung gekommen sind.

In Vietnam etwa, von dem behauptet wird, dass alles gegessen wird, was Beine hat, abgesehen von Stühlen und Tischen, wird ein Wok nicht erst gespült, nur weil nach dem Huhn Gemüse gebraten wird. Und fermentierte Fischsoße ist eine Grundzutat, die zu selbstverständlich ist, als dass man sie erwähnen müsste. Indien hingegen ist das Shangri-La der Vegetarier – dort kommen auch eingefleischte Carnivoren tagelang ohne tierisches Protein aus, ohne dieses zu vermissen, nicht zuletzt aufgrund reichhaltiger Saucen. Veganer hingegen werden die reichliche Verwendung von Ghee (geklärter Butter) und Paneer (eine Art Frischkäse) nicht goutieren. Für solche Fälle gilt es vorzusorgen und die erforderlichen Worte in der Landessprache zu lernen – oder sich am Markt selbst zu versorgen.

Das ist auch eine gute Idee, wenn man keine Kochgelegenheit hat. Gerade Obst ist auf vielen Märkten günstig, frisch und vielfältig vorhanden und schmeckt einfach besser, als wenn es Tausende von Kilometern transportiert wurde.

Früchte-Himmel

Lange Transportwege sind Gift für den Geschmack. Ob Mango oder Drachenfrucht – alles schmeckt besser vor Ort. Probieren!

So finden Sie ein gutes Restaurant

Ihren Reiseführer zu konsultieren, ist sinnvoll, wenn es lediglich drei Restaurants im Dorf gibt. In einer Metropole von der Größe Hongkongs gestaltet sich die Suche schon schwieriger. Sie wollen ja nicht erst stundenlang auf der Suche nach einem Top-Etablissement durch die Stadt fahren oder in einem landen, das schon seit Jahrzehnten als „Geheimtipp" genannt wird und inzwischen die Preise erhöht, die Qualität gesenkt und das lokale Publikum zugunsten eines internationalen ausgetauscht hat.

Schauen Sie stattdessen, was Ihr bevorzugtes Bewertungsportal zu den Restaurants in Ihrer Umgebung sagt. Dabei können Sie auch Ihre bevorzugte Küche (zum Beispiel vegan) filtern. Eine Karte um Ihren Standort herum verrät Ihnen die Optionen in der Nähe und die Bewertungen helfen bei der Auswahl. Ein von mehr als 30 Leuten gut oder sehr gut bewertetes Lokal kann so schlecht nicht sein. Oder Sie lassen sich treiben und wählen das erstbeste Restaurant, das Ihnen gefällt und voller Einheimischen ist. Die müssen es ja wissen! Und wenn Sie nach anstrengender Fahrt zu erschöpft für langes Suchen sind, lassen Sie sich ein Restaurant vom Hotel empfehlen. Formulieren Sie dabei Ihre Vorstellungen möglichst genau (zum Beispiel günstig, viele Einheimische, fußläufig erreichbar, Thai-Küche).

Der äußere Anschein eines Restaurants sagt nur begrenzt etwas aus über die Qualität der Speisen, den Service oder die Sauberkeit der Toiletten. Das abendliche Pop-up-Restaurant auf dem Bürgersteig und das kleine, inhabergeführte Restaurant ohne Klimaanlage bieten trotz unklarer Hygiene fast immer gute Qualität zu unschlagbaren Preisen. In Restaurants auf Märkten finden Sie zwar keine Baumwollservietten, aber garantiert frische Ware. Dass hingegen ein vor allem von Touristen heimgesuchtes Restaurant in unmittelbarer Nähe der Top-Sehenswürdigkeiten voraussichtlich weder günstige noch authentische Küche bietet, versteht sich.

Klare Hinweise gibt die Speisekarte: Sie sollte kurz und möglichst nur in Landessprache verfasst sein. Sind internationale Gerichte wie Spaghetti Bolognese oder Caesar's Salad aufgeführt, ist das kein gutes Zeichen. Bilder oder die in Japan üblichen Wachsmodelle der angebotenen Gerichte sind hingegen kein negativer Qualitätsindikator: Dies ist in manchen Ländern unabhängig von der Preisklasse normal.

Warum Sie nicht im Hotel essen sollten

Gut, manchmal ist es einfach bequemer und Hotel-Restaurants sind auch nicht per se schlecht. Aber Sie wollen ja Land und Leute kennenlernen und nicht nur mit spanischen oder chinesischen Reisegruppen im selben Raum dinieren. Dass die Preise regelmäßig höher als draußen liegen und Geschmack und Auswahl der Speisen sich womöglich an den Vorlieben der internationalen Gäste orientieren, kommt hinzu.

In Ländern mit unzuverlässiger Hygiene gilt zudem: Dort, wo Speisen stundenlang in Buffetform warmgehalten werden, haben Sie beste Chancen auf eine Magenverstimmung. In einem von Einheimischen überlaufenen Lokal, in dem die fettverkrustete Pfanne zu jeder Minute glüht, sind Sie hingegen ziemlich sicher, genussvoll, günstig und gesund zu essen. Mehr dazu im Kapitel *Gesund unterwegs*.

Selbstversorgung als Alternative

Auf dem lokalen Markt einkaufen und sein Essen selbst zubereiten, hat seinen eigenen Charme – erst recht, wenn man es mit einem Kochkurs vor Ort verbindet. Eine gute Idee ist dies speziell dann, wenn man eine bestimmte Diät verfolgt – sei es aus gesundheitlichen oder weltanschaulichen Gründen – und nur so sicher sein kann, dass wirklich keine Allergene oder kein Schwein im Gericht enthalten ist. Auch wer bestimmte Gewürze, Inhaltsstoffe und Zubereitungsformen der lokalen Küche nicht mag, etwa Knoblauch oder Koriander verschmäht, ist mit der gelegentlichen Selbstversorgung gut beraten. Sinnvoll ist sie insbesondere dann, wenn Sie mehrere Tage am selben Ort verbringen

Tea, Cha oder Chai: Tee gehört in Asien immer dazu.

Aprikosen trocknen unter freiem Himmel im Hunza-Tal, Pakistan.

– sonst ist sie vielleicht zu aufwendig. Und falls Sie in dünn besiedelten Gebieten mit wenig touristischer Infrastruktur unterwegs sind, zum Beispiel auf Wüsten- oder mehrtägigen Trekking-Touren, kommen Sie gar nicht darum herum, selbst Hand anzulegen.

In jedem Fall gilt: Wenn Sie sich nicht nur mit Obst selbst versorgen, sondern abseits von Outdoor-Touren richtig kochen wollen, braucht Ihre Unterkunft eine Küche. Sicher sein können Sie diesbezüglich bei allen Arten von Ferienwohnungen oder Apartments – dies sollte also bei der Reiseplanung berücksichtigt worden sein. In kleineren Unterkünften und B&Bs können Sie fragen, ob Sie die Küche mitbenutzen dürfen; verlassen kann man sich darauf natürlich nicht.

GUT ZU WISSEN

Bei Rundreisen neigen viele Fahrer dazu, mittags in Etappenrestaurants Halt zu machen, in denen auch alle anderen Fahrer und Reisenden speisen, die denselben Weg haben. Diese sind meist ganz in Ordnung, begeistern aber selten. Dass man dort nicht unbedingt preiswert isst, dürfte nicht überraschen. Wenn Ihr Fahrer ein solches Lokal ansteuert, kann dies verschiedene Gründe haben: Vielleicht ist dies tatsächlich das einzige Restaurant im Umkreis, das er anspruchsvollen Menschen wie Ihnen zumuten möchte. Oder er kann dort kostenlos essen, weil er Kunden gebracht hat, und sich mit seinen Kollegen unterhalten. Was auch immer der Grund ist: Sie können stets nach einer Alternative fragen. Um Ihren Fahrer nicht um seinen kostenlosen Lunch zu bringen, laden Sie ihn dann natürlich ein.

Übrigens

Falls Ihr Fahrer Sie einmal zu einem Tee einlädt, können Sie dies problemlos annehmen. Revanchieren Sie sich einfach zu gegebener Zeit oder berücksichtigen Sie dies beim Trinkgeld.

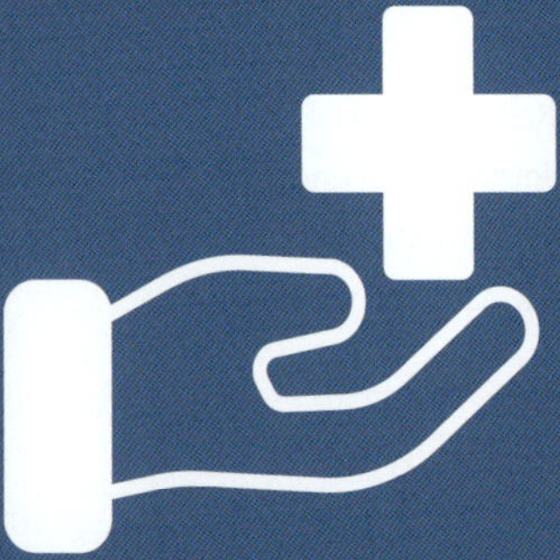

12

Gesund unterwegs

DIE REISEAPOTHEKE | BEIM ARZT IM AUSLAND | REISETHROMBOSE VERMEIDEN | ALLGEMEINE HYGIENE | GESUND TRINKEN UND ESSEN | DURCHFALL UND VERSTOPFUNG | ERKÄLTUNGEN UND GRIPPE | SONNENSCHUTZ | REISEKRANKHEIT | VOR MÜCKENSTICHEN SCHÜTZEN | SCHLANGEN UND ANDERE GIFTTIERE | ANDERES GETIER | HÖHENKRANKHEIT | STRAHLENEXPOSITION

Die Reiseapotheke

Eine durchdachte und gut organisierte Reiseapotheke ist viel wert. Denn so ist das erforderliche Medikament im Bedarfsfall sofort, in zuverlässiger Qualität und mit einem deutschen Beipackzettel verfügbar.

Sollten Sie einmal ein Medikament vergessen haben oder ist Ihnen die Reiseapotheke abhandengekommen, ist das aber kein großes Problem. Fast immer sind vergleichbare Medikamente auch vor Ort zu bekommen, wenngleich oft unter anderen Markennamen und in anderen Dosierungen. Glücklicherweise müssen Sie dem Apotheker nicht auf Urdu oder Kantonesisch erklären, was genau Sie benötigen: Suchen Sie einfach das erforderliche Medikament unter dem Ihnen bekannten Markennamen im Internet und zeigen Sie dem Apotheker die Inhaltsstoffe – Chemie ist international. Sollte Ihr Medikament vor Ort rezeptpflichtig sein – was in vielen Ländern kein Problem darstellt – fragen Sie, ob auch ein Rezept Ihres Hausarztes ausreicht. Das lassen Sie sich dann per E-Mail schicken.

Ihre Reiseapotheke sollte – angepasst an Ihren Gesundheitszustand, das Reiseziel, die Reisedauer und Reiseart – Ihre persönlichen Medikamente, Medikamente für typische Reisekrankheiten (Basis-Apotheke), Verbandsmaterial und sonstige Hilfsmittel enthalten.

Günstig

Standard-Medikamente wie Aspirin und Cetirizin sind im Ausland oft billiger. Hier können sie sparen – wenn Sie sicher sind, dass Sie keine gefälschte Ware erwischen.

Persönliche Medikamente

Dazu zählen alle Medikamente, die Sie aufgrund bestehender Beschwerden oder ärztlicher Anordnung regelmäßig oder häufig nehmen. Nehmen Sie am besten genug für ein paar Tage mehr mit, um für Flugausfälle oder sonstige unvorhergesehene Reiseverlängerungen vorbereitet zu sein.

Damit sie nicht verloren gehen, gehören persönliche Medikamente bei Flügen ins Handgepäck. Viele Medikamente sollen keinen hohen Temperaturen und

Mein Tipp

Wärmeempfindliche Medikamente können Sie im Kühlschrank Ihres Hotelzimmers lagern. Stellen Sie sich einen Wecktermin im Handy ein, damit sie bei der Weiterreise dort nicht vergessen werden. Während des Fluges und bei Auto-, Bus- oder Bahnfahrten ohne Klimaanlage wickeln Sie die Medikamente in Alufolie oder anderes isolierendes Material. Klären Sie aber vor der Reise mit Ihrem Arzt oder Apotheker, ob dies ausreicht oder welche Alternativen bestehen.

damit zum Beispiel keiner Sonneneinstrahlung ausgesetzt werden – prüfen Sie dies anhand des Beipackzettels und berücksichtigen Sie es während der Reise.

Sofern zu Ihren Medikamenten solche gehören, die auch als Drogen verwendet oder angesehen werden können, zum Beispiel Schmerz- und Beruhigungsmittel oder codeinhaltige Medikamente, sollten Sie sich informieren, ob beziehungsweise unter welchen Umständen diese eingeführt werden dürfen. In aller Regel wird dies (in Mengen für den persönlichen Bedarf) kein Problem sein, wenn Sie ein Attest Ihres Arztes, möglichst in der Landessprache, mindestens aber in Englisch, vorweisen können.

Das Attest sollte beinhalten: Name, Nummer des Reisepasses, Liste der problematischen Medikamente und die Erklärung, dass diese dem Eigenbedarf zur Behandlung von Beschwerden und zur Vermeidung von Notfällen dienen. Der ADAC bietet ein Muster-Attest zum kostenlosen Download an (googlen Sie „ADAC-Formular Medikamentenmitnahme“). Stempel und Unterschrift des Arztes nicht vergessen!

Nicht immer lässt sich problemlos herausfinden, welche Medikamente vom Reiseland reglementiert werden. Im Zweifel sollte das Attest alle Medikamente umfassen, die in irgendeiner Weise fragwürdig sein könnten. Aufgrund der potenziell weitreichenden Folgen – beispielsweise Verurteilung wegen Drogenhandels – sollte damit nicht gespaßt werden, auch wenn eine genaue Kontrolle mitgeführter Medikamente höchst selten ist. Es kommt aber vor: Etwa darf an der usbekisch-turkmenischen Grenze für jedes noch so unschuldige Mittel erklärt werden, wozu es dient.

Basis-Reiseapotheke

Die Basis-Apotheke deckt die häufigsten reisetypischen Beschwerden ab, die selbst therapiert werden können. Die Zusammenstellung ist für praktisch alle Reiseziele sinnvoll. Die meisten darin enthaltenen Medikamente sind recht preiswert und sollten in jeder gut sortierten Hausapotheke ohnehin vorhanden sein. Die Mengen sollten sich an Reisedauer und Anzahl der Reisenden orientieren. Je nach Reiseziel und Gesundheitszustand empfiehlt sich die Rücksprache mit einem Apotheker, Arzt oder Tropenmediziner. Zum einen sollten Sie sich mit der Zusammenstellung wohlfühlen, zum anderen können Nebenwirkungen oder Kosten eines Medikaments wie auch die mögliche Falscheinnahme gegen die Mitnahme sprechen.

Wichtig

Prüfen Sie vor jeder Reise, ob alle Medikamente Ihrer Reiseapotheke noch verwendbar sind! Ein vor Jahren abgelaufenes Antibiotikum schadet womöglich mehr, als es hilft.

Symptomatik	*Anwendung*	*Wirkstoff/Markenname**
Hautkrankheiten/ Wunden	Allergischer Hautausschlag, Insektenstiche, Sonnenbrand	Dimetinden, z.B. Fenistil; *Phenergan* Hydrocortison, z.B. Fenistil Hydrocort
	Wunddesinfektion, einfache Hautinfektion	Povidon-Jod, z.B. Betaisodona, *Betadine*
	Hautpilz	Miconazolnitrat, z.B. Daktar, *Daktarin*
	Brandwunden, Wunden, Wasserblasen	z.B. Panthenol Salbe/ Spray; Desinfektionsspray, z.B. Neomycin-Gaze

Symptomatik	*Anwendung*	*Wirkstoff/Markenname**
Übelkeit/Erbrechen	Reisekrankheit	Dimenhydrinat (Tabletten oder Kaugummi), z.B. Superpep, Vomex; *Metoclopramid*, z.B. *Primperan*
Allergie	Allergien, Juckreiz	Cetirizin, z.B. Cetirizin, *Zyrtec*
Magen/Darm	Durchfall	Loperamid, z.B. Imodium; Elektrolytpulver, z.B. Elotrans
	Verstopfung	Bisacodyl, z.B. Dulcolax
	Magenprobleme, Sodbrennen	z.B. Iberogast z.B. Maaloxan z.B. Kompensan
	Bauchkrämpfe	Butylscopolamin + Paracetamol, z.B. Buscopan, *Visceralgine*
Augeninfektion	Nicht-infektiöse Augenentzündung	Tetryzolin, z.B. Berberil N, *Visine*, *Collyre Bleu Laiter*
	Bakterielle Augeninfektion	Ciprofloxacin, z.B. Ciloxan Verschreibungspflichtig**

Beipackzettel

Nehmen Sie die Beipackzettel aller Medikamente mit. Dies hilft Ihnen nicht nur zu entscheiden, ob das Mittel zum Symptom passt.

Diese Tabelle ersetzt keine professionelle medizinische Beratung und dient lediglich dazu, eine erste Orientierung zu geben.

Symptomatik	*Anwendung*	*Wirkstoff/Markenname**
Schmerzen	Schmerzen aller Art (Kopf-, Glieder-, Zahn-, Gelenkschmerzen), Rheuma, Fieber	Paracetamol Ibuprofen ASS (Aspirin)
	Prellungen, Zerrungen	Heparin-Salbe Diclofenac-Salbe/Gel
	Gelenkschmerzen	z.B. Tiger-Balm
	Ohrenschmerzen	z.B. Otalgan Tropfen z.B. Otolitan N Tropfen
Erkältung/ Grippale Infekte	Husten	Acetylcystein (als Hustenlöser), z.B. ACC-Brausetabletten, *Muciclar*; Mittel gegen Reizhusten, z.B. Silomat
	Halsschmerzen	z. B. Dorithricin
	Schnupfen	Xylometazolin, z.B. Nasic, Olynth; Schleimlöser, z.B. Sinupret
	Bakterielle Atemwegs- oder Harnwegsinfektionen, Durchfall mit Krämpfen und/oder Fieber	Breitbandantibiotikum, Azithromycin, z.B. *Zithromax* Verschreibungspflichtig**
Malaria (in Gebieten mit Malaria-Risiko)	Malaria-Prophylaxe oder Stand-by-Medikation	z.B. Malarone, Riamet, *Coartem*

* Fragen Sie in der Apotheke nach Alternativen. Kursiv gedruckte Markennamen sind im Ausland gebräuchliche.
** Einnahme nur in Absprache mit einem Arzt, Selbstmedikation nur, wenn kein Arzt erreichbar!

Verbandsmaterial

Bei längeren Reisen und hinreichend Platz im Gepäck bietet sich die Mitnahme eines Kfz-Verbandskastens an. Rechnen Sie nicht damit, dass Ihr Mietwagen einen solchen hat. Ideal ist ein vor nicht allzu langer Zeit abgelaufener Verbandskasten – für die Reise taugt der Inhalt noch und Sie können ihn gegen Ende des Trips entsorgen oder verschenken.

DAS SOLLTEN SIE DABEI HABEN:

- *Mullbinden (8 cm)*
- *sterile Kompressen (7,5 x 7,5 cm)*
- *Verbandspflaster*
- *Heftpflaster*
- *elastische Binden (8 cm)*
- *Einmalhandschuhe*
- *Desinfektionsmittel für Hände/ Gegenstände*
- *Wunddesinfektionsspray*
- *Pinzette*
- *Sicherheitsnadeln*
- *Verbandsschere*

Erste Hilfe

Können Sie sich noch an Ihren letzten Erste-Hilfe-Kurs erinnern? Vielleicht ist es ja an der Zeit, das Gelernte aufzufrischen.

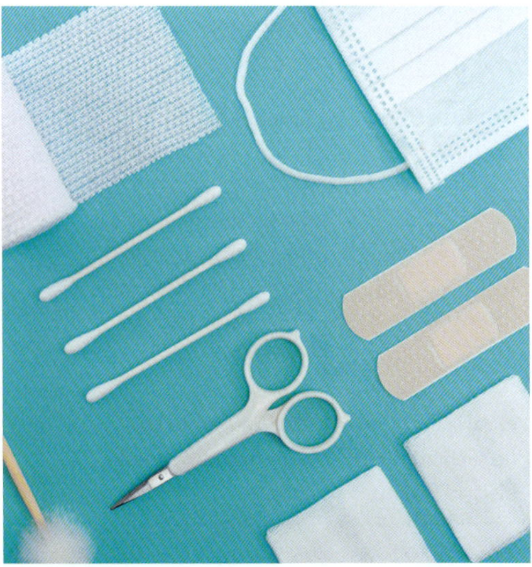

Sonstige Hilfsmittel

Griffbereit

Bei einer akuten Erkrankung oder bei einem Unfall hat man keine Zeit, lange zu suchen. Packen sie Ihre Reiseapotheke an einen gut zugänglichen Ort im Koffer.

Fieberthermometer	Möglichst digital / elektronisch
Injektionsnadeln/Einmalspritzen	Um Infektionen durch unhygienische Spritzen vorzubeugen, je 2 bis 5
Atemschutzmaske	Als Ansteckungsschutz und bei hoher Luftverschmutzung (Verkehr, Sandsturm, vulkanische Aktivität)
Wärmflasche	
Impfpass	Als Information für den behandelnden Arzt oder Nachweis bei Einreise in/aus Infektionsgebieten
Ggf. Europäischer Notfallausweis	Dokumentiert in mehreren Sprachen u. a. Blutgruppe, Allergien, chronische Krankheiten, Impfungen

Beim Arzt im Ausland

In den meisten Ländern werden Sie zumindest in den großen Städten gut ausgebildete Ärzte finden, die denen in Ihrer Heimat fachlich in nichts nachstehen. Schließlich wollen auch die einheimischen oberen Zehntausend nicht für jedes Zipperlein ins Ausland fliegen.

Wie finde ich einen Arzt?

Hotels haben oft einen Arzt auf Abruf (doctor on call) oder können eine Empfehlung geben. Dies gilt auch für lokale Reiseveranstalter und (in schwierigen Fällen) für die deutsche Auslandsvertretung. Andernfalls finden Sie Ärzte per Internet-Suche, zum Beispiel auf Google Maps.

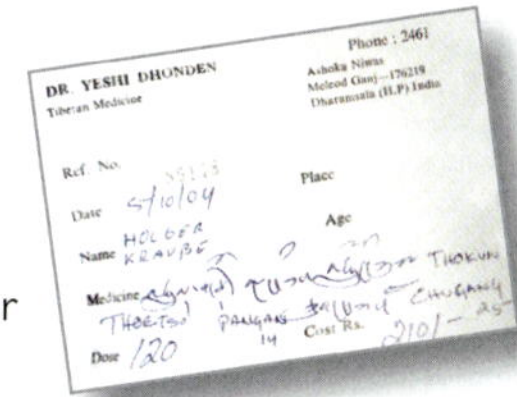

Bei schwerwiegenden oder dringend zu behandelnden Problemen werden sie möglicherweise ein Krankenhaus (hospital, clinic) aufsuchen müssen. Falls die staatlichen Einrichtungen Ihnen zweifelhaft erscheinen, suchen Sie nach einem privaten (private clinic) oder einem für oder von Ausländern eingerichteten Krankenhaus (zum Beispiel American Hospital Bangalore).

Falls die Beschwerden weniger stark sind, Ihr Leiden Sie schon seit Jahren heimsucht und die „westliche Medizin“ bislang nicht helfen konnte, möchten Sie vielleicht vor Ort einfach mal den lokalen Heiler ausprobieren. Viel passieren kann Ihnen etwa bei traditioneller chinesischer oder tibetischer Medizin wahrscheinlich nicht.

Keine Hemmungen

Wenn Sie ärztliche Hilfe brauchen, zögern Sie nicht, zeitnah einen Arzt aufzusuchen. Gerade in den Tropen können sich Krankheiten schnell verschlimmern.

Wie arbeitet der Arzt vor Ort?

Medizin ist international. Untersuchungen und Therapien sind daher grundsätzlich in aller Welt ähnlich. Wichtig ist vor allem, das Problem präzise zu beschreiben, wenn es nicht offensichtlich ist. Am besten schreiben Sie sich auf, was Sie dem Arzt mitteilen wollen, damit Sie nichts vergessen. Um die Kommunikation zu erleichtern, sollten Sie schwierig zu beschreibende Dinge vorher googlen. Dann können Sie das lateinische oder griechische Fachwort verwenden, das der Arzt versteht, oder zumindest ein englisches.

Wie beim Arzt in Deutschland gilt: Insistieren Sie mit Ihren Beschreibungen und Fragen, bis Sie sicher sind, dass der Arzt Sie verstanden hat, aber auch, damit Sie die Diagnose und Behandlung des Arztes verstehen. Sie wollen ja genau wissen, wie lange Sie das verschriebene Mittel einnehmen sollen.

Nach der Untersuchung beziehungsweise Behandlung will der Arzt aus naheliegenden Gründen in der Regel sofort bezahlt werden, oft auch vorab. Das kann bei gleicher Qualität je nach Land außerordentlich günstig (zum Beispiel in Indien), aber auch sehr teuer sein (wie in den USA). In hochpreisigen Ländern oder Kliniken werden Sie häufig mit Kreditkarte zahlen können, ansonsten sollten Sie einen hinreichenden Bargeldbetrag bereithalten. Fragen Sie zuvor Einheimische, Ihren Tour Operator oder in der Praxis, welche Summe üblich ist.

Die verschriebenen Medikamente werden Sie oftmals nicht kennen. Wenn Sie es genauer wissen wollen, recherchieren Sie sie oder ihre Wirkstoffe im Internet. Falls Ihnen die Apotheke das Medikament nicht in der Originalverpackung aushändigt, sondern nur eine exakt abgemessene Anzahl an Tabletten etc., ist das ganz normal (und aus Kostengründen durchaus vernünftig). Lassen Sie sich dennoch den Beipackzettel geben oder fotografieren Sie ihn, und sei es nur, um Ihrem Hausarzt daheim Auskunft geben zu können. Falls Sie Zweifel haben, ob die Behandlung die richtige ist, kontaktieren Sie am besten Ihren Hausarzt.

Reisethrombose vermeiden

Auf 15-Stunden-Flügen im Sitz zu bleiben, ist nicht nur unbequem, es erhöht auch das Risiko für eine Thrombose. Wer zu einer Risikogruppe gehört, sollte sich vorher mit dem Hausarzt beraten.

Risiken einschätzen

Better safe than sorry!

Falls bei Ihnen Symptome einer Thrombose auftreten, suchen Sie rasch einen Arzt auf.

Die Reisethrombose, auch als „Touristenklasse-Syndrom" bekannt, kann bei langem Stillsitzen ohne Bewegung auftreten. Sie entsteht durch Bildung eines Blutgerinnsels (Thrombus) in den Beinvenen, das den Blutfluss beeinträchtigt. Dies äußert sich, wenn überhaupt, durch ein Spannungsgefühl oder einseitige Schmerzen im Bein sowie durch Anschwellen und Rötung desselben. Die Gefahr besteht darin, dass sich das Gerinnsel löst und in die Lungenarterien gelangt, wo es schlimmstenfalls eine lebensbedrohliche Embolie auslösen kann. Die Symptome dafür – Brustschmerzen und Atemnot – können kurz nach, aber auch noch bis zu vier Wochen nach der Reise auftreten. Dann ist sofortige ärztliche Hilfe erforderlich.

Grundsätzlich kann eine Thrombose auch in Bus und Bahn oder gar am heimischen Schreibtisch auftreten. Die Bedingungen im Flugzeug begünstigen dies jedoch: Durch den niedrigen Kabinendruck dehnen sich die Venen aus, was den Blutfluss verlangsamt und die Gefahr der Blutgerinnung erhöht. Man merkt dies beispielsweise an angeschwollenen Füßen, die bei der Landung nicht wieder in die Schuhe passen wollen. Zudem ist die Luft im Flugzeug extrem trocken, wodurch der Körper an Flüssigkeit verliert und das Blut dickflüssiger wird, was die Entstehung einer Thrombose begünstigt.

Hinzu kommt die eingeschränkte Bewegungsfreiheit in der Economy Class: Die Beine sind eingeengt und das Abknicken der Venen in Leiste und Kniekehlen verlangsamt die Flussgeschwindigkeit des Blutes. Aufgrund der geringen Zahl von Studien zur Thromboseprophylaxe gibt es unterschiedliche

Empfehlungen der jeweiligen nationalen Behörden. Die deutsche Leitlinie der Arbeitsgemeinschaft wissenschaftlich-medizinischer Fachgesellschaften (AWMF) weist darauf hin, dass bei gesunden Personen wegen des geringen Risikos in der Regel außer den allgemeinen Vorsichtsmaßnahmen keine weiteren Vorkehrungen notwendig sind. Die AWMF spricht sich ausdrücklich gegen die häufig empfohlene Verwendung von Acetylsalicylsäure (ASS) aus, dem Wirkstoff in Aspirin.

Überschätzt

Über Reisethrombose Bescheid zu wissen, ist wichtig. Wer aber nicht zu einer Risikogruppe gehört, braucht sich keine großen Sorgen zu machen

Wie groß ist das Risiko? Laut der Pharmazeutischen Zeitung online 24/2013 wird das absolute Risiko weit überschätzt: Bei einer Reisedauer unter vier Stunden kommt es bei einem von zwei Millionen gesunden Reisenden zu einer venösen Thromboembolie. Bei längerer Flugdauer steigt das Risiko allerdings an.

Was sind Risikofaktoren? Gefährdet sind vor allem Menschen mit früheren Thromboembolien, kurz zurückliegenden Operationen oder schweren Unfällen sowie mit Herz- und Tumorerkrankungen. Auch Schwangerschaft, Übergewicht oder angeborene Blutgerinnungsstörungen ziehen ein höheres Risiko nach sich, wobei die einzelnen Risikofaktoren sich gegenseitig verstärken können.

Falls Sie zu einer der Risikogruppen gehören, stimmen Sie bitte mögliche Maßnahmen mit Ihrem Arzt ab. Was Sie zur Vorbeugung tun können, finden Sie im Kapitel *Unbeschwert fliegen*.

Allgemeine Hygiene

Exotische Länder, exotische Keime: Hygiene ist auf Reisen – schon, weil man mehr Menschen begegnet – besonders wichtig. Der Aufwand dafür ist kaum größer als zu Hause.

Die Hygieneempfehlungen für Reisen sind im Prinzip die gleichen wie daheim. Sie zu befolgen, ist aber insofern wichtiger, als man auf Reisen gefährdeter ist. Dies liegt zum einen an mangelnder Hygiene in manchen Reiseländern, vor allem aber daran, dass unser Körper die fremden Keime nicht kennt und daher – anders als die Einheimischen – keine Abwehr dagegen aufgebaut hat. Zudem können die Anstrengungen einer Reise das Immunsystem schwächen. Waschen Sie sich so oft wie möglich die Hände mit Seife. Vor der Zubereitung von Lebensmitteln beziehungsweise vor dem Essen und nach der Toilette ist Händewaschen Pflicht. In vielen Ländern Asiens werden Sie im Restaurant ein Waschbecken finden, das dort auch von jedermann in Anspruch genommen wird. Das sollten Sie auch tun. Das ohnehin nur sporadisch vorhandene und dem Anschein nach nie gewechselte Handtuch ignorieren Sie aber und ziehen eine Lufttrocknung vor.

Vorbildlich

In Ostasien wird Grippekranken eine Maske angeraten, um andere nicht anzustecken. Gute Idee!

In hygienisch fragwürdigen Ländern sowie in der Grippesaison oder bei anderen gerade virulenten Infektionskrankheiten ist die Benutzung von Handdesinfektionsmitteln sinnvoll, zum Beispiel beim Benutzen von öffentlichen Verkehrsmitteln oder nach dem Händeschütteln. Toiletten zu desinfizieren, kann nie schaden. Behandeln Sie auch kleine Verletzungen sofort. Achten Sie auch auf die Sauberkeit Ihrer Unterkunft. Herumliegende Essensreste locken Nager und anderes Getier an.

Gesund trinken und essen

Die Spezialitäten der lokalen Küche zu kosten sollten Sie sich nicht entgehen lassen. Ein Genuss ohne Reue – wenn man ein paar Regeln beachtet.

Auch und gerade auf Reisen sollte genug getrunken werden, am besten bevor man durstig wird. In Ländern mit fragwürdiger Hygiene, wie in großen Teilen Asiens, Afrikas und Südamerikas, empfiehlt es sich, Kaltgetränke ausschließlich aus originalverschlossenen Flaschen zu verwenden. Achten Sie auf einen unbeschädigten Verschluss und öffnen Sie die Flasche im Restaurant am besten selbst, um zu vermeiden, dass man Ihnen eine bereits benutzte Flasche andreht, die mit Leitungswasser aufgefüllt wurde. Das ist zwar recht unwahrscheinlich, aber darauf zu achten, ist kein großer Aufwand. Sollte kein abgepacktes Wasser verfügbar sein – damit ist allenfalls auf Expeditionen zu rechnen – sollte dieses gefiltert, desinfiziert und abgekocht werden.

Falls das Wasser aus dem Hahn nicht getrunken werden darf – Auskunft darüber gibt der Reiseführer oder die Internetrecherche – , sollte auch zum Zähneputzen oder Geschirrspülen nur abgepacktes Wasser verwendet werden. Wer ganz sicher gehen will, sollte unter der Dusche möglichst keinen Dunst mit dem Mund einatmen. Bei Eiswürfeln muss davon ausgegangen werden, dass diese mit Leitungswasser zubereitet wurden – beim Bestellen also: No Ice Cubes, please.

Bei frischen Säften oder anderen nicht abgepackten Kaltgetränken ist Vorsicht angeraten. Unter Umständen sind diese mit Leitungswasser gemischt oder wurden unter zweifelhafter Hygiene hergestellt. Auf der Straße gepresste Säfte, beispielsweise aus Zuckerrohr, sind schon aufgrund des Kontakts mit dem Straßenschmutz nur dem Wagemutigen zu

Küchenhygiene

Restaurants mit inadäquater Sauberkeit gibt es überall, auch bei uns. Sich davor zu schützen ist nicht schwer.

> **Mein Tipp**
>
> Lassen Sie heißen Tee oder Kaffee über den Rand Ihrer Tasse laufen, um so die Stelle zu desinfizieren, an der sich Mund und Tasse berühren.

empfehlen. Weniger Bedenken haben müssen Sie bei frisch aufgebrühtem Tee oder Kaffee. Da die Muntermacher in vielen Ländern traditionell mit viel Zucker und Milch getrunken werden und vorausgesetzt wird, dass Sie das auch so möchten, sollten Sie sich allerdings im gegenteiligen Fall deutlich und möglichst in der Landessprache äußern. Falls Ihr Magen ein wenig empfindlich ist, empfiehlt sich in einigen Ländern Südostasiens, etwa in Laos oder Vietnam, eine gewisse Vorsicht beim Kaffee. Die dort reinen Robusta-Kaffees könnten aufgrund ihres verglichen mit Arabicas viermal höheren Koffeeingehaltes den Kreislauf unerwartet beschleunigen und den Magen irritieren.

Mit alkoholischen Getränken wie Bier und (Reis-) Wein aus hygienischen Behältnissen wie Flaschen und Fässern sind Sie aus gesundheitlicher Sicht auf der sicheren Seite. Tatsächlich soll Alkohol ab etwa 10 % sogar Keime wie das Cholera-Bakterium abtöten und so manchen Erkrankungen vorbeugen. Hochprozentiges aus fragwürdigen Quellen sollten Sie aber meiden oder nur in geringen Mengen zu sich nehmen, auch wenn freundliche Einheimische Ihnen gut zureden. Selbstgebrannter Alkohol kann im schlimmsten Fall zur Erblindung oder zum Tod führen. Dass das Getränk aus einer Originalflasche ausgeschenkt wird, ist dabei kein Beleg für die Echtheit! Auf Nummer sicher gehen Sie beim Einkauf im Supermarkt oder an der Bar eines guten Hotels. Dass Sie – als Botschafter Ihres Landes wie aus gesundheitlichen Gründen – es mit dem Alkohol nicht übertreiben sollten, versteht sich. Falls Sie sich nicht dafür entschieden haben, sich selbst zu versorgen und so die Verträglichkeit Ihrer Kost sicherzustellen, sollten Sie in Ländern mit bekannten Hygieneproblemen Speisen meiden, die nicht oder nicht heiß genug gekocht wurden. Es gilt der bewährte Merksatz: „Koch es, schäl es oder vergiss es!" Im Zweifel lassen Sie das Essen besser stehen oder fordern den Kellner auf, alles nochmals zu erhitzen – ein Risiko einzugehen, lohnt sich nicht.

BESONDERE VORSICHT ERFORDERN:

- *roher Fisch, rohe Meeresfrüchte (Sushi, Sashimi, Muscheln),*
- *rohes Fleisch (Tatar, Carpaccio),*
- *grüne und Obstsalate, rohes Gemüse (da mit Leitungswasser gewaschen),*
- *Speiseeis und andere Tiefkühlprodukte (Einhaltung der Kühlkette fraglich)*

Wichtig

Halten Sie unbedingt Fliegen fern von Nahrungsmitteln. Die Unmengen von Bakterien, die diese mit ihrer bevorzugten Nahrung aufnehmen, möchten Sie nicht auf Ihrem Teller.

Worauf Sie bei Restaurants achten sollten, wissen Sie bereits aus aus dem Kapitel *Essen und Restaurants.* Schmutziges Geschirr und Besteck sowie feuchte Gläser und Tassen stellen dabei ein eher geringes Risiko dar. Säubern oder trocknen Sie die betroffenen Utensilien einfach mit einem Taschentuch oder einer Serviette. Pappbecher oder eigenes Besteck mitzunehmen – auch für den Fall, dass Sie ungern mit Stäbchen essen – ist auch eine Lösung.

Durchfall und Verstopfung

Montezumas Rache ist sicher die häufigste Erkrankung auf Reisen. Mit einfachen Mitteln sind Sie den Spaß aber meist in ein, zwei Tagen wieder los.

Durchfallerkrankungen sind vergleichsweise häufig, aber selten gefährlich und mit den im Abschnitt *Gesund trinken und essen* beschriebenen Vorsichtsmaßnahmen gut zu vermeiden.

Im akuten Fall muss hinreichend getrunken werden. Hilfreich ist neben Wasser auch schwarzer Tee. Den Salzverlust gleichen Sie durch Elektrolyt-Präparate aus der Reiseapotheke aus. Wenn Sie unterwegs sind, hilft ein Mittel mit dem Wirkstoff Loperamid (zum Beispiel Imodium), welches zuverlässig und verträglich die Darmmotorik blockiert. Dabei bitte die Packungsbeilage zum Einnahmeplan beachten und nicht überdosieren.

Weitere Medizin ist bei gewöhnlichen Durchfällen nicht erforderlich. Scharfes, fettiges und schweres Essen sollte allerdings gemieden werden. Falls Salzstangen und Zwieback nicht erhältlich sind, helfen Weißbrot und Haferschleim (in den USA als Oat Meal überall verfügbar) sowie Reis und Bananen.

Vorsicht bei Fieber, Krämpfen, Erbrechen oder Blutschleim im Stuhl: Dann sollte zeitnah ein Arzt aufgesucht werden.

Darmträgheit ist ein weitverbreitetes Phänomen in den ersten Urlaubstagen, das mit der Zeitverschiebung, ungewohntem Essen und dem Klima zusammenhängt. Der Verstopfung sollte zunächst mit ballaststoffreicher Kost und hinreichender Flüssigkeitsaufnahme begegnet werden. Sofern sich nach einigen Tagen kein Erfolg einstellt, helfen Mittel mit dem Wirkstoff Bisacodyl (beispielsweise in Dulcolax) rasch und zuverlässig. Dabei den Einnahmezeitpunkt so wählen, dass die Wirkung vor der Weiterreise eintritt.

Wichtig

Selbst wenn Ihnen nicht danach ist: Essen und Trinken muss sein. Gesund werden braucht Energie.

Erkältungen und Grippe

Einfache Erkältungen sind auf Reisen nicht ungewöhnlich. Dies gilt überraschenderweise auch in warmen Ländern. Grund dafür sind eiskalte Klimaanlagen in Hotels, Taxis, Bahnen, Bussen und Geschäften, aber auch Ventilatoren. Nehmen Sie zur Vorbeugung stets einen Pullover oder eine Jacke mit.

Vermeiden Sie das Betreten eines klimatisierten Gebäudes oder Verkehrsmittels, wenn Sie nassgeschwitzt sind, oder wechseln Sie vorher die Kleidung.

Eine echte Grippe ist im Ausland meist nicht häufiger als zu Hause. Gefährdete Menschen sollten eine Schutzimpfung in Betracht ziehen oder in Absprache mit dem Arzt ein antivirales Mittel mitführen.

Falls es Sie erwischt hat, hilft warmes Klima meist bei der Genesung. Fragen Sie nach Ingwer-Tee und geeigneten Suppen oder Hausmitteln, die sich lokal bewährt haben. Die chinesische Medizin beispielsweise hält eine Vielzahl von Rezepten aus natürlichen Grundstoffen bereit. Sie sind aber auch schon mit Ihrer Reiseapotheke gut ausgestattet.

Manchmal werden Sie vor Ort nur schwer Taschentücher finden. Dies kann daran liegen, dass diese als teurer Luxus angesehen werden, man sich des Naseninhalts lieber auf andere Weise entledigt oder weil – wie in Japan – Taschentücher als unhygienisch gelten und man stattdessen den, nun ja, Rotz geräuschvoll hochzieht. Ob Sie dies ebenso halten wollen, bleibt Ihnen überlassen.

Eine gute Idee ist allerdings die Verwendung eines Mundschutzes, um andere Menschen nicht anzustecken. Dazu wird in einigen asiatischen Ländern ausdrücklich geraten und da dies viele Menschen tun, fallen Sie im Straßenbild damit nicht auf. Sie können den Mundschutz auch zum Selbstschutz verwenden, falls vor Ort gerade die Grippe umgeht.

Wichtig

Tropenkrankheiten haben zum Teil ähnliche Symptome wie eine Grippeerkrankung. Im Zweifel sollte frühzeitig ein Arzt aufgesucht werden.

Sonnenschutz

Sonnenbrand und Sonnenstich gehören nicht zu den schönsten Reiseerinnerungen. Ein effektiver Sonnenschutz ist bei sonnigem Wetter also unumgänglich. Je näher Sie dem Äquator kommen, umso eher kann die Sonne auch bei Bewölkung gefährlich werden. Setzen Sie sich also nicht zu lange der Sonne aus und seien Sie in den ersten Tagen besonders vorsichtig.

Ihr Sonnenschutz sollte einen hohen Lichtschutzfaktor haben (mindestens 25) und schon eine halbe Stunde vor dem Hinausgehen aufgetragen werden – nach dem Baden erneut. Wiederholtes Eincremen verlängert die Schutzzeit nicht. Achten Sie auf das Haltbarkeitsdatum und vermeiden Sie das Auftragen von Kosmetika, Deodorants und Parfum an denselben Stellen, um Hautreaktionen zu vermeiden.

Unerlässlich ist eine große Kopfbedeckung, insbesondere um einen Sonnenstich zu vermeiden. Eine Baseballmütze ist zwar kleidsam, gewährt aber nur begrenzten Schutz vor Sonnenbrand. In Ländern mit hoher Sonneneinstrahlung, in denen zugleich ein heller Teint als chic empfunden wird, verwenden insbesondere, aber nicht nur Frauen gerne einen Regenschirm als Sonnenschirm. Tun Sie es Ihnen nach! Mehr Schatten unter freiem Himmel geht nicht. Noch schöner – aber leider selten zu finden – ist ein richtiger, echter Sonnenschirm. Falls Sie sich gerade in Japan befinden: Jackpot! Dort bekommt man in jedem großen Kaufhaus zauberhafte Modelle, auch von europäischen Modemarken, mit Spitze und in tollen Designs.

Vergessen Sie auch den übrigen Körper nicht: Langärmelige Kleidung und lange Hosen und Röcke bieten ebenso Schutz wie ein nach oben geschlagener Kragen von Hemd oder Bluse.

Am besten ist es natürlich, sich im Schatten zu bewegen, insbesondere in den Mittagsstunden. Das ist in der Stadt durch kluge Wahl der Straßenseite gut machbar. Vorsicht am Wasser und bei Sand: Dort wird das Sonnenlicht reflektiert und erreicht Ihre Haut auch unter einem Sonnenschirm.

Sonnenbrille

Eine Sonnenbrille sollte zum Schutz der Augen getragen werden, wenn intensive Sonne zu erwarten ist. In Gesprächen mit anderen setzen Sie diese natürlich der Höflichkeit halber vorübergehend ab.

Medikamente

Falls Sie Medikamente einnehmen müssen, fragen Sie vor der Reise Ihren Arzt oder Apotheker, ob diese möglicherweise die Lichtempfindlichkeit der Haut erhöhen.

Reisekrankheit

Die Reisekrankheit (Kinetose) beginnt mit einem Unwohlsein und Blässe, dann entwickeln sich Übelkeit, Schwindel, Erbrechen, erhöhter Puls, Kopfschmerzen und Kreislaufstörungen. Ihr Ursprung ist der gleiche wie der der Seekrankheit: Dem Gehirn werden über verschiedene Sinne unterschiedliche Informationen gemeldet, die es verwirren. Dessen muss man sich nicht schämen, selbst der britische Seeheld Horatio Nelson hat zeitlebens unter Seekrankheit gelitten.

Vorbeugen kann man der Reisekrankheit durch einen ausgeschlafenen Reiseantritt und den Verzicht auf die üblichen Übeltäter Kaffee, Alkohol und fette Speisen. Anfällige sollten stattdessen leichte Kost wie Zwieback, Kekse oder Obst zu sich nehmen, aber keinesfalls fasten: Ein leerer Magen begünstigt das Auftreten der Krankheit.

Ein freier Blick auf den Horizont hilft dem Gleichgewichtsorgan, sich zu justieren. Frische Luft tut ebenfalls gut. Setzen Sie sich in Fahrtrichtung, bewegen Sie sich auf und ab und schauen Sie in die Ferne. Wählen Sie einen Platz, der weniger schaukelt: Im Flugzeug am Gang und über den Tragflächen, im Bus so, dass Sie durch die Frontscheibe schauen können, im Pkw vorne, auf Schiffen eine Außenkabine in der Mitte und nahe der Wasserlinie. Wenn möglich, planen Sie Pausen ein. Ablenkung durch Mitreisende ist ebenfalls gut – lesen hingegen (auch von Nachrichten auf dem Handy!) verstärkt die Symptome.

Behandeln lässt sich die Reisekrankheit mit sogenannten Antihistaminika mit den Wirkstoffen Dimenhydrinat oder Diphenhydramin sowie mit – verschreibungspflichtigen – Scopolamin-Pflastern, die bereits mehrere Stunden vor Reiseantritt hinter dem Ohr angeklebt werden. Beide Mittel beeinträchtigen die Verkehrstüchtigkeit und sind bei einem Engwinkelglaukom (Grüner Star) ausgeschlossen. Als natürliches Mittel gegen Erbrechen wird Ingwer-Extrakt empfohlen, trockene Kekse können helfen, den Magen zu beruhigen.

Übrigens

Nicht nur die Seekrankheit fußt auf demselben Mechanismus im Gehirn: Auch die Übelkeit, die durch Computersimulatoren und 3D-Kinofilme hervorgerufen werden kann, ist der Reisekrankheit verwandt.

Vor Mückenstichen schützen

Die Mücke ist das gefährlichste aller Tiere. Laut WHO sterben jedes Jahr allein 660.000 Menschen an Malaria. Daneben übertragen die Blutsauger noch eine ganze Reihe weiterer ernsthafter und teils tödlicher Erkrankungen. Dazu gehören Dengue-Fieber, Gelbfieber, der Zika- und der West-Nil-Virus, Chikungunya-Fieber und die Japanische Enzephalitis. Vorbeugung ist schon deshalb wichtig, weil in vielen Fällen bei Erkrankung nur eine symptomatische Behandlung möglich ist.

Vorbeugende medizinische Maßnahmen

Gegen Gelbfieber und die Japanische Enzephalitis gibt es Impfungen, die allerdings nur selten vorgeschrieben sind. Für die anderen genannten Krankheiten besteht diese Möglichkeit nicht. Gegen Malaria gibt es eine medikamentöse Prophylaxe.

Diese bietet ein hohes Schutzniveau und ist bei modernen Mitteln allgemein gut verträglich (wenngleich auch unangenehme Nebenwirkungen wie Übelkeit und Erbrechen möglich sind), allerdings nicht ganz billig. Beraten Sie sich rechtzeitig vor der Reise mit Ihrem Arzt, ob und welche Prophylaxe angemessen ist. Das Risiko ist nicht nur abhängig vom Reiseland an sich, sondern auch von der konkreten Region, der Höhe, der Jahreszeit und ob Sie sich auf dem Land oder in Städten bewegen. Faustregel: Je höher, kälter, trockener und städtischer die Umgebung, umso geringer das Malariarisiko.

Alternativen zur Malaria-Prophylaxe sind zum einen die Mitnahme eines Stand-by-Medikaments (als Notfallmedizin zur Behandlung einer akuten Malaria) und zum anderen der bewusste Verzicht darauf, wenn die Gefahr aufgrund der Reiseumgebung und Schutzmaßnahmen gering erscheint und der Reisende bis zum Ausbruch der Krankheit ohnehin wieder zu Hause wäre.

Der wirksamste Schutz vor Malaria und anderen durch Mücken übertragenen Krankheiten ist aber, sich nicht stechen zu lassen. Auch bei medikamentöser Prophylaxe sollten Sie daher Maßnahmen zur Verhinderung von Stichen nicht vernachlässigen.

Prophylaxe ja oder nein?

Malaria-Prophylaxe kann lebenswichtig oder übertrieben sein. Ärzte und Tropeninstitute helfen bei der Einschätzung.

Die beste Prophylaxe: Mückenstiche verhindern

Saubere Füße – Mücke verwirrt

Vor dem Schlafengehen zu duschen und insbesondere die Füße zu waschen hilft. Auch die Bettdecke ist Ihr Freund. Besser ist nur ein echter Freund, von dem Sie wissen, dass er oder sie die Mücken magisch anzieht.

Um nicht gestochen zu werden, müssen Sie wissen, wie die Mücke Ihr Ziel auswählt, wie Sie die Tiere abschrecken und wie mit anwesenden Blutsaugern umzugehen ist.

1. Wissen, was Mücken anlockt

Weibliche Mücken der blutsaugenden Arten benötigen alle drei bis vier Tage frisches Blut, um Eier zu bilden (männliche Mücken ernähren sich von Pflanzensäften und stechen nicht). Diese Eier werden in Wasserstellen beziehungsweise stehende Gewässer abgelegt, wie Teiche, Regentonnen oder Pfützen, in deren Nähe folglich am ehesten mit Mücken zu rechnen ist. Durch das Stechen verschiedener Wirte – manche Arten stechen lediglich Tiere, andere bevorzugen Menschen, wieder andere stechen beide – werden die genannten Krankheiten übertragen.

Die Mücke orientiert sich in der Flugphase visuell, die Auswahl eines Wirts wird aber vor allem über den Geruchssinn gesteuert. Zentrale Faktoren sind dabei das ausgeatmete Kohlendioxid, das über mehr als 30 Meter wahrgenommen wird, sowie der mikrobielle Abbau von Fettsäuren/Milchsäure auf dem Hauttalg eines Menschen (besonders an den Füßen).

Mücken, die Malaria übertragen, stechen bevorzugt in der Dämmerung. Andere Mückenarten sind jedoch tagaktiv, sodass – je nach Umgebung – auch tagsüber Mückenschutz erforderlich sein kann.

2. Schutz vor Mückenstichen

Um Mücken fernzuhalten, gilt es, folgende Punkte zu beachten:

• Draußen und in gefährdeten Innenräumen Repellent (mückenabwehrendes Spray, zum Beispiel Autan, Anti-Brumm oder Nobite) zum Auftragen auf die Haut benutzen – an allen freien Körperstellen. Das Repellent verändert das Geruchsprofil des Menschen, sodass die Mücken das Interesse verlieren. Bei gleichzeitiger Verwendung von Sonnenmilch oder anderen Cremes tragen Sie das Repellent als Letztes auf. Da die Blutsauger manchmal auch durch den Stoff stechen, ist auch auf die Kleidung Repellent aufzutragen. Prüfen Sie vorher, ob die Textilien dies vertragen. Mit speziellen Repellents für die Kleidung können Sie diese auch schon zu Hause imprägnieren. Der Schutz muss dann in der Regel erst erneuert werden, wenn das Kleidungsstück während der Reise gewaschen wurde.

• Tragen Sie bei Aufenthalt im Freien **lange Kleidung**, auch wenn es schwerfällt. Lange Hosen, Socken, die auch den Knöchel bedecken, und ein langärmeliges Oberteil sind ideal. Auf heller Kleidung sehen Sie Mücken leichter.

• **Fenster schließen** vor Einbruch der Dunkelheit. Eventuelle Schlitze oder Öffnungen beispielsweise mit Toilettenpapier füllen und mit Sprühmittel versehen.

Der Inhalt zählt

Achten Sie bei der Wahl von Repellents darauf, dass diese DEET oder das hautverträglichere Icaridin enthalten – je größer der Anteil dieser Stoffe am Inhalt der Flasche, umso länger und besser der Schutz. Moskitomittel, die aus ätherischen Ölen wie Teebaumöl oder Lavendelöl bestehen, schützen nicht ausreichend.

Klimaanlagen

Mücken mögen keine klimatisierten Räume. Achten Sie aber darauf, sich nicht zu erkälten.

- Beim Verlassen des Zimmers **Klimaanlage/Ventilator** anschalten.

- Vorhandenes **Moskitonetz** benutzen und mit **Repellent** besprühen. Vorher auf Beschädigungen prüfen und diese vernähen oder verkleben. Halten Sie Abstand vom Netz: Wenn es auf Ihrer Haut aufliegt, nutzt es nichts. Schlagen Sie den Saum unter die Matratze. Die Mitnahme eines eigenen Netzes empfiehlt sich bei Aufenthalt in gefährdeten Regionen und Unterkünften, wie in offenen Hütten. Zum Aufhängen eignen sich zum Beispiel Tesa Powerstrips.

- **Füße** vor dem Zubettgehen waschen und Socken täglich wechseln.

- Bei Outdoor-Touren den **Schlafplatz** mit Bedacht wählen – stehende Gewässer oder Pfützen meiden.

3. Anwesende Mücken bekämpfen

Nur eine tote Mücke ist eine gute Mücke, Zurückhaltung ist fehl am Platz: Sind Mücken bereits im Zimmer, sollten sie, so kein Moskitonetz vorhanden ist, getötet werden. Die gesündeste, allerdings auch zeitaufwendigste Art, dies zu tun, ist durch direkte physische Einwirkung.

Sind die Übeltäter schwer zu finden oder außer Reichweite, bleibt nur der Einsatz chemischer Waffen. Da diese Reizungen von Atemwegen und Schleimhäuten zur Folge haben können, ist im Einzelfall abzuwägen, ob ein Einsatz ratsam ist.

Folgende Optionen stehen zur Verfügung:

- **Insektenspray:** Starke Wirkung im besprühten Bereich. Bei großflächiger Anwendung besonders unangenehm für Menschen. Gerade bei lokalen Mitteln, die womöglich bei uns verboten sind, ist Vorsicht geboten. Im Prinzip müsste man nach der Anwendung lüften – was weitere Blutsauger anzieht. Daher sollten diese in geschlossenen Räumen nur im Notfall angewendet werden oder zu Zeiten, wenn noch ausreichend gelüftet werden kann, bevor die Mücken unterwegs sind.

- **Antimücken-Stecker:** Verdampfen Biozide in Form von Plättchen oder Fläschchen. Funktioniert gut als Vorsorgemaßnahme. Ebenfalls Nebenwirkungen möglich.

- **Rauchspiralen (Bengalische Spirale):** Günstig und wirksam, für die Atemwege problematisch. Das Abbrennen einer einzigen Spirale soll dem Rauchen einer ganzen Packung Zigaretten entsprechen. Insofern sollten sie nur dann verwendet werden, wenn der Raum ausreichend belüftet ist oder bei Aufenthalt im Freien.

Unwirksam

Keine Nebenwirkungen haben Ultraschallgeräte, allerdings auch keine messbare Wirkung gegen Mücken. Folglich sind sie nicht empfehlenswert.

Schlangen und andere Gifttiere

Die Wahrscheinlichkeit, einer Schlange zu begegnen, gar einer gefährlichen, ist denkbar gering. Auch einen Skorpion werden Sie kaum zu Gesicht bekommen. Schwerwiegende oder tödliche Zwischenfälle mit Gifttieren bei Reisen in den Tropen sind äußerst rar. Falls Sie dennoch einem begegnen, gilt jedoch: Bei Schlangen, Skorpionen und Spinnen sollten Sie sicherheitshalber immer davon ausgehen, dass sie giftig sind.

Schlangenbisse vermeiden

Glücklicherweise zählen Menschen nicht zum Beuteschema von Schlangen und werden daher in der Regel nur angegriffen, wenn diese sich bedroht fühlen und keine Möglichkeit zum Rückzug haben. **Daraus leiten sich die wichtigsten Schritte der Prävention ab:**

• Augen offen halten, insbesondere in unwegsamem Gelände. Vorsicht im Unterholz. Schlangen halten sich oft unter warmen Steinen auf.

• Kräftig auftreten oder mit einem Stock auf die Erde klopfen. Die Schlange wird durch die Erschütterung gewarnt.

• Bei absehbarer Schlangengefahr feste, über die Knöchel reichende Trekkingstiefel mit hohem Schaft und einer langen Hose tragen. Rund 90 % der Schlangenbisse finden sich in Höhe des oder unterhalb des Knöchels.

• Draußen nicht auf bloßem Boden oder unter Bäumen schlafen: Baumschlangen sind meist giftig.

• Kleidungsstücke nicht auf dem Boden herumliegen lassen und vor dem Anziehen kontrollieren.

• Essensreste beseitigen: Diese locken Mäuse an, welche wiederum Schlangen anziehen.

• Besondere Vorsicht in der Dämmerung und bei Nacht: Schlangen und andere Gifttiere sind häufig nachtaktiv. Im Dunkeln immer eine Taschenlampe benutzen.

Keine Panik

In jeder Notsituation gilt es Ruhe zu bewahren. Überlegt handeln ist besser als schnell zu sein. Bei Schlangenbissen ist Zeit genug, die Verhaltenstipps auf der nächsten Seite zu lesen.

- Im Haus: Nicht blind mit der Hand in Schränken herumtasten.

- Falls eine Schlange überraschend auftaucht und nicht weiträumig umgangen werden kann: Dem Tier Platz zur Flucht lassen und sich mit ruhigen Bewegungen entfernen.

Symptome eines giftigen Schlangenbisses

Unmittelbar nach dem Biss treten Kreislaufreaktionen auf (beschleunigter Puls, Schwindel, Schweißausbruch), oft auch Kopfschmerzen, Übelkeit und Erbrechen. Ein allergischer Schock ist möglich. Lokale Reaktionen (insbesondere Rötungen, Schwellungen, Blutungen, schwarze Verfärbungen an der Bissstelle, brennende Schmerzen) entwickeln sich kurze Zeit später und verschlimmern sich schnell. Schwellungen und Lähmungserscheinungen, Sehstörungen, innere Blutungen, Hautblutungen und Nekrosen sind möglich.

Giftnotruf

Im Falle von Vergiftungen aller Art können, wenn die Kommunikation mit einem lokalen Arzt schwierig oder unmöglich ist, auch Giftnotrufe und Giftinformationszentren in Deutschland eingeschaltet werden. Die Rufnummern finden Sie auf der Website des Bundesamts für Verbraucherschutz und Lebensmittelsicherheit (**www.bvl.bund.de**).

VERHALTEN BEI SCHLANGENBISSEN:

1 Ruhe bewahren. Das gilt auch für die Nicht-Betroffenen.

2 Den Gebissenen beruhigen: Panik beschleunigt die Verteilung des Gifts im Körper.

3 Den Betroffenen von der Schlange entfernen: Ein zweiter Biss erhöht das Risiko drastisch!

4 Jeden Schlangenbiss als potenziellen Notfall behandeln. Aber: Nicht alle Schlangen, die beißen, sind giftig. Auch Giftschlangen verwenden beim ersten Biss häufig noch kein Gift.

5 Das gebissene Körperteil ruhig stellen und möglichst tief lagern (zum Beispiel den Arm in eine Schlinge legen).

6 Das Opfer immobilisieren und schnellstmöglich zum nächsten Arzt oder Krankenhaus bringen. Liegend transportieren. Den Arzt vorab informieren.

7 Wenn gefahrlos möglich: Schlange töten und mitnehmen, damit der Arzt weiß, welches Gegenmittel anzuwenden ist. Sonst fotografieren, sofern das gefahrlos möglich ist.

8 Mund-zu-Nase-Beatmung bei Atembeschwerden.

9 Wunde mit Kugelschreiber markieren.

10 Wunde nicht behandeln: Aussaugen, ausbrennen, abbinden oder intensiv mit Wasser auswaschen verschlimmert die Reaktion!

Giftnotruf

Giftnotruf München
Tel +49 89 1 92 40,
E-Mail tox@lrz.tum.de

Anderes Getier

Der Anblick von Tieren in ihrem natürlichen Habitat ist ein großartiges Erlebnis. Dass wilde Tiere aber nichts zu tun haben mit den lustigen Figuren aus „Madagascar“ sollte klar sein: Direkter Kontakt oder zu große Nähe können in unberechenbares Verhalten münden.

Vermeiden Sie Kontakt zu Haus- und Wildtieren. Es besteht nicht nur die Gefahr von Bissen und Tollwut, es können auch andere unangenehme Krankheiten oder Parasiten übertragen werden wie Läuse oder Flöhe. Diese sind nicht nur an sich unangenehm, sondern wiederum Träger von Krankheiten. Flöhe etwa übertragen Tungiasis, Fleckfieber und die Pest – ja, die gibt es noch! Läuse tragen Erreger des Fleck- und des Rückfallfiebers in sich.

Wie Sie mit Großwild in freier Wildbahn, etwa Flusspferden, Elefanten, Nashörnern, Löwen, Tigern oder Bären umgehen, erklärt Ihnen der erfahrene Wildhüter, in dessen Begleitung Sie sich hoffentlich befinden. Unterschätzen Sie nie die Geschwindigkeit, die auch plump erscheinende Tiere entwickeln können. Ein Elefant oder ein Flusspferd ist sicherlich schneller als Sie.

In Süd- und Südostasien begegnet man vielen herrenlosen Hunden, die aber eher scheu und harmlos sind. Im selben Raum beheimatete Affen mögen hingegen putzig wirken, sind aber wilde Tiere mit scharfen Zähnen. Sie haben wenig Scheu vor Menschen und keine Hemmungen, sich fremdes Eigentum anzueignen. Füttern und jede andere Interaktion ist riskant.

Fliegen wollen Sie weder auf dem Essen noch auf der Haut. Je nach Art werden beispielsweise Leishmaniasis (Sandfliegen), Onchozerkose (Black Flies) oder gar die Schlafkrankheit (Tsetse-Fliege) übertragen. Bettwanzen verursachen eventuell Amerikanische Trypanosomiasis oder die Chagas-Krankheit. Und Zecken sind bekanntlich wegen Lyme-Borrelio-

Wohlgemerkt

Tiere können, müssen aber nicht die besagten Krankheiten übertragen. Panik beim Entdecken von Insektenbissen ist weder hilfreich noch gerechtfertigt.

se und FSME gefährlich, in manchen Ländern kann auch Fleckfieber übertragen werden.

Wenn Sie nicht sicher sind, ob Matratze, Kissen oder Bettwäsche in Ihrer Unterkunft Bettwanzen, Flöhe oder andere Insekten beherbergen, empfiehlt sich die Verwendung eines insektenabweisenden Inletts (Innenschlafsack) oder die Mitnahme alter Bettwäsche von zu Hause.

Überprüfen Sie Bettwäsche und Matratze (auch von unten!) sowie die Wände neben dem Bett auf Spuren möglicher Übeltäter, zum Beispiel Kot-Tupfen. Blutflecken weisen daraufhin, dass frühere Gäste unerwünschten Besuch beseitigt haben. Bei Etagenbetten nehmen Sie möglichst das obere. Vermeiden Sie es, barfuß zu laufen. Vor Benutzung von Schuhen, Kleidung, Kopfbedeckungen, Bettzeug oder Handtüchern schütteln Sie diese am besten aus. Gepäck sollte verschlossen bleiben und nicht neben dem Bett stehen, damit sich keine Tiere hineinverirren. Will man ganz sichergehen oder erscheint eine Begegnung mit Bettwanzen oder anderem Getier wahrscheinlich, gibt es auch dafür spezielle Abwehrsprays.

Bei akutem Befall von Kleidung oder einem entsprechenden Verdacht hilft Hitze oder Kälte: Kleidungsstücke einige Stunden in Seifenlauge einweichen und bei mindestens 50 Grad waschen, der empfindliche Kaschmirpulli kommt in Plastik verpackt einige Tage ins Gefrierfach. Alles andere mit Spray besprühen, in Plastiktüten verschließen und möglichst lange in die pralle Sonne stellen. Blutegel, wie sie beispielsweise in den Regenwäldern

Sri Lankas vorkommen, sind weitestgehend ungefährlich. Der Biss schmerzt praktisch nicht und die Tiere fallen von allein ab, wenn Sie genug Blut gesaugt haben. Werden die Wunden rasch versorgt, bleibt nur das geringe Risiko, dass der Egel zuvor ein infiziertes Wildtier gebissen hat.

Warnungen beachten

Dass vor gefährlichen Tieren gewarnt wird, ist eher ungewöhnlich. Umso mehr sollten diese Warnungen nicht ignoriert werden – auch wenn Sie x-Mal Crocodile Dundee gesehen haben.

Zum Schutz vor Egeln sind Stiefel mit hohem Schaft hilfreich; da die Tiere sich jedoch erstaunlich schnell und unbemerkt hocharbeiten, sollte das Hosenbein im Stiefel getragen werden. Socken über das Hosenbein zu ziehen, hilft wenig, da sich die Egel dann im Stiefel durch den Strumpf beißen. Das Bein muss also komplett bedeckt sein. Einheimische können Empfehlungen für Repellents geben. Falls Sie einen bereits „angedockten" Blutegel entdecken, wird dieser unfreundlich, aber effektiv mit einem Feuerzeug zum Aufgeben gebracht.

Geckos finden sich in vielen warmen Ländern. Falls die putzigen und völlig ungefährlichen Tierchen an der Decke über Ihnen hängen, freuen Sie sich, denn sie entfernen Moskitos und anderes Ungeziefer auf biologische Art. Auch die meisten Spinnenarten sind Ihre Verbündeten in dieser Sache. Dass Sie in Ihrem Zimmer Besuch von einem wirklich gefährlichen Exemplar erhalten, ist nahezu ausgeschlossen.

Die besonders widerwärtigen Kakerlaken können Ihnen leider in fast jedem Land der Welt begegnen. In tropischen und subtropischen Ländern sind sie sehr verbreitet und es ist kaum zu vermeiden, dass Ihnen irgendwann eine vor die Füße läuft.

Tiere töten

Falls Sie sich scheuen, Tiere zu töten, lassen Sie es jemand anderes machen. Keine Sorge: Bei Ungeziefer handelt es sich nicht um gefährdete Arten.

Da sie zahlreiche Krankheiten übertragen, gilt es, sie schnellstmöglich zu eliminieren und nicht etwa zu versuchen, sie aus dem Zimmer zu treiben: Dies birgt das Risiko, dass sie an Orte fliehen, an denen sie nicht mehr erreichbar sind. Schalten Sie das Hotelpersonal ein, wenn Sie die Konfrontation scheuen und insistieren Sie, falls Sie auf Unverständnis stoßen. Ansonsten töten Sie das Tier schnellstmöglich selbst. Dafür eignet sich neben der „chemischen Keule" (die einige Zeit braucht, um zu wirken) vor allem festes Schuhwerk; erfolgversprechend ist auch das Bombardieren mit einer halbgefüllten Plastikwasserflasche aus einer Höhe von circa einem Meter. Um unliebsame Überraschungen zu vermeiden, empfiehlt es sich, das Gepäck immer komplett zu schließen. Auch Essen oder Essensreste sollten weder im Gepäck noch sonstwo im Zimmer herumliegen.

Dass Meere und Binnengewässer nebst Gezeiten und Strömungen auch mit Quallen, Seeigeln, Schalentieren, giftigen Fischen, Muränen, Seeschlangen oder Haien aufwarten können, ist Ihnen natürlich bewusst. Informieren Sie sich daher bei Ortskundigen, ob gefahrloses Baden möglich ist, benutzen Sie eine Taucherbrille, um Gefahren rechtzeitig zu erkennen, und schwimmen Sie, statt zu waten, so Sie keine Badeschuhe tragen.

Weniger bekannt ist, dass auch stehende und langsam fließende Gewässer erhebliche Risiken bergen können. Neben der Begegnung mit Flusspferden, Alligatoren oder Krokodilen besteht auch die Möglichkeit, sich in verseuchten Gewässern

Augen-, Ohren- und Darminfektionen zuzuziehen. Die vielleicht größte Gefahr stellt jedoch die in über 70 überwiegend tropischen Ländern vorkommende, potenziell lebensbedrohliche Bilharziose dar, mit der weltweit circa 200 Millionen Menschen infiziert sind. Dabei dringen die Larven einer Wurmart durch die Haut in den Körper ein, entwickeln sich dort zum Wurm und können dann Jahrzehnte im Körper leben und gravierenden, teils lebensbedrohlichen Schaden anrichten. Dafür kann es schon reichen, sich die Hände in kontaminiertem Wasser zu waschen oder Spritzwasser ausgesetzt zu sein.

Erstes Symptom ist ein juckender Hautausschlag, nach einigen Wochen gefolgt von Fieber, Kopf- und Gliederschmerzen, Schüttelfrost und Nesselsucht. Treten diese Symptome nach der Reise auf, sollte der Arzt unbedingt auf den Tropenaufenthalt hingewiesen werden, damit, falls eine Bilharziose vorliegt, schnellstmöglich mit der (tablettengestützten) Therapie begonnen werden kann und die chronische Phase mit deutlich schwerwiegenderen Problemen und dauerhaften Schäden vermieden wird.

Da einem stehenden Gewässer nicht anzusehen ist, ob dieses verseucht ist, sollte in Risikoregionen der Kontakt mit solchem Wasser vermieden werden.

Arzt informieren

Symptome von Tropen- und anderen Krankheiten können auch noch Wochen nach der Reise auftreten. Damit Ihr Arzt die richtige Diagnose stellen kann, muss er wissen, wo Sie waren.

Höhenkrankheit

Bei Reisen in Höhen über 2.500 Metern besteht das Risiko der Höhenkrankheit. Da die Folgen potenziell lebensbedrohlich sind, in vielen Ländern aber keine Bergrettung zur Verfügung steht, sollte man keine unnötigen Risiken eingehen. Bei vernünftigem und vorausschauendem Verhalten ist die Gefahr für Gesunde aber gering.

Menschen mit Lungen- und Herz-Kreislauf-Erkrankungen sollten bei Reisen ins Hochgebirge ihren Arzt konsultieren, um festzustellen, ob oder unter welchen Voraussetzungen eine solche Reise durchgeführt werden kann. Für alle ohne diese Vorerkrankungen ist das Erkrankungsrisiko in etwa gleich verteilt: Weder Alter noch sportliche Fitness wirken sich spürbar aus und auch Nichtraucher sind hier nicht im Vorteil. Es ist also keineswegs sicher, dass Sie betroffen sein werden – achten Sie einfach auf die im Folgenden beschriebenen Symptome und handeln Sie verantwortlich.

Herantasten

Ob Sie Höhe gut vertragen, wissen Sie erst, wenn Sie es ausprobiert haben. Testen Sie also erst moderate Höhen bevor Sie den Kilimanjaro ins Auge fassen.

Die akute Höhenkrankheit (acute mountain sickness, AMS) wird durch Überanstrengung und zu große Eile beim Aufstieg ausgelöst. Verschlimmert wird sie durch Flüssigkeitsverlust, bestehende Infekte, Alkohol und Schlafmittel. Symptome sind unter anderen Schwindel, Kopfschmerzen, Übelkeit, Schwäche, hoher Ruhepuls, Schlafstörungen, Sehstörungen sowie psychische Auffälligkeiten wie Kritiklosigkeit, Hyperaktivität und vernunftwidriges Verhalten. Letztere bergen das Risiko schwerer Bergunfälle.

Werden diese Symptome ignoriert und der Aufstieg fortgesetzt, besteht eine erhebliche Gefahr für schwere Höhenkrankheit in Form des Höhenlungenödems (high altitude pulmonary edema, HAPE), bei dem sich Wasser in der Lunge ablagert, und einer als Höhenhirnödem (high altitude cerebral edema, HACE) bezeichneten Hirnschwellung. Einen tödlichen Verlauf können dann eventuell nur der schnellstmögliche Transport unter 2.500 Meter,

Passstraße in Kirgistan

Klettertour in British Columbia, Kanada

Sauerstoff und Medikamente verhindern. Es versteht sich, dass auch frühe Anzeichen der Höhenkrankheit nicht missachtet werden sollten. Der Aufstieg ist dann abzubrechen beziehungsweise lange genug zu unterbrechen, bis die Akklimatisierung stattgefunden hat und die Symptome vollständig verschwunden sind. Sind die Warnzeichen bereits ausgeprägt, ist unbedingt der Abstieg einzuleiten. Bei nicht mehr leichten Symptomen darf der Kranke nicht allein absteigen.

Zeichen ernst nehmen

Höhenkrankheit ist keine Frage von Fitness oder Willenskraft. Die Symptome sollten Sie niemals ignorieren.

Eine langsame Höhenanpassung ist die einfachste und wirksamste Prophylaxe. Unerfahrene Bergsteiger sollten sich über sinnvolle Tagesetappen informieren und sich nicht überschätzen beziehungsweise die Krankheit nicht unterschätzen. Die Konsultation eines Höhenmediziners ist eine gute Idee.

Auch Reisende, die nicht die Absicht haben, bergzusteigen, sollten sich bewusst sein, dass ihnen beim Einfliegen auf große Höhen Höhenkrankheit droht, etwa beim Flug nach Quito in Ecuador (2.850 Meter u.NN.) oder Leh in Indien (3.500 Meter ü.NN.). Es sollte dann auf körperliche Aktivitäten in den ersten Tagen verzichtet und auf die oben genannten Symptome geachtet werden.

Strahlenexposition

Strahlung ist seit dem Unglück von Tschernobyl ein Angstthema. Kein Wunder, dass Nachrichten zur Strahlenbelastung bei Flügen Verunsicherung auslösen. Tatsächlich sind wir jedoch jeden Tag natürlicher Strahlung ausgesetzt, die durch Flugreisen nur wenig erhöht wird.

Jeder Mensch ist natürlicher Strahlung ausgesetzt, teils solcher aus dem Boden, teils kosmischer aus dem Weltall. Letztere wird auch als natürliche Höhenstrahlung bezeichnet und ist umso stärker, je höher man sich befindet. Da sie durch die Außenhaut von Flugzeugen dringt, welche sich ja in großer Höhe bewegen, ist eine Flugreise mit einer zusätzlichen Strahlungsbelastung verbunden. Ein Hin- und Rückflug von Frankfurt nach New York führt – abhängig von Flughöhe, -route und Sonnenaktivität – zu einer durchschnittlichen effektiven Dosis von circa 0,1 mSv (Millisievert).

Was bedeutet dieser Wert? In Deutschland sind Sie im Durchschnitt einer natürlichen Strahlung von 2,1 mSv pro Jahr ausgesetzt (hinzu kommen noch 1,7 mSv aus künstlichen Quellen, überwiegend aus der Röntgendiagnostik). In der höher liegenden Schweiz sind es bereits 4,2 mSv, an anderen Orten der Erde ein Vielfaches davon. Im Vergleich mit den deutschen Werten ist die Zusatzdosis durch eine Flugreise also gering. Eine wesentliche Erhöhung der Belastung ist mithin nur für Vielflieger, Piloten und Flugbegleiter denkbar.

Es verwundert daher nicht, dass das Bundesamt für Strahlenschutz (**www.bfs.de**) die zusätzliche Strahlenbelastung durch das Fliegen als gesundheitlich unbedenklich ansieht – auch für Schwangere und Kinder. Fliegen Sie also ganz entspannt.

Strahlung bei Kontrollen

Ob beim Durchleuchten Ihrer Koffer oder im Personen-Scanner: Gesundheitsgefährdende Strahlendosen müssen Sie nicht befürchten.

13

Sicher reisen

DOKUMENTE UND WERTGEGENSTÄNDE SICHER AUFBEWAHREN | RICHTIG MIT BARGELD UND KREDITKARTEN UMGEHEN | BETRUG, DIEBSTAHL UND RAUBÜBERFÄLLE VERMEIDEN UND ÜBERSTEHEN | FRAUEN UNTERWEGS | UMGANG MIT POLIZEI UND BEHÖRDEN | KONSULARISCHE HILFE | UNFÄLLE, SCHIFFS- UND FLUGZEUGUNGLÜCKE | NATURKATASTROPHEN ÜBERLEBEN |

Erdbeben. Tsunamis. Revolutionen. Verkehrsunfälle. Entführungen. Raubüberfälle. Diebstähle. Betrug. Terroranschläge. Reaktorunfälle. Tierangriffe. Flugzeugabstürze. Überflutungen. Schiffsunglücke. Polizeiübergriffe. All das kann einem auf einer Reise passieren. Und versichern kann man sich dagegen nicht. Allerdings können die meisten dieser unschönen Vorfälle auch daheim auftreten. Und da bei weitem die meisten Unfälle zu Hause passieren, ist das Daheimbleiben keine Lösung.

Bleiben Sie also cool. Gravierende Probleme oder Katastrophen sind höchst unwahrscheinlich und mit kleinen Unannehmlichkeiten werden Sie fertig. Bedenken Sie: Die Menschen vor Ort müssen damit jeden Tag leben, Sie nur ein paar Wochen. Zudem können Sie Risiken durch gute Vorbereitung, gesunden Menschenverstand und die richtige Einstellung gut vorbeugen und im Ernstfall den Schaden durch besonnenes Handeln minimieren. Dafür haben Sie ja dieses Buch.

Und überhaupt sind Sie an vielen Reisezielen sicherer als daheim. Die Wahrscheinlichkeit, dass jemand Sie in Singapur, Taipeh oder Osaka mit einem Messer bedroht oder einen Sprengstoffgürtel spazieren trägt, ist weit geringer als in Berlin oder London. Falls Sie Bedenken haben, wählen Sie für die ersten großen Reisen einfach Ziele, bei denen Sie sich rundum wohlfühlen.

Was können Sie also tun, um Unannehmlichkeiten zu vermeiden, und wie sollten Sie sich in Notfällen verhalten?

Dokumente und Wertgegenstände sicher aufbewahren

Ihr Reisepass ist das Wichtigste, das Sie dabei haben. Sollte er Ihnen abhandenkommen, wird Ihnen die zuständige deutsche Botschaft oder ein deutsches Konsulat zwar weiterhelfen (siehe Abschnitt *Konsularische Hilfe*), das ist aber nicht nur zeitaufwendig und lästig. Man muss nämlich erst einmal zu einer deutschen Vertretung gelangen, die es oft nur in der Hauptstadt gibt.

7 Regeln für sichere Dokumente

> **Mein Tipp**
>
> Tragen Sie Reisepass und Geld an unterschiedlichen Stellen mit sich. Am Pass haben Kleinkriminelle selten Interesse; es wäre ärgerlich, wenn beides gestohlen würde, obwohl der Dieb es nur auf das Geld abgesehen hatte.

Geld und Pass, aber auch Ihren Führerschein wollen Sie nicht verlieren, wenn Sie Selbstfahrer sind, und Flugtickets, Hotelbestätigungen oder Quittungen für Vorauszahlungen einschließlich der dazugehörigen Adressen ebenso wenig. Mit den folgenden Regeln können sie das Risiko eines Diebstahl oder Verlustes ganz leicht minimieren.

Regel 1: Tragen Sie die wichtigsten Dinge immer nah bei sich

In kühlerem Klima lassen sich alle wichtigen Dokumente, Geldbörse und Telefon in den Innentaschen von Jacke oder Mantel unterbringen. Dort sind sie besser aufgehoben als in einer Tasche oder einem Rucksack.

In warmem Klima, das heißt, wenn eine Jacke nicht in Frage kommt oder diese offen getragen würde, stecken Sie Geldbörse und Telefon in die vorderen Hosentaschen (niemals in die hinteren!). Handelt es sich um eine Cargohose, also solche mit einer Beintasche, ist dies ein perfekter Ort für den Reisepass. Diese Taschen haben Sie auch in großen Menschenmengen im Blick und können sie mit ihren Händen schützen.

Passt die Geldbörse nicht in die Hosentasche, besorgen Sie sich eine kleinere. Notfalls reichen auch eine Kreditkarte und etwas Bargeld. Ist die Handyhülle zu groß, nehmen Sie eine weiche Silikonhülle – die schützt perfekt und ist nicht teuer. Verteilen Sie Geld auf verschiedene Taschen. Und lassen Sie Bahncard, Payback-Karte und alles andere, das Sie während der Reise nicht brauchen, zu Hause – so kann es auch nicht abhandenkommen.

Damen, die einen Rock oder ein Kleid tragen, sind da leider im Nachteil. Hier müssen die Wertsachen in einer Tasche oder besser einem Rucksack untergebracht werden, der nicht locker über der Schulter hängen und bei Menschenansammlungen vorne getragen werden sollte.

Wertsachen sollten idealerweise an verschiedenen Stellen im Rucksack verteilt und nicht in den Außentaschen platziert werden. Wird der Rucksack abgesetzt, beispielsweise in einem Restaurant, kann ein Stuhlbein oder das eigene durch einen der Träger gestellt werden, um einen Raub zu verhindern.

Die Verwendung spezieller Gürtel oder Brustbeutel zur Aufbewahrung von Papieren und Geld kann nicht uneingeschränkt empfohlen werden. Diese sind meist unbequem, unkleidsam und auffällig und bieten nur wenig Schutz, da gewiefte Diebe damit umgehen können.

Diebe abschrecken

Dokumente und Wertgegenstände sicher aufzubewahren ist gut. Demonstrative Aufmerksamkeit auch: Wenn Diebe sehen, dass Sie nach ihnen Ausschau halten, suchen sie sich lieber ein leichteres Opfer.

Regel 2: Wertgegenstände zu Hause lassen

Am sichersten ist es, gar keine Wertgegenstände (außer Telefon und Tablet) mitzunehmen. Teuren Schmuck brauchen Sie auf Reisen ebenso wenig wie Ihren Schweizer Chronometer.

Regel 3: Fertigen Sie Papier- und digitale Kopien an.

Mit zwei Kopien Ihres Reisepasses (Seite mit Bild + Seite mit Visum, am besten in Farbe), jeweils eine im Handgepäck und eine im Koffer verstaut, sind Sie gut abgesichert. Das gleiche sollten Sie auch mit allen anderen Dokumenten tun. Falls Sie mit anderen reisen: Tauschen Sie gegenseitig die Kopien aus.

Zusätzlich scannen Sie Reisepass und wichtige Papiere ein und speichern die Datei auf der SD-Karte oder im Speicher Ihres Telefons oder Tablets sowie im Netz, indem Sie sie als Anhang an Ihre eigene E-Mail-Adresse senden. Auch Dienste wie Dropbox oder Google Drive kommen in Frage. Nun können Sie weltweit ihre Papiere wiederherstellen, und das mit beliebigen Endgeräten.

Bei online bezahlten Hotelbestätigungen und Tickets brauchen Sie nicht so viel Aufwand zu betreiben, da Sie diese ja ohnehin in ihrem E-Mail-Account oder der App von Fluggesellschaft oder Buchungsportal haben.

Falls Sie vor Ort Papiertickets oder Quittungen bekommen, können Sie diese einfach fotografieren oder mit Apps wie OfficeLens einscannen und dann wiederum als Mail-Anhang an sich selbst schicken.

Regel 4: Safe nutzen

Gelegenheit macht Diebe. Wertgegenstände sollten deshalb nicht im Zimmer herumliegen, sondern zumindest im abgeschlossenen Koffer aufbewahrt werden. Kleinere Dinge können Sie in einer leeren Shampooflasche im Koffer unterbringen, damit ein Dieb sie nicht sofort entdeckt.

Häufig steht auch ein Zimmer- oder Hotelsafe zur Verfügung. Beim Zimmersafe (dessen Funktion Sie vorher testen sollten, damit Sie ihn auch sicher wieder aufbekommen) ist aber nicht auszuschließen, dass dieser unberechtigt geöffnet wird. Üblicherweise gibt es einen Notfallcode für den Fall, dass die Kombination vergessen wurde. Er bleibt aber neben dem Hotelsafe die sicherste Aufbewahrungsoption. Um zu vermeiden, dass Ihnen erst 300 Kilometer weiter auffällt, dass Ihre Sachen noch im Safe liegen, stellen Sie sich für den Zeitpunkt der Abfahrt einen Wecktermin im Handy ein.

Mit leichtem Gepäck

...zu reisen, heißt auch sicher zu reisen. Was Sie nicht dabei haben, geht auch nicht verloren.

Regel 5: Zimmer sichern

Prüfen Sie, ob Ihre Zimmertür tatsächlich ins Schloss gefallen ist, wenn Sie das Zimmer verlassen. Im Zimmer legen Sie den Schließhebel oder die Kette vor. Ist keines davon vorhanden oder misstrauen Sie dem Mechanismus, verwenden Sie einen mitgebrachten Kunststoffkeil, um die Tür zu fixieren.

Regel 6: Unauffällig bleiben

Offen getragener, teurer Schmuck ist eine Einladung an Taschendiebe und Räuber. Eine um den Hals getragene Kamera weist Sie als Tourist und leichtes Opfer aus. Stecken Sie Ihre Kamera immer weg, am besten in eine unauffällige Tasche oder einen Rucksack, welcher nicht als Kameraausrüstung erkennbar ist. Unauffällige Kleidung vorausgesetzt, hält man Sie so vielleicht für einen Expatriate, der sich dort auskennt.

Regel 7: Wissen, was bei Handy-Verlust zu tun ist

Ist das Smartphone weg, lohnt sich zunächst der Versuch, es zu orten. Android, iOS und Windows bieten diese Möglichkeit. Bei Android-Telefonen geht dies so: Melden Sie sich auf einem anderen Gerät mit Ihrem Google-Konto an. Nun googlen Sie „Find my device", folgen dem Link und schon wird

Gut vorbereitet

Wer sich erst mit dem Sperren oder Tracken seines Handys beschäftigt, wenn es gestohlen wurde, schaut in die Röhre. Testen Sie die Möglichkeiten Ihres Mobiltelefons und Tablets vor der Reise.

der Standort angezeigt und Sie können das Gerät sperren oder zumindest die Daten darauf löschen. Voraussetzung ist allerdings, dass das Telefon angeschaltet, mit einem mobilen Datennetz oder WLAN verbunden und bei Google Play sichtbar ist. Außerdem muss die Funktion „Mein Gerät finden" aktiviert sein. Um Ihr Telefon von einem anderen Android-Gerät aus finden zu können, empfiehlt sich die Installation der App „Google Mein Gerät finden".

Apple-Nutzer erhalten Hilfe über die iCloud, sofern vor dem Verschwinden in den Einstellungen die Funktion „Mein iPhone suchen" eingeschaltet wurde. Loggen Sie sich dazu auf **www.icloud.com/#find** mit Ihrem iCloud-Passwort ein.

Daneben gibt es zahlreiche kostenlose Apps, die weitergehende Sicherheitsfunktionen bieten, etwa Avast Antivirus oder ESET Mobile Security, mit denen beispielsweise Fotos oder Audiodateien vom Dieb aufgenommen werden können.

Beschäftigen Sie sich am besten vor der Reise damit, wie dies mit Ihrem individuellen Gerät und Betriebssystem beziehungsweise Ihrer App funktioniert. Falls die Ortung fehlschlägt oder ein bereits weit entfernter Ort anzeigt wird und Sie der lokalen Polizei nicht zutrauen, das Gerät zeitnah sicherzustellen, können Sie das Handy sperren und auf den Werkszustand zurücksetzen. Damit werden alle Daten gelöscht.

Zusätzlich ist die SIM-Karte bei Ihrem Provider zu sperren. Dies kann telefonisch oder auf der Website des Anbieters geschehen. Auch hier gilt es, sich vor Abreise entsprechend zu informieren und gegebenenfalls die Telefonnummer zu notieren.

Richtig mit Bargeld und Kreditkarten umgehen

Solange Sie flüssig sind, kommen Sie mit fast allen Herausforderungen zurecht. Sorgen Sie also dafür, dass Ihnen – egal was passiert – nicht alles auf einmal abhanden kommt.

6 Regeln für sicheres Geld

Vorsicht beim Geldwechseln

Egal ob am Flughafen oder in der Wechselstube: Zählen Sie nach. Und schauen Sie, dass man Ihnen keine abgelaufenen oder beschädigten Scheine unterschiebt.

Auch bei Zahlungsmitteln gibt es einfache Regeln, die vor Verlust und Diebstahl schützen:

Regel 1: Nur so viel Bargeld wie nötig

Geld, das man nicht dabei hat, kann nicht abhandenkommen. Aus diesem Grund sollte man möglichst nur so wenig Geld mit sich führen, wie man aktuell benötigt, und größere Beträge per Karte bezahlen. Dies setzt voraus, dass es im jeweiligen Land Geldautomaten gibt und Abhebungen mit der eigenen Karte kostenlos sind – sonst kann das ins Geld gehen. Andererseits sollte man nicht zu knapp kalkulieren. Denn es kann durchaus sein, dass einmal kein betriebsbereiter Geldautomat verfügbar ist oder der Automat Ihre Karte ablehnt.

Wenn möglich, nutzen Sie bitte einen Geldautomaten in einem Bankgebäude und während der Banköffnungszeiten. So sind Sie im Zweifel sicherer und sollte Ihre Karte aus irgendeinem Grund eingezogen werden, bekommen Sie sie auch schneller wieder.

Regel 2: Geldbörse stecken lassen

Nichts zieht die Blicke der Langfinger so auf sich wie eine Geldbörse. So können Übeltäter abschätzen, ob sich der Diebstahl lohnt, und wissen, wo das Portemonnaie aufbewahrt wird. Schlimmstenfalls könnte sie Ihnen entrissen werden.

Es empfiehlt sich daher für die Vielzahl kleiner Zahlvorgänge, die man an einem Tag ausführt, Geld in verschiedenen Taschen zu platzieren. So können Münzen in einer Gesäßtasche, kleinere Scheine in der anderen und ein paar größere in der vorderen Hosentasche getragen werden, in der sich nicht das Portemonnaie befindet. Hosen sind dabei klar im Vorteil.

Regel 3: Sperrnummer notieren

Ist Ihre Karte weg, muss diese schon aus Haftungsgründen schnellstmöglich gesperrt werden. Die entsprechende Rufnummer (und die Karten- beziehungsweise Kontonummer) steht aber auf der verschwundenen Karte. Um nicht lange im Internet suchen zu müssen – das ja nicht überall in hinreichender Qualität zur Verfügung steht – sollten Sie sich die jeweilige Telefon- und Kartennummer notieren oder abfotografieren. Girocards und viele, aber nicht alle Kreditkarten, können Sie über die Rufnummer +49 116 116 sperren. Sollte diese in Ausnahmefällen nicht erreichbar sein, hilft die Rufnummer +49 30 4050 4050. Falls Sie Ihre Zugangsdaten für Online- oder Telefonbanking nicht auswendig kennen und Ihnen im Notfall niemand sonst von zu Hause aushelfen kann, sollten Sie diese gut versteckt oder verschlüsselt mit dabei haben.

Mein Tipp

Genau wie Ihre wichtigsten Dokumente können Sie auch Sperr- und Kartennummern im Netz speichern. Schicken Sie sich einfach selbst eine Mail.

Regel 4: Kreditkarte nicht aus der Hand geben

Dass jemand Ihre Kartendaten kopiert und damit eine Karte fälscht oder im Internet einkauft, ist nicht auszuschließen, wenngleich die Kreditkartenunternehmen dies immer schwerer machen. Insofern sollten Sie stets beobachten, was mit Ihrer Karte geschieht, und notfalls mit zum Bezahlgerät gehen, statt die Karte aus der Hand zu geben. Der zuweilen gehörte Ratschlag, am besten gar keine Karte zu benutzen, ist Unsinn. Kartenmissbrauch kommt zwar vor, Ihre Bank erstattet Schäden jedoch schnell und unbürokratisch, solange

> **Mein Tipp**
>
> Viele Banken bieten auch an, das Verfügungslimit anzupassen, um so potentielle Schäden zu verringern. Wenn Sie aber pfleglich mit Ihrer PIN umgehen, können Sie sich den Aufwand sparen.

keine grobe Fahrlässigkeit erkennbar ist. Das wäre zum Beispiel der Fall, wenn die Karte aus dem Handschuhfach gestohlen, ein Verlust nicht unverzüglich gemeldet oder die PIN auf der Karte notiert wurde. Dies sind aber keine reisespezifischen Punkte – gehen Sie mit Ihrer Karte einfach mit derselben Sorgfalt um wie zu Hause.

Regel 5: Online-Banking und -Zahlungen nur in sicherer Umgebung

Wie daheim gilt auch auf Reisen: In offenen WLANs (zum Beispiel im Hotel oder in Internetcafés) sollte man mit sensiblen Daten vorsichtig sein. Nutzen Sie möglichst Ihre eigenen Endgeräte und verwenden Sie eine VPN-Verbindung (Virtual Private Network). Android- und iOS-User finden viele kostenlose VPN-Apps im App Store beziehungsweise bei Google Play. Damit können Sie dem lokalen Server vorspielen, Sie seien in einem anderen Land, und so lokal blockierte Websites erreichen.

Falls Sie ausnahmsweise einen fremden Computer nutzen, vergessen Sie nicht, anschließend die Browser-Historie zu löschen.

Regel 6: Für ein Back-up sorgen

Geldbeträge als Back-up lassen sich zwar auch im Koffer verstecken, sind dort aber dem Diebstahlrisiko ausgesetzt. Insofern sollte dies auf geringe Beträge – die ja auch schon helfen können – beschränkt bleiben. Besser ist eine Back-up-Prepaid-Kreditkarte. Prepaid bedeutet, dass diese kein Verfügungslimit besitzt, sondern nur im Rahmen eines Guthabens verwendet werden kann. Eine solche Karte – ohne Guthaben – verstecken Sie im Koffer oder geben sie einem vertrauenswürdigen Mitreisenden. Wird die Karte gestohlen, beschränkt sich der Schaden auf die Kosten einer Ersatzkarte. Verschwindet hingegen Ihre Haupt-Kreditkarte, überweisen Sie einfach per Online-Banking Geld vom Girokonto auf die Back-up-Karte. In ein bis zwei Tagen sind Sie dann wieder flüssig. Mit der Postbank SparCard geht das natürlich auch.

Doppelt sicher

Eine Back-up-Karte ist gut, zwei oder drei sind besser. Da Geldautomaten in manchen Ländern wählerisch sind, empfiehlt sich das auch aus diesem Grund.

Was tun, wenn die Kreditkarte weg ist?

Ist die Kreditkarte defekt oder abhandengekommen, bieten viele Banken die Zusendung einer Notfallkreditkarte und von Notfallbargeld an. Die Zusendung erfolgt typischerweise über einen Kurierdienst – dies kann einige Tage dauern! Zur Legitimation benötigen Sie in jedem Fall ein Ausweisdokument, also meist den Reisepass.

Alternativ schicken Sie sich Geld über **Western Union** oder **Moneygram**. Das ist online ganz einfach, die jeweilige Website führt durch Registrierung und Zahlungsprozess. Haben Sie keinen Zugriff auf Ihr Online-Banking, kann Ihnen jemand anderes Geld übermitteln, auch offline. Western-Union-Zahlungen bietet zum Beispiel jede Filiale der Postbank an. Zahlungen über diese Dienste sind extrem schnell und in nahezu allen Ländern der Erde auch in kleineren Orten verfügbar. Sie benötigen allerdings Ihren Reisepass. Ohne diesen bitten Sie eine vertrauenswürdige Person vor Ort um Hilfe und schicken das Geld an diese.

Karte ohne Chip

Die Notfallkarte besitzt typischerweise keinen Chip, wodurch ein Einsatz an Geldautomaten in der Regel nicht möglich ist; insofern sollte immer auch das Notfallbargeld angefordert werden.

Betrug, Diebstahl und Raubüberfälle vermeiden und überstehen

Dass Sie – als vermeintlich reicher Ausländer – übers Ohr gehauen werden, gehört in manchen Ländern leider zum Programm. Dies beginnt damit, dass Ausländer ganz legal höhere Preise als die Einheimischen zahlen, und macht auch vor größeren Betrügereien nicht Halt. Das kann schon einmal die Laune verderben, auch wenn es letztlich ja immer nur um Geld geht. Mit ein wenig Umsicht können Sie dergleichen aber weitestgehend verhindern.

Diskriminierende Eintrittspreise

Eintrittspreise für Ausländer (Foreigners) sind zum Teil deutlich höher als für Einheimische. Auf diese Weise will man die Zahlungsbereitschaft der Reisenden abschöpfen, während gleichzeitig weniger gut situierten Einheimischen der Besuch nationaler Monumente und Museen ermöglicht wird. Im Grunde ist das verständlich, aber nicht immer fair. Wenn der deutsche Student ein Vielfaches dessen berappt, was lokale Großunternehmer oder Bollywood-Stars zahlen, ist das ärgerlich. Falls Sie nicht als Eingeborener durchgehen, müssen Sie damit leider leben.

Gelegentlich gibt es aber auch positive Diskriminierung. Beispielsweise sind bestimmte günstige Bahntickets in Japan (beispielsweise der Japan Rail Pass) nur für Touristen erhältlich.

Ausgetrickst

Falls man Ihnen kein Ticket zum Inländerpreis verkaufen will, heißt das nicht zwingend, dass man Ihnen mit einem solchen Ticket den Einlass verwehren wird. Ggf. kann jemand anders das Ticket für Sie kaufen.

Übervorteilung und Betrug

Abseits der Hauptreiserouten, wo man keine ausländischen Reisenden gewohnt ist, werden Sie beim Einkauf nicht anders behandelt als die Einheimischen. Auch das Risiko, betrogen zu werden, ist weitaus geringer. Natürlich sollten Sie dort, wo es üblich ist, trotzdem Preise verhandeln, und sei es nur, um zu zeigen, dass Sie wissen, wie der Hase läuft und was die Dinge wert sind.

In typischen Touristengebieten hingegen besteht konkrete Gefahr, über den Tisch gezogen zu werden. Auch wenn Sie geschickt im Feilschen sind, geben sich Verkäufer dort oft nicht mit einem Preis zufrieden, den sie bei einem Landsmann akzeptieren würden. Nutzen Sie in jedem Fall alle Tricks beim Handeln: Selbstver-

Richtig Feilschen

Ob Sie 10 % oder 80 % Preisnachlass herausholen können, ist abhängig von den Landessitten und der Touristendichte. Reiseforen helfen herauszufinden, welche Rabatte angemessen sind.

ständlich haben Sie das Objekt der Begierde woanders günstiger, besser und schöner gesehen, brauchen es eigentlich gar nicht, müssen dringend weiter und finden imaginäre Schäden. Kontrollieren Sie Ihre Mimik und signalisieren Sie gerade so viel Kaufinteresse, dass der Verkäufer Zeit in Sie investiert. Je mehr, desto besser. Wenn der Verkäufer am Ende seine gute Laune verloren hat, haben Sie einen guten Job gemacht.

Mittel der Wahl gegen Übervorteilung und Betrug sind zum einen hinreichendes Wissen über lokale Preise und typische Betrugsmuster. Hier helfen der Reiseführer und vertrauenswürdige Einheimische: Fragen Sie doch einfach einen Hotelangestellten oder Ihren Fahrer, ob der geforderte Preis für das Mitbringsel realistisch ist, oder schicken gleich ihn zum Einkauf. Wird ihm ein besserer Preis als Ihnen angeboten, teilen Sie sich den Gewinn. Zum anderen empfiehlt sich wie immer der gesunde Menschenverstand: Wenn etwas zu gut aussieht, um wahr zu sein, ist es das wahrscheinlich nicht.

Vorsicht bei **Juwelen und Antiquitäten**: Nur Experten können feststellen, ob diese echt und ihren Preis wert sind. In einem aufgeräumten Ladenlokal mit einheimischen Kunden, guten Bewertungen im Internet und festen Preisen werden Sie nicht zwangsläufig günstig bedient, aber vermutlich seriös. Handelt es sich jedoch um Straßenhändler, die morgen verschwunden sind, werden Sie von Schleppern angesprochen („Hello my friend, where are you from? My brother works in Berlin!") oder wird der Laden von Ihrem Taxifahrer vorgeschlagen („This is the shop of my cousin. Special price for you!") sollten Sie sich einen Kauf gut überlegen. Haben Sie den Verdacht, dass Sie betrogen werden sollen oder wurden, handeln Sie bitte umsichtig. Ob das **Hinzuziehen der Polizei** beziehungsweise die Drohung damit sinnvoll ist, Sie sich so vielleicht in Gefahr bringen oder einfach nur Zeit verschwenden, können Sie nur in der individuellen Situation abschätzen. Sofern die Transaktion noch nicht abgeschlossen ist, ziehen Sie sich unter einem Vorwand (kein Geld dabei) zurück oder suchen Sie die Unterstützung anderer Personen.

In jedem Fall gilt es, ein Geschäft nur Zug-um-Zug abzuwickeln und das Gegenüber nicht mit einem höheren Betrag verschwinden zu lassen.

Sehr häufig ist Betrug leider bei **Taxifahrern**. Sofern ein Taxameter vorhanden ist, sollte man auf dessen Verwendung bestehen und beim Hinweis, dieser sei defekt, wieder aussteigen. Auch das Angebot eines vermeintlich günstigen Festpreises trotz Vorhandensein eines Taxameters ist häufig ein Versuch, den Fahrgast zu übervorteilen. Erkundigen sie sich daher vorher über die lokalen Fahrpreise, insbesondere wenn vor Ort grundsätzlich keine Taxameter in Gebrauch sind (dann ist Verhandlungsgeschick erforderlich). Falls Sie sichergehen wollen, lassen Sie sich von Ihrem Tour Operator abholen oder verwenden Sie einen Dienst wie Uber. Weitere Informationen zum Taxifahren im Ausland finden Sie im Abschnitt *Relaxed ankommen* im Kapitel *Unbeschwert fliegen*.

Taschendiebstahl gibt es überall auf der Welt. Wenn Sie die Regeln und Tipps aus den beiden vorigen Kapiteln beachten, ist Ihr Risiko aber sehr gering. Noch weitaus geringer ist die Wahrscheinlichkeit eines

Achtung

Zieht man Ihnen an der Kleidung, geben Sie gut auf Ihre Wertsachen acht. Notfalls schlagen Sie dem Übergriffigen auf die Finger.

Gewalt

Gewaltandrohungen sollten Sie immer ernst nehmen. Bereits die Verteidigung gegen ein simples Messer ist fast unmöglich. Kein Wertgegenstand ist das Risiko wert.

veritablen **Raubüberfalls**. Warnungen des Auswärtigen Amtes oder des Reiseführers, sich in bestimmten Gegenden nach Einbruch der Dunkelheit nicht oder nicht allein aufzuhalten, mögen zum Teil übertrieben sein, es schadet jedoch nicht, sich daran zu halten. Erkundigen Sie sich am besten bei Einheimischen, welche Gegenden problematisch sind – oft kann man diese leicht umgehen. Fragen Sie aber konsequent nach, da Einheimische eine andere Risikotoleranz haben als Sie.

Auch bei Diebstahl und Überfällen gilt, dass diese abseits der Touristenrouten selten sind: Welcher Gelegenheitskriminelle, der es noch nie mit einem Ausländer zu tun hatte, möchte sich schon dessen unberechenbarer Reaktion oder gar der robusten Behandlung der lokalen Polizei aussetzen – zumal es diese in vielen Ländern als besonders peinlich ansieht, wenn Gäste zu Schaden kommen.

Sind Sie tatsächlich in der unangenehmen Situation, mit Waffengewalt überfallen zu werden, spielen Sie bitte nicht den Helden und geben Sie den Räubern ohne Diskussion das Geforderte. Ihre Gesundheit ist wertvoller, Wertgegenstände lassen sich ersetzen. Falls allerdings absehbar ist, dass es nicht beim Transfer Ihrer Habe bleiben wird, sollten Sie Hilfe herbeirufen und sich entschieden und mit allen Mitteln zur Wehr setzen. In einer Notwehrsituation ist jede Rücksichtnahme falsch. Verwenden Sie jeglichen Gegenstand als Waffe, der greifbar ist. Vergessen Sie nicht, den Überfall anzuzeigen, auch wenn wenig Aussicht besteht, dass Sie Ihr Eigentum zurückbekommen.

Alle beschriebenen Vorsichtsmaßnahmen helfen allerdings nur begrenzt, wenn das Opfer betäubt wird. Eine typische Methode in Touristengebieten ist die Verabreichung von K.-o.-Tropfen in einem Getränk. Behalten Sie also im Zweifel Ihr Getränk vom Ausschank bis zum Verzehr im Auge und misstrauen Sie Zufallsbekanntschaften an der Bar.

Bettler

Es ehrt Sie, wenn Sie Menschen in Not helfen möchten. Ein vermeintlich hungriges Kind einfach stehen zu lassen oder die Augen von einem verstümmelten oder entstellten Menschen abzuwenden, der keine andere Möglichkeit des Broterwerbs hat, als zu betteln, fällt schwer. Der nicht unberechtigte Hinweis auf die Verantwortung der jeweiligen Regierung hilft dann nur begrenzt. Wie in unseren Breiten ist Betteln allerdings oft ein bestens organisiertes Business, bei dem der Großteil der Einnahmen an Hintermänner fließt. Manchmal werden Menschen sogar absichtlich verstümmelt, um mehr einzubringen. Solch menschenverachtende Praktiken wollen Sie ebenso wenig unterstützen, wie Sie Kinder vom Schulbesuch abhalten wollen, indem Sie Ihnen zeigen, dass es lohnenswerter ist, die Hand aufzuhalten. Insofern sollten Sie insbesondere in Touristengebieten mit milden Gaben zurückhaltend sein. Am unverdächtigsten sind Bettler, die auch von Einheimischen bedacht werden.

Bettler können außerordentlich lästig werden. Wenn Sie ein Kind auf Krücken verfolgt oder an Ihrem Hemd zerrt, kann das sehr unangenehm sein. Glücklicherweise sind solche Situationen selten. Die vorrangige Taktik zur Abwehr von Bettlern – wie

Mein Tipp

Ist das Risiko eines Taschendiebstahls oder Raubüberfalls hoch, stellen Sie sich eine Dummy-Geldbörse zusammen, die Sie an einer für einen Dieb leicht zugänglichen Stelle verwahren oder bei einem Überfall dem Räuber aushändigen. Dazu brauchen Sie eine alte Geldbörse, ein paar Scheine in verkraftbarer, aber noch glaubwürdiger Höhe (beispielsweise 20 bis 50 Euro) und einige abgelaufene EC- oder Kreditkarten. Bei einem Überfall wird niemand das Gültigkeitsdatum prüfen und ein Taschendieb wird sich kaum nachträglich beschweren.

von übereifrigen Verkäufern – ist das entschiedene Ignorieren. Setzen Sie eine gelangweilte, abweisende Miene auf, schauen Sie die Person nicht direkt an und antworten Sie nicht auf scheinbar harmlose Fragen der Art: „Where are you from, my friend?" Jede Reaktion markiert Sie als potentielles Opfer.

Bleibt der Mensch hartnäckig, weisen Sie ihn mit aller Entschiedenheit und einer gewissen Lautstärke zurecht. Idealerweise haben sie vorher gelernt, was „Verschwinde" oder „Ich kaufe nichts" in der Landessprache heißt – das wirkt erstaunlich gut, da viele nicht damit rechnen oder Sie gar für einen mit allen Wassern gewaschenen Ansässigen halten.

Damit sollten Sie 99 % aller Situationen gemeistert haben, und dies übrigens ohne in den Augen der Einheimischen das Gesicht zu verlieren. Mit der Zurechtweisung ist das Gespräch beendet.

Mein Tipp

In manchen osteuropäischen Ländern, aber auch anderswo, trifft man auf alte Frauen, die auf der Straße Taschentücher, Kaugummis, Obst oder andere Kleinigkeiten verkaufen. Dort etwas zu kaufen, ist vermutlich eine der besten Möglichkeiten, bedürftigen Menschen zu helfen, ohne Almosen zu geben, und Ihnen so die Würde zu lassen.

Frauen unterwegs

Als Frau haben Sie es leider mancherorts schwerer, ernst genommen zu werden. Eine etwa aus Lateinamerika und Afrika bekannte „Macho-Kultur“ kann ebenso wie die starren Rollenkonzepte stark religiöser Gesellschaften in Südasien und im islamischen Raum Kontakte zwischen Männern und Frauen heikel oder unziemlich machen, vor allem solche privater Natur.

Respekt bekommen in konservativen Gesellschaften

Alleinreisende Frauen sind in manchen Regionen höchst ungewöhnlich und können auf Missbilligung von Männern wie Frauen stoßen. Hinzu kommt die Schwierigkeit, das Verhalten der Einheimischen richtig zu interpretieren: Das bewusste Ignorieren von Frauen durch einen pakistanischen Mann zum Beispiel kann – für uns überraschend – auch und gerade eine Form des Respekts darstellen, während eine scheinbar freundliche Ansprache Hintergedanken haben kann.

Nun sind Frauen aber weder überall im Nachteil – in Japan werden selbstverständlich auch sie mit ausgesuchter Höflichkeit behandelt und mit einer Straßenverkäuferin in Bangkok oder einer chinesischen Polizistin legt man sich besser nicht an – noch sollte man den Einfluss von Frauen in weniger gleichberechtigten Gesellschaften unterschätzen: Oft werden die wichtigsten Entscheidungen daheim von ihnen getroffen. Es sind auch Frauen, die aus unserer Sicht so abscheuliche Traditionen wie Genitalverstümmelungen bei Mädchen oder die Abtreibung weiblicher Föten mittragen.

Vor allem aber gilt: Auch in schwierigeren Ländern gibt es Möglichkeiten, sich den gebührenden Respekt zu verschaffen. Einen Hinweis darauf, wie dies gelingen kann, gibt die Tatsache, dass schon in allen Staaten Südasiens, aber auch in anderen sehr konservativen Gesellschaften wie Südkorea, Mali oder den Philippinen Frauen ins höchste Staatsamt aufsteigen konnten. Dies zeigt: Wenn in einem Land Männer gesellschaftlich über den Frauen stehen, so doch nur innerhalb derselben Klasse oder Gesellschaftsschicht. Der Ladenbesitzer, Kleinbauer oder Taxifahrer darf sich gegenüber der Frau eines Politikers, Industriellen oder Großgrundbesitzers keine Freiheiten erlauben. Ausnahme sind allenfalls Geistliche. Dies können Sie sich zunutze machen.

Für Einheimische ist es schwierig, Sie einzuordnen – vor allem, wenn Sie ohne männliche Begleitung unterwegs sind, deren wahrgenommener Status auf Sie abfärbt. Deshalb sollten Sie ihnen helfen, entweder zu verstehen, dass Sie außerhalb der lokalen gesellschaftlichen Regeln stehen, oder zu akzeptieren, dass Sie in der sozialen Rangliste weit oben sind. Dazu ist Ihr Verhalten von zentraler Bedeutung: Bringen Sie Ihren gesellschaftlichen Status durch Haltung und Sprache zum Ausdruck, und zwar von Anfang an. Treten Sie entschieden und selbstbewusst auf. Analysieren Sie die Situation: Lieber sind Sie zu Anfang etwas schroff, freundlich können Sie später immer noch sein.

Verstehen Sie dies nicht als neokoloniale Attitüde, sondern als der Situation angepasstes Verhalten. „Westliche" Political Correctness bringt Sie nicht weiter. Außerdem haben Sie nach den lokalen Vorstellungen alles Recht dazu, da Sie wahrscheinlich besser gebildet und finanziell ausgestattet sind als Ihr Gegenüber. Diskussionen über das Konzept der Gleichberechtigung werden jedenfalls regelmäßig nicht erfolgreich sein.

Mein Tipp

Kurze Hosen oder ein knappes Top mögen bequem sein, können aber bei der lokalen Bevölkerung auf Unverständnis stoßen.

Frauen helfen Frauen

Falls Sie vermuten oder bereits erfahren haben, dass Männer Sie in Ihrem Reiseland trotz allem nicht mit dem gebührenden Respekt behandeln, wenden Sie sich bei Fragen oder Problemen einfach an eine Frau. An Hotelrezeptionen, in Unternehmen oder Ämtern werden Sie fast immer auch eine Dame finden.

Sollte dies nicht der Fall sein, dürfen Sie auch gezielt nach einer weiblichen Beschäftigten fragen. In besonders konservativen Gesellschaften wird man dafür häufig nicht nur Verständnis haben, sondern dies sogar befürworten.

Sexuelle Belästigung vermeiden und abwehren

Von schiefen Blicken und unanständigen Bemerkungen über Grapschen bis hin zu Schlimmerem kann Ihnen leider auch außerhalb Europas alles begegnen. Manchmal gerät man einfach nur an ein unangenehmes Exemplar der Gattung Mann, oft spielen aber auch kulturelle, gesellschaftliche und religiöse Hintergründe eine Rolle. In Ländern etwa, in denen erst spät geheiratet wird (weil zunächst das Geld für die gemeinsame Wohnung angespart werden muss), gleichzeitig voreheliche Beziehungen tabu sind und respektable Frauen sich züchtig kleiden und verhalten, liegt die Schwelle für einen Übergriff womöglich niedriger. Das rechtfertigt natürlich nichts. Dort gilt es in erster Linie, solchen Vorfällen vorzubeugen.

Insofern können dort nur die antiquiert erscheinenden, aber bewährten Vorsichtsmaßnahmen konservativer Kleidung und des Abstandhaltens empfohlen werden, wenn das Risiko besteht. Das Zeigen von Beinen, Armen und Haar, aber auch körperbetonte Kleidung wird, insbesondere bei Alleinreisenden, möglicherweise fehlinterpretiert.

Besonders wichtig ist natürlich auch das oben Gesagte zum Verhalten: Wenn Sie außerhalb eines Sachkontextes von Männern angesprochen werden, dürfen Sie auch ausgesprochen abweisend und unhöflich reagieren. In Ländern, in denen es niemand wagen würde, einheimische Frauen anzusprechen, sollten Sie nicht den Eindruck vermitteln, dass Ihnen dies recht wäre.

Die einfachste Möglichkeit, Belästigungen oder Schlimmeres zu vermeiden, ist natürlich in Begleitung zu reisen, beispielsweise mit einem einheimischen Fahrer oder Guide. Dieser wird Ihnen, schon um seinen Arbeitsplatz nicht zu gefährden, sicher nicht zu nahe treten und mögliche Belästigungsversuche anderer abschrecken oder Ihnen zu Hilfe kommen.

Sollte dennoch eine Belästigung auftreten, gilt es, diese schnellstmöglich zu beenden. Wenn möglich und andere Personen anwesend sind, sollte lautstark protestiert und die Hilfe von Frauen (die solches Verhalten sicher auch nicht gutheißen) gesucht werden.

Vielleicht denken Sie auch über einen Selbstverteidigungskurs nach, der ja auch daheim von Nutzen sein kann. Sinnvoll ist dies nicht nur für den Fall, dass Sie die gelernten Techniken tatsächlich anwenden müssen (worauf in vielen Ländern Angreifer nicht gefasst sein werden). Das dadurch gewonnene Selbstvertrauen werden Sie ausstrahlen und damit potentielle Übeltäter demotivieren.

Nichts gefallen lassen!

Verbitten Sie sich Belästigungen in aller Deutlichkeit. Zurückhaltung könnte als Ermutigung aufgefasst werden.

Umgang mit Polizei und Behörden

Behörden sind auch im Ausland selten dafür bekannt, zügig und dienstleistungsorientiert zu arbeiten. Da gilt es, Ruhe zu bewahren und Geduld zu haben. Ob es sinnvoll und gefahrlos möglich ist, einen Vorgang durch eine finanzielle Zuwendung zu beschleunigen, ist für einen Reisenden kaum abzuschätzen. Von einem aktiven Versuch sollte man daher nach Möglichkeit absehen, schon um nicht erpressbar zu werden.

Glücklicherweise werden Sie abgesehen von der Einreise selten mit Beamten zu tun haben. Falls Sie mit einem lokalen Fahrer unterwegs sind, wird dieser erforderliche Genehmigungen etc. vorher eingeholt haben und kann bei akuten Problemen die Situation am besten einschätzen. Dies gilt auch für die genannte finanzielle Beschleunigung.

In Ländern mit besonders korrupter Verwaltung ist es möglich, dass Polizei oder Behörden unter dem Vorwand angeblicher Gesetzesübertretungen Geld von Ihnen fordern. Wenn die Situation es erlaubt, verlangen Sie einen Vorgesetzten zu sprechen. Falls Sie keinen Fahrer dabei haben, können eventuell Tour Operator, Hotels oder lokale Bekannte helfen. Leisten Sie keinen Widerstand, aber unterschreiben Sie nichts, wenn Sie die Sprache des Dokuments nicht verstehen. Werden Sie verhaftet, hilft die deutsche Auslandsvertretung siehe Kapitel *Sicher reisen/Konsularische Hilfe*.

Keinen Spaß verstehen die meisten Länder bei Drogenvergehen. Oft wird nicht zwischen „harten" und „weichen" Drogen unterschieden. Schwere Strafen bis zu lebenslänglicher Haft ohne vorzeitige Entlassung und sogar die Todesstrafe können drohen. Nehmen Sie also niemals ein Päckchen für Dritte mit – gleich, ob Sie sie gut kennen oder nicht –, wenn Sie den Inhalt nicht untersuchen konnten. In einigen Ländern sind übrigens auch Alkohol, Pornografie oder religiöse Schriften verboten sowie das Fotografieren von als militärisch bedeutsam eingestuften Objekten wie Kasernen, Bahnhöfen oder Regierungsgebäuden, was Sie unter Spionageverdacht stellen würde.

Keine Experimente

Es versteht sich, dass Sie kriminelle Handlungen jeder Art unterlassen sollen. Verlassen Sie sich nicht darauf, dass Sie als Ausländer einen Bonus genießen, weil man diplomatische Verwicklungen vermeiden möchte. Es kann auch das Gegenteil der Fall sein.

Konsularische Hilfe

Deutschland unterhält in mehr als 200 Ländern Auslandsvertretungen. Darunter fallen primär Botschaften und Konsulate, aber auch die ehrenamtlich arbeitenden Honorarkonsuln. Die Konsularbeamten sind gesetzlich verpflichtet, Rat und Beistand zu leisten. Die Hilfsmöglichkeiten werden aber vom internationalen Recht und dem des Reiselandes begrenzt.

In welchen Fällen hilft eine deutsche Auslandsvertretung?

Hilfe wird ausschließlich in Notfällen geleistet. In erster Linie soll diese dazu dienen, dass der Reisende sich schnellstmöglich selbst aus der Notlage befreien kann. Geholfen wird vorrangig durch Benennung lokaler Anwälte, Ärzte und Dolmetscher und die Benachrichtigung von Angehörigen. **In folgenden Situationen können Sie Hilfe erwarten:**

Verlust des Reisepasses

Ihren Reisepass brauchen Sie spätestens für die Rückreise, in einigen Ländern auch zum Einchecken im Hotel und natürlich für den Fall einer Polizeikontrolle. Kommt der Pass abhanden, muss schnellstmöglich Ersatz beschafft werden.

Botschaften, Generalkonsulate und Konsulate (in Ausnahmefällen auch Honorarkonsuln) können einen sogenannten „Reiseausweis als Passersatz zur Rückkehr in die Bundesrepublik Deutschland" ausstellen. Wenn Sie eine Kopie des Passes vorlegen können, geht dies deutlich schneller und leichter. Eventuell kann auch ein befristeter vorläufiger Reisepass ausgestellt werden, was aber die Involvierung der heimatlichen Passbehörde erfordert und folglich länger dauert.

Versuchen Sie online oder telefonisch einen Termin bei der zuständigen Auslandsvertretung zu bekommen. Zum Teil – aber nicht bei allen Vertretungen – kann auch ohne Anmeldung vorgesprochen werden, dann ist allerdings mit längeren Wartezeiten zu rechnen.

Achtung

In einigen Ländern wird bei der Ausreise das Vorhandensein eines Einreisestempels geprüft, der die legale Einreise belegt. In diesem Fall muss bei Verlust des Passes zusätzlich ein Ausreisevisum des fremden Staates beschafft werden.

Für die Beantragung des Ersatzdokuments benötigen Sie in der Regel folgende Unterlagen:

1. *ein von der Polizei aufgenommenes Passverlustprotokoll*
2. *zwei aktuelle Passfotos*
3. *ein Antragsformular*
4. *eine Verlustanzeige gem. § 15 Nr. 3 PassG*
5. *einen Ersatzidentitätsausweis (Personalausweis, Passkopie)*

Geldverlust

Geld in Form einer rückzahlbaren finanziellen Hilfe gibt es von deutschen Auslandsvertretungen nur in streng definierten Einzelfällen, niemals aber für Hotel- oder Krankenhausrechnungen. Die Hilfe bei Geldverlust beschränkt sich grundsätzlich auf die Vermittlung von Kontaktmöglichkeiten mit Verwandten oder Freunden zu Hause und das Aufzeigen der Möglichkeiten eines schnellen Geldtransfers. Solange Sie noch Ihren Reisepass haben, kommen Sie aber auch ohne Hilfe aus (vgl. Kapitel *Sicher reisen / Richtig mit Bargeld und Kreditkarten umgehen*).

Verhaftung

Im Falle Ihrer Verhaftung müssen die Behörden des Reiselandes die deutsche Auslandsvertretung unverzüglich unterrichten, wenn Sie das verlangen. Bestehen Sie darauf und verweisen Sie auf die Wiener Konvention (Vienna Convention) als Rechtsgrundlage, falls der lokale Beamte nicht Bescheid weiß.

Der Konsularbeamte kann bei der Auswahl eines vertrauenswürdigen lokalen Anwalts unterstützen, darf Sie in der Haft besuchen und mit Ihnen korrespondieren. Auf diese Weise kann er prüfen, ob ein Grund für die Verhaftung vorliegt und Behandlung, Verpflegung und gesundheitliche Betreuung in Ordnung sind. Außerdem wird er auf Wunsch Angehörige informieren und Geldüberweisungen von diesen weiterleiten. Auf das Strafverfahren selbst kann jedoch kein Einfluss genommen werden.

Konsularische Hilfe kann nicht oder nur eingeschränkt geleistet werden, wenn Sie neben der deutschen auch die Staatsangehörigkeit des Reiselandes besitzen, da man Sie dann als eigenen Staatsbürger behandeln wird.

Mein Tipp

Nutzen Sie die Hilfeleistungen der Auslandsvertretungen, wenn Sie darauf Anspruch haben. Wenn Sie nicht sicher sind, fragen Sie einfach nach.

Opfer von Gewaltverbrechen

Die Auslandsvertretungen versprechen Opfern von Gewaltverbrechen unverzügliche und entgegenkommende Hilfe und Unterstützung. Dies umfasst die Erlangung ärztlichen Beistands und einer Rechtsberatung, insbesondere hinsichtlich des Vorgehens bei der Anzeige des Verbrechens bei den zuständigen Polizeibehörden. Deutsche, die während eines vorübergehenden Aufenthalts im Ausland Opfer einer

Mein Tipp

Die Bundesregierung bietet allen Deutschen, die sich – auch kurzzeitig – im Ausland aufhalten, den Eintrag in die Krisenvorsorgeliste an. Ihr Zweck ist es, im Falle einer Krise oder sonstigen Ausnahmesituation mit Ihnen Verbindung aufnehmen zu können. Die Registrierung erfolgt über die Website http://elefand.diplo.de. Der Eintrag benötigt nur wenige Minuten und ist kostenlos. Wenn das Reiseziel politisch labil ist, häufig von Naturkatastrophen heimgesucht wird und die Hilfsinfrastruktur vor Ort zu wünschen übrig lässt, sollte man das Angebot nutzen.

Gewalttat werden, haben Anspruch auf Entschädigung. Voraussetzung ist, dass sie einen gesundheitlichen Schaden erlitten haben, die Gewalttat nicht leichtfertig (zum Beispiel durch die Missachtung einer Reisewarnung) herbeigeführt haben und keine anderweitige Entschädigung vom ausländischen Staat oder einer anderen Stelle (wie von einer Versicherung) verlangen können. Die Auslandsvertretung informiert über die zuständige Behörde in Deutschland für die Opferentschädigung.

Hilfe in Krisensituationen und bei Evakuierungen

Im Falle einer Naturkatastrophe (z.B. Erdbeben, Taifun, Tsunami) oder von Unruhen, Revolutionen oder kriegerischen Auseinandersetzungen sollen Reisende mit der nächsten Auslandsvertretung Kontakt aufnehmen, ihren Aufenthaltsort nennen und die von der Auslandsvertretung erhaltenen Hinweise beachten. Wenn erforderlich, wird eine Evakuierung organisiert, deren Kosten später zurückgefordert werden.

Vermisstenfälle

Angehörige von Vermissten werden vom Konsularbeamten über Möglichkeiten von Nachforschungen beraten. Zudem kann er die örtliche Polizei oder das dortige Außenministerium einschalten und die Angehörigen in der Kommunikation mit lokalen Behörden unterstützen.

Todesfall

Die deutsche Auslandsvertretung bittet die Polizei in Deutschland um Benachrichtigung der Angehörigen, sofern sie von einem Todesfall im Ausland erfährt und dies nicht schon beispielsweise durch Mitreisende geschehen ist. Der Konsularbeamte wird Angehörige auf Wunsch bezüglich einer Überführung oder Bestattung vor Ort beraten und örtliche Bestattungsunternehmen benennen, allerdings keine Kosten für die gewählte Maßnahme verauslagen.

Bei Bedarf kann die Echtheit der Sterbeurkunde bestätigt beziehungsweise eine beglaubigte Übersetzung beschafft werden. Zudem ist – wenn erforderlich und nach lokalem Recht zulässig – Hilfe bei der Sicherstellung des Nachlasses und seiner Übersendung nach Deutschland möglich (kostenpflichtig).

Konsularische Hilfe durch Vertretungen anderer EU-Staaten

Durch die sogenannte Unionsbürgerschaft haben alle EU-Bürger Anspruch auf konsularischen Schutz jedes anderen Mitgliedsstaates[12] für den Fall, dass es im jeweiligen Land keine deutsche Vertretung gibt. Eventuell wird man an eine andere Auslandsvertretung weiterverwiesen, weil diese aufgrund von Absprachen für die konsularische Betreuung Deutscher zuständig ist.

Dieser Schutz bezieht sich auf akute Notlagen, insbesondere Hilfe bei Todesfällen, schweren Unfällen oder Erkrankungen, Festnahmen oder Haft sowie Gewaltverbrechen. Auch eine Rückführung ins Heimatland ist in bestimmten Fällen möglich.

[12] Dies legt Art. 23 des Vertrags über die Arbeitsweise der Europäischen Union (AEUV) fest.

Erreichbarkeit der Auslandsvertretungen

Die Erreichbarkeit außerhalb der Geschäftszeiten ist meist durch einen Bereitschaftsdienst sichergestellt, mindestens aber durch einen Anrufbeantworter. Zuweilen ist auch am Gebäude der Vertretung ein Hinweis zur Erreichbarkeit der Konsularbeamten angebracht.

WAS EINE AUSLANDSVERTRETUNG NICHT TUN KANN ODER DARF:

1. *Ausstellung von Führerscheinersatzpapieren*
2. *Wahrnehmung anwaltlicher Tätigkeiten, Vertretung vor Gericht, sonstige Eingriffe in laufende Gerichtsverfahren oder Erteilung von Weisungen an einheimische Behörden*
3. *Zahlung offener Hotel- oder Krankenhausrechnungen und Bußgelder, Finanzierung der Fortsetzung der Reise, Übernahme der Kosten einer Such- und Rettungsaktion, Verauslagung von Überführungskosten bei Todesfällen*
4. *Übernahme der Tätigkeiten von Reisebüros, Krankenkassen oder Banken*

Bürgerservice des Auswärtigen Amts

Deutsche Staatsangehörige können im Notfall auch unmittelbar das Auswärtige Amt in Berlin anrufen. Die Telefonzentrale ist unter der Telefonnummer +49 30 1817 0 rund um die Uhr erreichbar.

Unfälle, Schiffs- und Flugzeugunglücke

Verkehrsunfälle gehören in vielen Ländern zum Straßenbild. Schiffs- oder Flugzeugunglücke sind jedoch überall selten. Sich im Fall des Falles richtig zu verhalten, um die Folgen zu minimieren, ist aber immer wichtig.

Verkehrsunfall

Achtung

In manchen Ländern, etwa Indien oder Pakistan, sind bei Personenschäden Racheakte von Verwandten oder anderen Anwesenden möglich. Besteht diese Gefahr, entfernen Sie sich schnellstmöglich vom Unfallort und suchen die nächste Polizeistation auf. In einigen Staaten können bei Unfällen mit Personenschaden auch die Beteiligten in Haft genommen werden, bis die Schuldfrage gerichtlich geklärt wurde. Zuweilen wird auch generell von der Schuld des Ausländers ausgegangen. Überlegen Sie also gut beziehungsweise recherchieren Sie vorab, ob selbst zu fahren im jeweiligen Reiseziel die beste Option ist.

Bei einem Unfall (auch bei Bagatellschäden) rufen Sie wie zu Hause Polizei und Rettungsdienst, nachdem Sie die Unfallstelle abgesichert und Verletzten geholfen haben. Lassen Sie den Unfall aufnehmen und verlangen Sie eine Kopie des Polizeiprotokolls. Name, Anschrift und Versicherung von Unfallgegner und Geschädigten müssen festgehalten werden. Machen Sie intensiv Fotos von der Unfallstelle, notieren Sie sich Namen und Adressen von Zeugen, füllen Sie wenn möglich einen Unfallbericht aus, aber unterschreiben Sie nichts, das Sie nicht verstehen.

Als Selbstfahrer im Ausland haben Sie sich natürlich vor Reiseantritt die Rufnummern von Polizei und Rettungsdienst abgespeichert und für hinreichenden Versicherungsschutz gesorgt.

Seenot

Eine Rettungsübung werden Sie praktisch nur auf Kreuzfahrtschiffen mitmachen, auf Fähren und bei kurzen Schiffspassagen hingegen kaum. Wenn Sie an Bord gehen, prägen Sie sich am besten ein, wo sich Schwimmwesten und Rettungsboote befinden.
Sinkt das Schiff, befinden Sie sich hoffentlich in einem Rettungsboot. Wenn nicht, schwimmen Sie wegen des Sogs des untergehenden Schiffs so schnell wie möglich weg. Halten Sie sich an Wrackteilen fest und bleiben Sie in der Nähe der Unglücksstelle, wo man zuerst nach Überlebenden suchen wird. Behalten Sie Ihre Kleidung an, um weniger schnell zu unterkühlen. Vermeiden Sie heftige Bewegungen, um Energie zu sparen und keine Raubfische anzulocken. Beruhigen Sie sich

durch langsames Ein- und Ausatmen. Falls Sie keine Schwimmweste haben, pressen Sie den Hemdkragen an den Hals und pusten Luft unterm Arm durch, um am Rücken eine Luftblase zu erzeugen.

Im Rettungsboot halten Sie zunächst Ausschau nach anderen Überlebenden. Halten Sie das Boot trocken – nass steigt die Gefahr der Auskühlung. Schützen Sie sich vor der Sonne, um einen Sonnenstich oder Hitzschlag zu vermeiden. Meerwasser darf nie getrunken werden, da dadurch die Nieren kollabieren können, es gegen den Durst zu gurgeln ist jedoch möglich. Trinkwasser kann durch Regenwasser und Kondenswasser gewonnen werden. Überlegen Sie, mit welchen Mitteln Sie Retter auf sich aufmerksam machen können, beispielsweise mit reflektierenden Gegenständen. Setzen Sie Signalwaffen nur in einer Entfernung ein, in der sie auch gesehen werden können.

Flugzeugabsturz

Dass ausgerechnet Sie in einem abstürzenden Flugzeug sitzen, ist zum Glück recht unwahrscheinlich. Wenn es allerdings doch geschieht, besteht durchaus eine Chance, zu überleben.

Um diese für sich und Ihre Mitreisenden zu erhöhen, sind ein paar einfache Punkte zu beachten:

1. Prägen Sie sich beim Einsteigen die Lage der Notausgänge ein und schauen Sie sich das Infoblatt für Notfälle an.

2. Ruhe bewahren. Leicht gesagt, aber notwendig. Panik hilft Ihnen nicht, da Sie schnell und zielgerichtet handeln müssen. Wenn möglich, beruhigen Sie Mitreisende. Seien Sie der Fels in der Brandung. Wenn Sie schon im Himalaya in einem Feuerball zerschellen, dann wie ein Mann. Oder eine starke Frau.

3. Leisten Sie den Anweisungen des Flugpersonals Folge. Das sind Profis, die wissen, was zu tun ist. Wenn man Ihnen sagt „Sitze aufrecht stellen, Brille ausziehen, Notfallposition einnehmen", dann tun Sie das bitte. Notfallposition heißt: Handinnenfläche gegen den Vordersitz pressen, die andere Hand darüber (aber nicht verschränken), Stirn gegen die Hände pressen, um den Kopf zu schützen. Bei zu großem Abstand zum Vordersitz den Kopf zwischen die Knie klemmen, die Füße nach hinten stellen und die Handgelenke auf Unterarmhöhe kreuzen, um damit die Fußgelenke zu umspannen. Bedenken Sie: Die Flugbegleiter haben auch Angst, machen Sie es ihnen nicht schwerer als nötig.

4. Wenn möglich, verstauen Sie lose Gegenstände sicher und ziehen Sie Ihre Schuhe an.

5. Setzen Sie die Sauerstoffmaske auf, wenn sie herausfällt, um bei Druckabfall Bewusstlosigkeit vorzubeugen und bei Rauchentwicklung diesen nicht einzuatmen.

6. Kümmern Sie sich immer erst um sich selbst, danach helfen Sie Mitreisenden oder zeigen Ihnen,

was zu tun ist. Das gilt auch, wenn Sie mit Kindern reisen oder sich Kinder in Ihrer unmittelbaren Nähe befinden.

7. Falls der Absturz über Wasser stattfindet, legen Sie die Schwimmweste an. Diese darf erst aufgeblasen werden, wenn Sie das Flugzeug verlassen haben.

8. Verlassen Sie das Flugzeug zügig, aber bewahren Sie Ruhe beim Ausstieg. Ordnung rettet Leben. Handgepäck und persönliche Sachen lassen Sie komplett zurück.

9. Bringen Sie schnellstmöglich einen Sicherheitsabstand von mindestens 200 Metern zwischen sich und das Flugzeug. Helfen Sie Verletzten.

Mein Tipp

Unterstützen Sie in Notsituationen das Personal vor Ort. Ihre Ruhe strahlt auch auf andere Passagiere aus.

Selbst bei schwierigen Bedingungen: Flugzeugunglücke passieren extrem selten.

Naturkatastrophen überleben

Am besten geht man Naturkatastrophen weiträumig aus dem Weg. Es lohnt daher, sich vorher über das lokale Risiko zu informieren und die typischen Warnzeichen zu kennen. Gerät man doch in eine ungemütliche Situation, gibt es einfache Grundregeln, um möglichst unbeschadet herauszukommen.

Erdbeben und Tsunamis

Erdbeben sind zum Beispiel in Japan häufig, schwere Fälle aber zum Glück sehr selten. In der Regel gibt es keine Vorwarnung. Im akuten Fall sollte beim Aufenthalt in Gebäuden Schutz unter einem Tisch oder im Türrahmen gesucht werden. Legen Sie sich auf den Boden und schützen Sie Ihren Kopf mit den Armen. Halten Sie sich von Fenstern fern (Glassplitter!). Im Freien entfernen Sie sich von Gebäuden und allem, das umstürzen könnte (Laternen, Bäume).

In flachen Küstenregionen kann durch ein Erd- oder Seebeben, das an Land nicht spürbar sein muss, ein Tsunami (Flutwelle) ausgelöst werden. Ein eindeutiges Warnzeichen ist, wenn sich das Meer plötzlich zurückzieht. Bewegen Sie sich so schnell wie möglich landeinwärts und an einen höhergelegenen Ort. In Bergregionen sind Geröllawinen möglich. Rechnen Sie mit Nachbeben.

Vulkanausbrüche

Beim Trekking in der Nähe von Vulkanen sollte man sich lokal nach der Gefährdungslage erkundigen.
Bei bekanntermaßen gefährlichen Vulkanen ist ein erfahrener Führer anzuraten. Die prophylaktische Mitnahme eines einfachen Atemschutzes kann nicht schaden. Im Falle eines plötzlichen Ausbruchs vermeiden Sie beim Abstieg Schluchten und Täler, in denen sich herabfließende Lava sammeln könnte.
Behördliche Warnungen vor Ausbrüchen sollten natürlich beachtet werden. Bei erhöhter Gefährdungslage erkundigen Sie sich im Hotel über ein eventuelles Frühwarnsystem, Evakuierungspläne und Schutzräu-

me. In gefährdeten Gebieten kennt man sich damit aus. Im Falle einer Evakuierung folgen Sie bitte den Anweisungen der Hotelangestellten oder Behörden. Eine Flucht per Auto ist nur dann erfolgversprechend, wenn noch kein Ascheregen begonnen hat und auch dann ist diese aufgrund des zu erwartenden Verkehrschaos riskant.

Wirbelstürme

Hurrikans, Zyklone oder Taifune sind in Süd- und Südostasien, in Mittelamerika, Australien und an der afrikanischen Westküste nicht ungewöhnlich. Da sie jedoch nur in einer bestimmten Saison auftreten und auch innerhalb dieses Zeitraums frühzeitig vor

Hurrikanfolgen in Florida

einem Sturm gewarnt wird, ist es nicht schwer, ihnen aus dem Weg zu gehen. Das sollte man auch tun, da Wirbelstürme unberechenbar und höchst gefährlich sein können.

Sollten Sie sich dennoch in einem Wirbelsturm befinden, gilt es, zunächst Schutz in einem stabilen Gebäude zu suchen. Holzhäuser, Wohnwagen oder Autos eignen sich nicht dazu. Auch Brücken oder Unterführungen sind zu meiden, da dort der Winddruck höher als in freiem Gelände sein kann.

Im Haus gehen Sie in den tiefsten zugänglichen Raum und halten sich von Fenstern und Türen fern. Diese sollten geschlossen werden, damit Sie nicht von umherfliegenden Teilen getroffen werden. Am besten sind Räume ohne Fenster wie Keller und Flure. Denkbar ist auch das Bad als Zuflucht: In der Badewanne mit einer Decke oder Matratze über sich sind Sie gut geschützt. Auch Tische können Schutz bieten. Fahrstühle dürfen wegen der Gefahr eines Stromausfalls nicht benutzt werden. Vermeiden Sie die Nähe von schweren Leuchtern oder Möbeln.

Ist kein Gebäude in der Nähe, legen Sie sich flach in eine Vertiefung und schützen Kopf und Nacken mit den Händen. Falls Sie etwas finden, an dem Sie sich festhalten können, umso besser. Im Auto empfiehlt es sich, bei einem entgegenkommenden Wirbelsturm in die nächste Straße abzubiegen, die rechts oder links von der Zugrichtung des Sturms wegführt, und dann zu hoffen, dass dieser nicht seine Richtung ändert. Ist der Sturm zu nah, verlassen Sie unbedingt den Wagen und entfernen sich möglichst weit davon, da der Sturm diesen erfassen und in die Luft schleudern könnte.

Achtung

Wirbelstürme sind unberechenbar und können jederzeit ihre Richtung ändern. Verfolgen Sie intensiv die Nachrichten, um rechtzeitig ausweichen zu konnen.

14

Wieder daheim: Durch den Zoll

Auskunft

Generalzolldirektion Zentrale Auskunft in Dresden, telefonisch Montag bis Freitag von 08:00 bis 17:00 Uhr, Tel 0351 44834-510 oder per E-Mail an: info.privat@zoll.de

Wenn es nach Hause geht, wartet der Zoll auf Sie. Mit ihm werden Sie keine Probleme haben. Der Zollbeamte weiß, wie Verdächtige aussehen, und Sie gehören nicht dazu. Außerdem halten Sie sich natürlich an die Vorgaben. Diese teilen sich auf in Einfuhrbeschränkungen und Reisefreigrenzen beziehungsweise die bei Überschreitung Letzterer anfallenden Kosten.

Die folgenden Angaben beziehen sich auf die Einfuhr aus einem Nicht-EU-Staat und dienen nur der Orientierung, da die Vorschriften recht detailliert und umfangreich sind und sich gelegentlich ändern können. Weiterführende Informationen finden Sie bei Bedarf auf www.zoll.de und in der kostenlosen App „Zoll und Reise". Im Zweifel erkundigen Sie sich direkt beim Zoll: Auskunft an Privatpersonen erteilt (schnell und freundlich!) die Generalzolldirektion Zentrale Auskunft in Dresden.

Einfuhrbeschränkungen bestehen insbesondere bei folgenden Gütern:

Medikamente: Erlaubt sind Mengen für den persönlichen Gebrauch, keine Fälschungen oder verbotenen Substanzen.

Kulturgüter (zum Beispiel Antiquitäten): Die Rechtmäßigkeit der Ausfuhr ist durch eine Ausfuhrgenehmigung nachzuweisen.

Nachgemachte/gefälschte Waren (Produktpiraterie): Hier schreitet der Zoll nicht ein, wenn die Ware für den persönlichen Bedarf bestimmt ist, also keine gewerbliche Absicht besteht und die Freigrenzen (siehe nachfolgend) eingehalten werden. Aber die Rolex für 40 US$, die ohnehin niemanden täuscht, würden Sie als Reisender mit Stil ja nicht kaufen.

Tiere und Tierprodukte: Hier greifen umfangreiche Vorgaben und Verbote aus Gründen des Artenschutzes (beispielsweise Elfenbein, Korallen, Felle, ausgestopfte Tiere, lebende wie tote Schlangen oder Schildkröten, Seepferdchen, Spinnen und Insekten) und Seuchenschutzes (wie Vogelgrippe beim Papagei-Import), die im Bedarfsfall geprüft werden sollten. Besondere Vorschriften gelten auch für Erzeugnisse tierischen Ursprungs: Während Fleisch, Milch und daraus erzeugte Produkte wie Wurst und Käse die für einen Privatmenschen kaum erfüllbaren Anforderungen an gewerbliche Importe erfüllen müssen (Ausnahme: Schokolade, Kekse etc.), gelten für andere tierische Produkte wie Honig und Fischereierzeugnisse Gewichtsgrenzen.

Pflanzen: Bei der Einfuhr von Pflanzen, Pflanzenteilen und -erzeugnissen aus asiatischen, amerikanischen und afrikanischen Staaten sowie Australien ist ein Pflanzengesundheitszeugnis des Ursprungslands erforderlich, das sich der normale Reisende kaum beschaffen können wird. Der im Gepäck versteckte Frangipani-Ableger aus Bali ist also ebenso illegal wie die indische Mango.

Weitere Vorschriften betreffen so unwahrscheinliche Mitbringsel wie Feuerwerkskörper, jugendgefährdende

Alles klar?

Haben Sie Zweifel, ob Ihr Mitbringsel legal eingeführt werden kann? Kein Wunder beim Wust an Vorschriften. Erkundigen Sie sich am besten vorher beim Zoll.

und verfassungswidrige Medien, Waffen und Munition, Rohdiamanten, gefährliche Hunde, Textilien aus Nordkorea und Barmittel (Bargeld und Wertpapiere) ab 10.000 Euro.

Die Reisefreigrenzen für mitgeführte Waren zum persönlichen, nicht gewerblichen Ge- oder Verbrauch (auch als Geschenk) betragen pro Person für Volljährige:

Tabakwaren: 200 Zigaretten oder 100 Zigarillos oder 50 Zigarren oder 250 Gramm Rauchtabak oder eine anteilige Zusammenstellung dieser Waren.

Alkohol und alkoholhaltige Getränke: ein Liter Spirituosen mit einem Alkoholgehalt von mehr als 22 Volumenprozent oder unvergällter Ethylalkohol mit einem Alkoholgehalt von 80 Volumenprozent oder mehr, oder 2 Liter Alkohol und alkoholische Getränke mit einem Alkoholgehalt von höchstens 22 Volumenprozent oder eine anteilige Zusammenstellung dieser Waren und 4 Liter nicht schäumende Weine und 16 Liter Bier.

Arzneimittel: In einer dem persönlichen Bedarf des Reisenden entsprechenden Menge erlaubt.

Andere Waren: bis zu einem Warenwert von insgesamt 300 Euro, bei Flug- beziehungsweise Seereisenden bis zu einem Warenwert von insgesamt 430 Euro.

Werden diese Grenzen überschritten, sind die Reisemitbringsel bei der Zollstelle mündlich anzumelden, die die dafür anfallenden Einfuhrabgaben berechnet. Da dafür Art und Wert der Waren relevant sind, sollten entsprechende Quittungen und Belege mitgeführt werden, andernfalls ermittelt beziehungsweise schätzt die Zollstelle den Wert. Abgaben werden auf den Gesamtwert aller Mitbringsel bezogen ermittelt, die oben genannten Mengen sind keine Freibeträge!

Bei abgabepflichtigen Einfuhren unter 700 Euro wird, wenn Sie nicht widersprechen, ein pauschalisierter Abgabensatz von 17,5 % beziehungsweise 15 % (für Waren mit Zollvergünstigung) angewandt, der im Allgemeinen günstiger ist als die detaillierte Berechnung nach den Bestimmungen der einschlägigen Vorschriften. Das geht auch schneller. Ein Widerspruch könnte zum Beispiel bei antiken Kunstgegenständen sinnvoll sein, für die ein ermäßigter Steuersatz von 7 % angesetzt wird. Bei einem über 700 Euro hinausgehenden Wert erfolgt die schmerzliche Einzelberechnung der verschiedenen Abgabenarten: Zoll, Einfuhrumsatzsteuer (entspricht der Mehrwertsteuer) und Verbrauchsteuern (wie Tabak-, Kaffee- oder Branntweinsteuer).

Mein Tipp

Widerstehen Sie dem Impuls, Unerlaubtes oder Anzumeldendes zu schmuggeln. Zum einen gibt es für Einfuhrbeschränkungen meist gute Gründe, zum anderen haben die Zollbeamten einen guten Blick für ihre Pappenheimer.

REGISTER

S

T

Disclaimer

Der Inhalt dieses Buches basiert auf den Reiseerfahrungen und Recherchen des Autors. Für Empfehlungen und Angaben in diesem Buch kann keine Haftung übernommen werden. Es kann eine Auseinandersetzung mit den beschriebenen Themen, insbesondere der aktuellen Sicherheitslage im jeweiligen Reiseland, und in medizinischen Fragen die Konsultation eines geeigneten Arztes nicht ersetzen. In diesem Buch werden verschiedene Firmen und Produkte erwähnt. Der Autor hat von keiner der genannten Firmen Zuwendungen, Produkte, Leistungen oder Vergünstigungen dafür erhalten.
